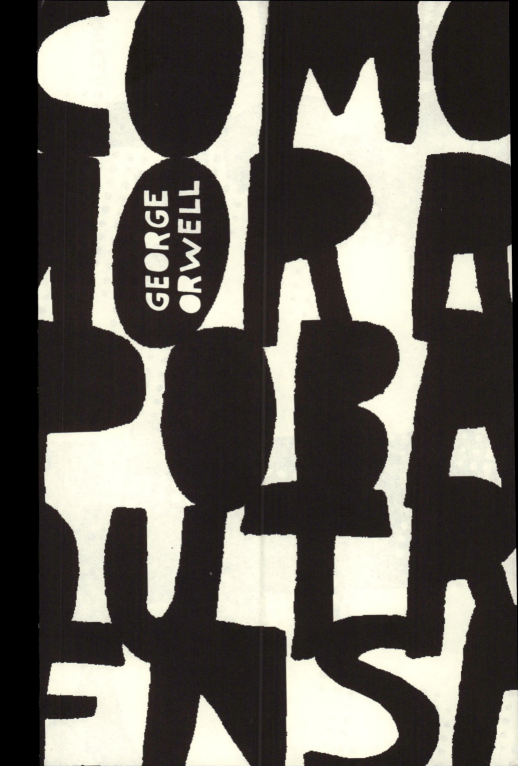

GEORGE ORWELL
COMO MORREM OS POBRES E OUTROS ENSAIOS

Seleção de textos
João Moreira Salles e Matinas Suzuki Jr.

Organização
Matinas Suzuki Jr.

Prefácio
Lionel Trilling

Tradução
Pedro Maia Soares

Companhia Das Letras

Copyright © | by Espólio de Sonia Brownell Orwell
Copyright do prefácio © 1952 | by Lionel Trilling

Grafia atualizada segundo o Acordo Ortográfico da
Língua Portuguesa de 1990, que entrou em vigor no Brasil em 2009.

Capa | Kiko Farkas e Mateus Valadares/ Máquina Estúdio

Foto de capa | Acima: © Hulton-Deutsch Collection/ Corbis (DC)/ LatinStock. Londres, 1937
Abaixo: © E.O. Hoppé/ Corbis (DC)/ LatinStock. Londres, c. 1930

Preparação | Leny Cordeiro

Revisão | Jane Pessoa e Valquíria Della Pozza

Dados Internacionais de Catalogação na Publicação (CIP)
(Câmara Brasileira do Livro, SP, Brasil)

Orwell, George, 1903-1950.
Como morrem os pobres e outros ensaios / George Orwell ;
seleção de textos João Moreira Salles e Matinas Suzuki Jr. ;
organização Matinas Suzuki Jr. ; prefácio Lionel Trilling ;
tradução Pedro Maia Soares. – São Paulo : Companhia das
Letras, 2011.

ISBN 978-85-359-1863-2

1. Ensaios ingleses 2. Política e literatura I. Salles, João
Moreira. II. Suzuki Junior, Matinas. III. Trilling, Lionel. IV.
Soares, Pedro Maia. v. Título.

11-03944   CDD-824

Índice para catálogo sistemático:
1. Ensaios : Literatura inglesa   824

8ª reimpressão

[2020]
Todos os direitos desta edição reservados à
EDITORA SCHWARCZ S.A.
Rua Bandeira Paulista, 702, cj. 32
04532-002 — São Paulo — SP
Telefone: (11) 3707-3500
www.companhiadasletras.com.br
www.blogdacompanhia.com.br
facebook.com/companhiadasletras
instagram.com/companhiadasletras
twitter.com/cialetras

Sumário

11   **Nota sobre esta edição**

     Prefácio
13   George Orwell e a política da verdade |
     Lionel Trilling (1952)

     1 | Os dias são sempre iguais
37   Um dia na vida de um vagabundo (*A day in the life of a tramp*)
46   O albergue (*The spike*)
57   Diário da colheita de lúpulo (*Hop-picking diary*)

85 Em cana (*Clink*)
97 Como morrem os pobres (*How the poor die*)

2 | A insinceridade é inimiga da linguagem clara

113 Em defesa do romance (*In defence of the novel*)
122 A poesia e o microfone (*Poetry and the microphone*)
133 Propaganda e discurso popular (*Propaganda and demotic speech*)
142 A política e a língua inglesa (*Politics and the English language*)

3 | A covardia intelectual é o pior inimigo

161 Jornal por um vintém (*A farthing newspaper*)
165 Semanários para meninos (*Boys's weeklies*)
198 A liberdade do parque (*Freedom of the park*)
203 A prevenção contra a literatura (*The prevention of literature*)
221 A liberdade de imprensa (*The freedom of the press* — prefácio para *A revolução dos bichos*)

4 | "Pacifismo" é uma palavra vaga

235 A vingança é amarga (*Revenge is sour*)
240 Pacifismo e progresso (*Pacifism and progress*)
246 A questão do prêmio de Pound (*The question of the Pound award*)

5 | É melhor cozinhar batatas do que fritá-las

251 "Tamanhas eram as alegrias" ("*Such, such were the joys*")

304 Inglaterra, nossa Inglaterra (*England your England*)
335 O espírito esportivo (*The sporting spirit*)
340 Em defesa da culinária inglesa (*In defence of English cooking*)
344 Uma boa xícara de chá (*A nice cup of tea*)
348 Moon Under Water (*The Moon Under Water*)
352 O declínio do assassinato inglês (*Decline of the English murder*)

6 | O sapo tem o olho mais bonito

359 Marrakesh (*Marrakech*)
367 Em defesa da lareira (*The case for the open fire*)
371 Fora com esse uniforme (*Banish this uniform*)
375 Livros e cigarros (*Books v. cigaretts*)
381 Algumas reflexões sobre o sapo comum (*Some thoughts on the common toad*)

386 **Notas**
413 **Sobre o autor**

Nota sobre esta edição

Este é o segundo volume de ensaios de George Orwell publicado pela Companhia das Letras. O primeiro, *Dentro da baleia* (seleção de Daniel Piza), saiu em 2005. Haverá um terceiro volume. A posteridade engrandeceu George Orwell. A maioria de seus textos responde ao contexto europeu das décadas de 1930 e 1940. Por isso, sua atualidade surpreende. Há quem considere os ensaios como o melhor da sua obra. John Carey diz que nos ensaios e no jornalismo encontramos o "Orwell homem, o Orwell pensador, o Orwell animal político".

Talvez a maneira simples de escrever seja a responsável por seu grande apelo; ou talvez, ainda, a procura incansável da honestidade intelectual. Numa época de pouco respeito pelas questões morais, faz bem ler George Orwell.

Ele produziu muito pelo pouco tempo que viveu — e escreveu sobre tudo. Daí a imensa dificuldade de se organizar uma seleção de seus ensaios. Recorri a algumas antologias consagradas: *The Orwell reader*, da Harvest, que tem um excelente prefácio de Richard H. Rovere; o volumoso *Essays*, organizado por John Carey para a Everyman's Library; os quatro volumes organizados por

Sonia Orwell e Ian Angus para a Nonpareil; e os dois volumes organizados por George Packer para a Harcourt.

O organizador

Prefácio
George Orwell e a política da verdade[1]

Homage to Catalonia [Homenagem à Catalunha],[2] de George Orwell, é um dos documentos importantes de nosso tempo. É um livro muito modesto — parece dizer o mínimo que pode ser dito sobre um tema de grande magnitude. Mas ao dizer o mínimo diz o máximo. Seu assunto manifesto é um período da Guerra Civil Espanhola no qual, por alguns meses, até ser ferido quase mortalmente, seu autor lutou como soldado nas trincheiras. Todos sabem que a guerra na Espanha foi um evento decisivo de nossa época, todos disseram isso quando ela estava sendo travada, e todos tinham razão. Mas a guerra espanhola está há uma década e meia no passado, e hoje nossa noção de história está sendo destruída pela natureza de nossa história — nossa memória é curta e fica mais curta com a rapidez arrebatadora dos eventos. O que antes ocupava todos os nossos espíritos e enchia os bolorentos salões de reunião com a consciência de heroísmo e destino se tornou agora principalmente matéria para o estudioso de história. O livro de George Orwell se limitaria a pedir apenas um pouco de nossa atenção se não fosse mais que um registro de experiências pessoais na guerra espanhola. Mas ele é muito mais do que isso. É um testemunho da natureza da vida política moderna. É também uma demonstração da parte de seu autor de uma das maneiras corretas de enfrentar essa vida. Sua importância, portanto, é para o momento presente e para o futuro.

Uma política que se presume disponível para todos é coisa relativamente nova no mundo. Ainda não sabemos muito sobre ela. Tampouco a maioria de nós se mostrou especialmente ávida por saber. Numa política que se imagina disponível a todos, ideias e ideais desempenham um grande papel. E aqueles de nós que dão grande valor a ideias e ideais nunca conseguiram saber muito bem que, justamente porque têm poder hoje em dia, existe uma conexão direta entre o poder deles e outro tipo de poder, o antigo, descarado e arrogante poder da força. Sempre ficamos surpresos com isso. O uso que o comunismo fazia da força impenitente estava perfeitamente claro havia muitos anos, mas muitos de nós achávamos impossível admitir esse fato porque o comunismo falava sem pudor ao nosso amor por ideias e ideais. Tentamos ao máximo acreditar que a política poderia ser um idílio, mas descobrimos que aquilo que supúnhamos ser uma pastoral política era, na realidade, uma campanha militar sinistra, ou uma traição assassina de aliados políticos, ou que aquilo que insistíamos em chamar de agrarianismo era, na verdade, um novo imperialismo. E na vida pessoal, o que era entendido por muita gente boa como compromisso moral do tipo mais desinteressado se revelou um engajamento pela máxima imoralidade. A prova disso se encontra num gênero literário com que nos familiarizamos na última década, a confissão pessoal de envolvimento e desilusão com o comunismo.

O livro de Orwell, em um de seus aspectos mais significativos, é sobre a desilusão com o comunismo, mas não é uma confissão. Digo isso porque é uma das coisas positivas importantes a dizer sobre *Homage to Catalonia*, mas o que digo não significa que compartilhe dos sentimentos antagonistas *a priori* de muita gente em relação a esses livros que, com base na experiência, expõem e denunciam o Partido Comunista. Sobre livros desse tipo, pessoas de inclinação liberal fazem, com frequência, piadas constrangidas e um tanto vingativas. As piadas me parecem injustas e de mau gosto. Não há nada de vergonhoso na natureza desses livros. Há uma boa probabilidade de que a dedicação ao comunismo tenha ocorrido, em primeiro lugar, por motivos generosos, e é certo que a repulsa foi provocada por causas mais que suficientes. E, obviamente, não há nada de errado em desejar registrar a experiência dolorosa e tirar conclusões dela. Não obstante, sendo a natureza humana como é — tanto nos leitores constrangidos desses livros como nos infelizes autores deles —, é fato que a confissão pública aparece muitas vezes sob luz infeliz, que seu tom moral é menos simples e verdadeiro do que talvez desejássemos que fosse. Mas o tom moral do livro de Orwell é excepcionalmente simples e verdadeiro. Sua apuração de certos fatos políticos não é ocasião para uma mudança de opinião, ou para uma crise de espírito. O que ele aprendeu com suas experiências na Espanha lhe causou sem dúvida muita dor e o levou a mudar de conduta. Mas não o destruiu; não puxaram o tapete de seus pés, como as pessoas dizem. Não destroçou sua fé no que ele acreditava antes, nem enfraqueceu seu impulso político, tampouco mudou sua direção. Não produziu nenhum momento de culpa ou de autorrecriminação.

Talvez isso não pareça tão notável. No entanto, quem duvida de que esse fato constitui um triunfo moral genuíno em nossa época? Isso sugere que Orwell era um tipo incomum de homem, que tinha uma disposição de espírito e de coração rara hoje em dia, embora ainda sejamos sensíveis a ela quando a encontramos.

Por um curioso acaso, no dia em que concordei em escrever este ensaio para servir de introdução à nova edição de *Homage to*

Catalonia e, com efeito, no exato momento em que eu pegava o telefone para dizer ao editor que o faria, um jovem aluno meu de pós-graduação entrou em minha sala e perguntou o que eu achava de ele escrever um ensaio sobre George Orwell. Minha resposta, naturalmente, estava na ponta da língua e depois que a dei e nos divertimos com a coincidência, ele sentou para conversar sobre nosso tema comum. Mas lhe pedi para não falar sobre Orwell. Não queria dissipar em conversa as ideias que eu tinha, e também não queria que minhas ideias se cruzassem com as dele, que com certeza eram muito boas. Então, por algum tempo nos limitamos a trocar informações bibliográficas, perguntando um ao outro quais dos livros de Orwell havíamos lido e quais possuíamos. Mas então, como se não pudesse resistir a fazer uma última observação sobre o próprio Orwell, ele disse subitamente, de um modo muito simples e direto: "Ele era um homem virtuoso". E ali ficamos, em completo acordo sobre essa declaração e nos deleitando em falar sobre ela.

Era uma declaração estranha para um jovem nos dias de hoje, e suponho que a achamos tão interessante justamente por essa estranheza — sua peculiaridade estava em ser uma coisa antiquada de dizer. Era arcaico em sua destemida entrega ao sentimento e usava uma palavra arcaica com uma simplicidade arcaica. Nosso prazer não foi apenas literário, não apenas uma reação ao fato de a observação ser tão apropriada para Orwell, no qual havia, de fato, a marca de uma época mais antiga e mais simples. Ficamos felizes por poder dizer aquilo de alguém. Não se tem essa oportunidade com muita frequência. Não porque não existam muitos homens bons, mas existem poucos homens que, além de bons, têm a simplicidade, a solidez e a atividade que nos permitem dizer deles que são homens virtuosos, pois alguém dizer que um homem "é bom", ou mesmo falar de um homem que "é virtuoso", não é a mesma coisa que dizer "ele é um homem virtuoso". Por alguma idiossincrasia do espírito da língua, a forma dessa frase ressalta o sentido primitivo da palavra "virtuoso", que não é apenas bondade moral, mas também firmeza e vigor na bondade. Orwell, graças ao atributo que nos permite dizer dele que era um homem virtuoso, é um símbolo em nossas vidas. Ele não era um gênio, e isso é uma das coisas notáveis a seu respeito. Não ser um gênio é um elemento do atributo que faz dele o que estou chamando de um símbolo.

Já faz algum tempo que não temos nos Estados Unidos símbolos literários — isto é, homens que vivem suas visões, além de escrevê-las, que são o que escrevem, de quem pensamos que têm a postura de algo parecido com homens graças ao que escreveram em seus livros. É como se eles estivessem no comando de certas ideias e atitudes. Nesse sentido, Mark Twain foi um símbolo para nós, assim como William James. Também o foram Thoreau, Whitman, Henry Adams e Henry James, embora postumamente e de forma um tanto incerta. Mas quando em nossa literatura mais recente o escritor é tudo menos anônimo é provável que seja um símbolo ambíguo e insatisfatório, como Sherwood Anderson, Mencken, Wolfe ou Dreiser. Há algo no caráter americano que não se liga à ideia de símbolo como no caráter inglês. Nesse sentido, os ingleses estão mais próximos dos franceses que de nós. A despeito das lendas em contrário, o caráter inglês é marcado de forma mais forte que o nosso, menos reservado, menos irônico, mais aberto em sua expressão de obstinação, excentricidade e rabugice. Seus modos são mais grosseiros e atrevidos. Trata-se de um caráter expansivo — ele se mostra, até mesmo se exibe. Quando visitou a Inglaterra, Santayana abandonou a noção comum de que as personagens de Dickens são caricaturas. Ainda é possível encontrar um esnobe inglês tão estrondosamente desavergonhado em seu culto à aristocracia, tão explícito e expansivo nessa adoração, que um esnobe americano cauteloso, modesto, irônico ficaria bastante desconcertado diante dele. E na literatura inglesa moderna encontramos muitos escritores cujas vidas são manifestações dos princípios que constituíram seus escritos. Eles nos levam a perceber as personalidades morais que estão por trás de suas obras. Os dois Lawrence, por mais diferentes que fossem, eram parecidos nisto: assumiam os papéis de suas crenças e as punham em cena no palco do mundo. De maneira diferente, isso era verdade para Yeats, Shaw e até mesmo Wells. É verdade para T. S. Eliot, apesar de tudo o que ele falou contra as pretensões da personalidade na literatura. Até E. M. Forster, que faz tanta questão da privacidade, faz em público o papel do homem reservado, tornando-se para nós o próprio espírito da vida privada. Ele não é apenas um escritor, é um símbolo.

Orwell ocupa seu lugar de símbolo entre esses homens. Em um grau ou outro, eles são gênios, e ele não; se perguntarmos o que ele representa, do que ele é símbolo, a resposta é: da virtude de não ser um gênio, de enfrentar o mundo com nada mais que sua inteligência simples, direta, franca, e um respeito pelos poderes que se tem e pelo trabalho que se empreende. Admiramos gênios, os amamos, mas eles nos desestimulam. São grandes concentrações de intelecto e emoção, sentimos que eles absorveram todo o poder disponível, monopolizaram-no e não deixaram nada para nós. Sentimos que, se não pudermos ser como eles, não seremos nada. Ao lado deles, somos demasiado banais, irremediavelmente triviais. Como eles brilham, e com que imperiosidade parecem lidar com as circunstâncias, mesmo quando estão errados! Sem suas patentes de nobreza, é melhor desistir. É isso o que a democracia fez conosco, infelizmente: disse-nos que o gênio está disponível para qualquer um, que a graça do prestígio máximo pode ser de qualquer um, que podemos todos ser príncipes e potentados, ou santos, visionários e mártires sagrados, do coração e da mente. E depois, quando descobrimos que não somos isso, ela nos permite pensar que não somos nada. Em contraste com esse ardil enganador da democracia, como parece agradável a velha e reacionária expressão anglicana que costumava deixar as pessoas de inclinações democráticas bem loucas de raiva — "minha posição e seus deveres". Com toda probabilidade, Orwell teria odiado essa frase, mas em certo sentido ela exemplifica seu significado. E é um grande alívio, uma excelente visão, vê-lo fazer isso. Seus romances são bons, bastante bons, alguns melhores que outros, alguns nos surpreendem por serem muito melhores do que sua modéstia nos leva a supor que possam ser, todos valem a pena ler; mas não são claramente a obra de um grande ou mesmo de um romancista "nato".

Em minha opinião, sua sátira ao stalinismo, A revolução dos bichos, foi superestimada — creio que as pessoas se empolgaram com alguém que revivia a sátira sistemática por objetivos políticos sérios. Seus ensaios críticos são quase sempre muito bons, mas às vezes não satisfazem plenamente as demandas de seu tema — como, por exemplo, o ensaio sobre Dickens. E mesmo em seus melhores momentos, parece que se tornaram o que são graças sobretudo à própria sinceridade de espírito de Orwell, sua simples capacidade de olhar para as coisas de um modo direto, franco. Ele não parece servir a um demônio vistoso, mas aos deuses simples e sólidos do senso comum.[3] Ele não é um gênio — que alívio! Que estímulo! Pois ele nos comunica o sentimento de que qualquer um de nós poderia ter feito o que ele fez.

Ou poderíamos, se nos decidíssemos a fazê-lo, se renunciássemos um pouco à hipocrisia afetada que nos conforta, se por algumas semanas não déssemos atenção ao pequeno grupo com que costumamos trocar opiniões, se aproveitássemos a chance de estar errado ou inadequado, se olhássemos para as coisas de forma direta e simples, tendo em mente apenas nossa intenção de descobrir o que realmente são, não o prestígio de nosso grande ato intelectual de olhá-las. Ele nos liberta. Ele nos diz que podemos compreender nossa vida política e social apenas olhando ao nosso redor; ele nos liberta da necessidade da droga interior. Dá a entender que nossa tarefa não é ser intelectual, por certo não intelectual dessa ou daquela maneira, mas apenas ser inteligente de acordo com nossas luzes — ele restaura o velho sentido da democracia do espírito, liberando-nos da crença de que a mente só pode funcionar de um modo técnico e profissional e que deve ser competitiva. Tem o efeito de nos fazer acreditar que podemos nos tornar membros plenos da sociedade dos homens pensantes. Por isso, é um símbolo para nós.

Ao falar assim de Orwell, não quero dar a entender que seu nascimento foi abençoado apenas pelos deuses do senso comum e de forma alguma pelas fadas boas, ou que ele não tinha demônio. As fadas boas lhes deram dons excelentes, na realidade. E ele tinha um demônio forte, mas era de um tipo antiquado e o constrangia ao paradoxo — pois assim é o nosso tempo — de levar a sério os deuses do senso comum e pôr seus dons ao serviço deles. Orwell era sensível a verdades de mais de um tipo, às amargas e eruditas verdades dos tempos modernos, bem como às verdades mais antigas e simples. Ele teria compreendido muito bem o que Karl Jaspers quer dizer quando recomenda a "decisão de renunciar às pretensões absolutas do espírito humanista europeu, pensar nelas como um estágio de desenvolvimento, em vez de o conteúdo vivo da fé". Mas ele não estava interessado nesse desenvolvimento. O que o preocupava era a sobrevivência, que ele ligava às velhas e simples ideias que, com frequência, não são de forma alguma ideias, mas crenças, preferências e preconceitos. No mundo moderno, elas tinham o charme e a audácia de verdades recém-descobertas. Envolvidos como estamos tantos de nós, ao menos em nossas vidas literárias, numa metafísica amarga da natureza humana, ficamos chocados e consternados quando Orwell fala em louvor de coisas como responsabilidade, ordenamento na vida pessoal, jogo limpo, coragem pessoal — até de esnobismo e hipocrisia, porque de algum modo ajudam a escorar os muros em desintegração da vida moral.

É difícil encontrar, no mundo contemporâneo, personalidades análogas a Orwell. Temos de buscar homens que tenham poder intelectual considerável, mas que não estejam felizes na vida institucionalizada da intelectualidade; que tenham gosto por uma época mais antiga e simples e uma consciência exemplar da vida comum das pessoas, mas sem nenhum traço da malícia sentimental do populismo; gosto forte pelo lugar-comum; e um sentimento direto e despudorado pela nação, até mesmo um amor consciente por ela. Isso nos lembra Péguy, e também Chesterton, e penso que Orwell tem uma afinidade com esses homens — provavelmente inconsciente — que nos diz algo a respeito dele. Mas Péguy está morto há quarenta anos, e Chesterton (é uma pena) se encontra, no momento, apagado para nós, mesmo para os que são católicos. E, evidentemente, a afinidade de Orwell com esses homens está limitada pelo catolicismo deles, pois, embora Orwell admirasse alguns dos efeitos e atitudes da religião, não parece ter havido uma tendência religiosa em sua natureza, ou nada além do que se costumava chamar religião da natureza.

De algum modo, ele parece mais contemporâneo de William Cobbett e William Hazlitt que de qualquer homem de nosso século. Seu radicalismo, como o de Cobbett, se refere ao passado e ao solo. Isso não é incomum atualmente na teoria social de homens de letras, mas na atitude de Orwell não há nada da aspiração implícita à aristocracia que com tanta frequência marca as ideias agrárias dos literatos; seu sentimento pela terra e pelo passado serve simplesmente para dar ao seu radicalismo um matiz conservador — de conservação — que em si mesmo é atraente, e para proteger sua postura política dos estragos da ideologia. Tal como Cobbett, ele não sonha com um novo tipo de homem, está contente com o tipo antigo, e aquilo que o move é o desejo de que esse velho tipo de homem tenha liberdade, toucinho e trabalho decente. Ele tem a paixão pela realidade literal da vida tal como é de fato vivida, o que faz de *Rural rides*, de Cobbett, um clássico, embora esquecido; *O caminho para Wigan Pier* e *Na pior em Paris e Londres* são descendentes diretos da obra de Cobbett. E não é um dos detalhes menos interessantes da similaridade entre os dois escritores que ambos tenham tido um caso de amor com a língua inglesa. De Cobbett, o trabalhador agrícola e sargento-ajudante autodidata, disse um de seus inimigos que manejava a língua melhor do que ninguém de seu tempo, e ele escreveu um excelente manual de gramática e retórica; Orwell era obcecado pela deterioração da língua inglesa nas mãos dos jornalistas e especialistas, e nada em 1984 é mais memorável do que sua criação da Novilíngua.

Quanto à afinidade de Orwell com Hazlitt, suspeito que seja de um tipo temperamental mais íntimo, embora não possa ir além da suspeita, pois sei muito menos sobre Orwell como pessoa do que sobre Hazlitt. Mas há uma semelhança inquestionável em sua disposição intelectual que os leva a lidar com suas opiniões políticas e literárias da mesma maneira. Hazlitt foi jacobino durante toda a vida, mas suas opiniões inabaláveis jamais o impediram de atribuir mérito, quando merecido, a um escritor de crença oposta, não somente por generosidade cavalheiresca, mas por respeito à verdade. Ele era o tipo do democrata apaixonado capaz de questionar se a democracia poderia produzir grande poesia, e seus ensaios elogiosos sobre Scott e Coleridge, com quem estava em profunda discordância política, nos preparam para os de Orwell sobre Yeats e Kipling.

O temperamento antiquado de Orwell pode ser parcialmente explicado pela natureza da relação entre ele e sua classe. Não se tratava de forma alguma de algo simples. Ele vinha daquela parte da classe média cujo sentimento de posição social é desproporcional à renda: seu pai era um funcionário subalterno no Serviço

Público da Índia, onde Orwell nasceu. (O nome de família era Blair e Orwell foi batizado Eric Hugh; ele mudou de nome, por motivos um tanto complicados, quando começou a escrever.) Com bolsa de estudo, frequentou a cara escola preparatória sobre a qual Cyril Connolly escreveu em *Enemies of promise*. Nesse relato, Orwell aparece como um "rebelde" e "intelectual" da escola. Mais tarde, ele escreveria sobre o tormento absoluto do menino pobre numa escola esnobe. Ele foi para Eton com bolsa, e de Eton para a Birmânia, onde serviu na polícia. Falou com honestidade singular da ambiguidade de sua atitude na situação imperialista. Não gostava da autoridade e do modo como era usada, e se solidarizava com os birmaneses. Contudo, ao mesmo tempo, via a necessidade de autoridade e a utilizava, e constantemente se exasperava com os nativos. Ao retornar à Inglaterra, de licença após cinco anos de serviço, não conseguiu reunir forças para voltar à Birmânia. Foi nessa época que, de forma meio voluntária, mergulhou nas profundezas da pobreza. Essa aventura na privação extrema, em parte, lhe foi imposta, mas também foi empreendida para expiar a culpa social que sentia por ter trabalhado na Birmânia. A experiência parece ter cumprido o que ele esperava dela. Um ano como trabalhador ocasional e vagabundo teve o efeito de descarregar sua culpa, deixando-o com uma atitude carinhosa em relação à classe trabalhadora, mas sem o menor sentimentalismo.

A experiência do afastamento de sua classe e o efeito que isso teve sobre ele definem a qualidade intelectual de Orwell e a obra em particular que viria a escrever. Na década de 1930, os intelectuais de classe média transformaram em moda moral a confissão de culpa em relação às classes mais baixas e o repúdio à tradição de sua própria classe. Na medida em que não passava de uma moda moral, tratava-se de uma anomalia moral. E embora ninguém possa ler a história sem acabar por perceber quais eram os fundamentos dessa atitude, a afirmação pessoal de uma culpa histórica produz apenas um princípio ambíguo de comportamento pessoal, uma base ainda mais ambígua de pensamento. Orwell rompeu com muito do que a alta classe média inglesa era e admirava. Mas seu espírito claro e não convencional via que, embora a moralidade da história pudesse chegar a conclusões duras sobre a classe média e embora a praticidade da história pudesse dizer que seus dias tinham acabado, permanecia o resíduo considerável de suas virtudes genuínas. O amor pela privacidade pessoal, pela ordem, pelos bons modos, o ideal de equidade e responsabilidade são, com efeito, virtudes muito simples e dificilmente constituem a perfeição da vida pessoal ou social. Contudo, ainda podem servir para julgar o presente e controlar o futuro.

Orwell era capaz até de admirar as virtudes da classe média baixa, que a *intelligentsia* sempre acha mais fácil de desprezar. Seu notável romance *A flor da Inglaterra* (*Keep the aspidistra flying*) é uma *summa* de todas as críticas já feitas à civilização comercial e é uma demonstração detalhada do destino amargo e quase sem esperanças do homem de classe média baixa. No entanto, ele insiste em que viver até mesmo nessa situação tem certa alegria teimosa. Péguy falava de "pais de famílias, aqueles heróis da vida moderna"; o romance de Orwell celebra esse heroísmo biológico-social ao conduzir seu poeta medíocre de meia-idade das profundezas da negação mal-humorada ao reconhecimento da felicidade da paternidade, por conseguinte, para uma consciência dos prazeres do matrimônio e de uma existência que, embora não gratifique sua concepção ideal de si mesmo, é não obstante a sua. Há um vago eco elegíaco de Defoe e dos primeiros tempos da ascendência da classe média quando o jovem triste de Orwell aprende a apreciar a pequena engrenagem da vida pessoal, sua cama, suas cadeiras e panelas — sua própria aspidistra, o emblema feio, teimoso e orgânico da sobrevivência.

Podemos dizer que foi na afirmação das virtudes da classe média que Orwell baseou sua crítica da *intelligentsia* liberal. O erro característico do intelectual de classe média dos tempos modernos é a tendência à abstração e ao absoluto, sua relutância em conectar ideia com fato, especialmente com fato pessoal. Não consigo lembrar se Orwell relacionou alguma vez sua crítica da *intelligentsia* às implicações de *A flor da Inglaterra*, mas ele pode ter feito isso, pois o ato prototípico do intelectual moderno é se abstrair da vida em família. É um ato que tem algo a ver com taumaturgia ritual — no início de nossas carreiras intelectuais somos muito parecidos com aqueles jovens de tribos indígenas que tiveram uma visão ou sonho que lhes dá poder, sob a condição de que se retirem da vida comum da tribo. Pela intelectualidade, nos libertamos da escravidão do lugar-comum familiar, da materialidade e concretude pela qual ela existe, da falta de dinheiro e da dificuldade em obtê-lo, da deselegância e intratabilidade das coisas familiares. Ela nos dá poder sobre intangíveis e imponderáveis, como a Beleza e a Justiça, e nos permite escapar do ridículo cósmico que, em nossa juventude, supomos que está inevitavelmente direcionado para os que levam a sério as pequenas preocupações do mundo material cotidiano, que sabemos ser inadequado e condenado pelo próprio fato de ser tão absurdamente *condicionado* — pelas coisas, pelos hábitos, costumes locais e temporários e pelos erros estúpidos e solenes absurdos dos homens do passado.

A essência da crítica de Orwell à *intelligentsia* liberal era que eles se recusavam a compreender a natureza condicionada da vida. Ele nunca usa essas palavras, mas é o que quer dizer. Ele mesmo sabia como eram na verdade a guerra e a revolução, como eram na verdade o governo e a administração. Por experiência própria, sabia o que era o comunismo. Era capaz de imaginar verdadeiramente o que era o nazismo. Numa época em que a maioria dos intelectuais ainda pensava na política como uma abstração de pesadelo, apontando para o temor do pesadelo como prova de seu senso de realidade, Orwell usava a imaginação de um homem cujas mãos, cujos olhos e todo o corpo eram parte de seu mecanismo de pensar. Shaw insistira em permanecer em sublime ignorância da realidade russa; Wells havia zombado da ameaça de Hitler e considerara anacronismo as forças que estavam justo naquele momento configurando o mundo — orgulho racial, culto ao líder, crença religiosa, patriotismo, amor pela guerra. Esses homens haviam formado a inteligência política da *intelligentsia* que agora, em seu amor pelas abstrações, em seu desejo de repudiar os anacronismos de suas emoções, era incapaz de dirigir contra a Rússia qualquer coisa parecida com a severidade da crítica que faziam à sua própria nação. Orwell disse deles que seu fervor pelo internacionalismo os levara a fazer da Rússia sua nova pátria. E tinha a coragem simples de dizer que os pacifistas pregavam sua doutrina sob a proteção da Marinha britânica e que, contra a Alemanha e a Rússia, a resistência passiva de Gandhi não serviria para nada.

Ele nunca moderou sua ira contra a ordem estabelecida. Mas um paradoxo da história fizera que a velha ordem britânica fosse aquela que ainda trazia coisas benéficas para o mundo e abrisse a possibilidade de uma esperança social que estava sendo frustrada e traída em quase todos os outros lugares. Então, Orwell se agarrou com uma espécie de orgulho amargo e soturno aos velhos hábitos da última classe que havia mandado na velha ordem. Às vezes, deve ter se perguntado como podia elogiar o espírito esportivo, o cavalheirismo, o respeito e a coragem física. Ele parece ter pensado — e com muita probabilidade, estava certo — que essas qualidades poderiam ser úteis como virtudes revolucionárias: sobre Rubachov, o personagem central do romance de Arthur Koestler, *O zero e o infinito* (*Darkness at noon*), observa que ele era mais firme na sua lealdade à revolução do que alguns de seus camaradas porque tinha um passado burguês que eles não tinham. Com certeza, as virtudes que ele elogiava eram as da sobrevivência, e elas haviam caído no descrédito num mundo em desordem.

Às vezes, em sua desavença com a *intelligentsia*, Orwell parece um editorialista do *Times* num ataque rotineiro de tempo de guerra aos intelectuais.

O enfraquecimento geral do imperialismo, e em certa medida de todo o moral britânico que ocorreu nos anos 1930, foi em parte obra da *intelligentsia* de esquerda, ela mesma uma espécie de produto que brotou da estagnação do Império. A mentalidade da *intelligentsia* de esquerda inglesa pode ser estudada numa meia dúzia de periódicos semanais e mensais. O que chama logo a atenção em todas essas publicações é sua atitude lamuriosa geralmente negativa, a completa ausência de qualquer sugestão construtiva em todos os momentos. Há pouco nelas, exceto a queixa irresponsável de gente que jamais esteve e jamais espera estar numa posição de poder.

Nos últimos vinte anos, a perspectiva negativa e indolente que esteve em moda entre os esquerdistas ingleses, os risinhos abafados dos intelectuais para o patriotismo e a coragem física, o esforço persistente de debilitar o moral inglês e difundir uma atitude hedonista diante da vida, do tipo "o que eu ganho com isso", não causaram senão danos.

Mas ele não era um editorialista do *Times*. Havia lutado na Espanha e quase morrera lá, e na questão espanhola sua posição fora realmente revolucionária. Os trechos que citei são do *The lion and the unicorn*, uma declaração persuasiva em defesa do socialismo na Grã-Bretanha.

Próximo ao final da vida, Orwell descobriu outro motivo para sua admiração pelas virtudes da velha classe média e sua crítica da *intelligentsia*. Walter Bagehot costumava falar das vantagens políticas da *estupidez*, querendo indicar com a palavra uma preocupação com os interesses materiais particulares como motivo político preferível a um interesse teórico, intelectual. Pode-se dizer que Orwell passou a respeitar as velhas virtudes burguesas porque eram estúpidas — ou seja, porque resistiam ao poder das ideias abstratas. E passou a amar coisas, posses materiais, pela mesma razão. Ele não se transformou, de forma alguma, no que se chama de "anti-intelectual" — isso simplesmente não estava ao seu alcance —, mas começou a temer que o compromisso com ideias abstratas pudesse ser muito mais maléfico do que a dedicação à grosseira materialidade da propriedade jamais fora. A própria estupidez das coisas tinha algo de humano, algo de benéfico, algo até libertador. Ao lado da estupidez das velhas virtudes irrefletidas, ela se ergue contra o poder absoluto e definitivo que a ideia incondicional pode desenvolver. A questão essencial de 1984 é exatamente esta: o perigo do poder absoluto e definitivo que a mente pode desenvolver quando se liberta das condições, da servidão das coisas e da história.

Mas isso, como digo, é um aspecto posterior da crítica de Orwell à intelectualidade. Durante a maior parte de sua carreira literária, sua crítica era mais simples e menos extremada. Era tão simples como isto: que a classe intelectual contemporânea não pensava e não amava realmente a verdade.

Em 1937 Orwell foi à Espanha para observar a guerra civil e escrever sobre ela. Ele ficou para participar dela, juntando-se às milícias como soldado. Naquele momento, cada partido ainda tinha unidades de milícias próprias, embora estivessem em processo de absorção pelo Exército Popular. Em virtude de suas cartas de apresentação serem de gente de determinado grupo político na Inglaterra, o Partido Trabalhista Independente, que tinha conexões com o POUM (Partido Obreiro de Unificação Marxista), Orwell entrou para uma unidade desse partido em Barcelona. Na época, não era simpatizante das ideias de seus camaradas e líderes. Durante o período da disputa entre partidos, o POUM era visto, na Espanha e no exterior, como um partido trotskista. Na realidade não era, embora tivesse se unido ao pequeno partido trotskista para se opor a determinadas políticas do Partido Comunista dominante. A preferência de Orwell na época de seu alistamento era pela linha dos comunistas, e por isso aguardava a transferência posterior para uma unidade comunista.

Penso que era natural que Orwell fosse um partidário do programa comunista para a guerra. Este era recomendável por si mesmo para a maioria das pessoas por seu aparente bom senso. Propunha lutar na guerra sem nenhuma referência a ideias políticas em particular além da defesa da democracia contra um inimigo fascista. Depois que a guerra estivesse vencida, os problemas políticos e sociais seriam resolvidos, mas, enquanto não fosse vencida, qualquer debate sobre esses problemas deveria ser evitado, pois levaria ao enfraquecimento da frente unida contra Franco.

Mais tarde Orwell compreendeu que essa política prática não era a que ele imaginara inicialmente. Suas razões não precisam ser reiteradas aqui: ele as apresenta com sua característica força convincente e modéstia no decorrer de *Homage to Catalonia*, e com a consciência desalentada, mas provavelmente correta, de que, tendo em vista as condições econômicas e sociais da Espanha, até as melhores políticas deveriam emanar de algum tipo de ditadura. Em suma, ele acreditava que a guerra era revolucionária ou não era nada, e que o povo espanhol não lutaria e morreria por uma democracia que seria sem dúvida uma democracia burguesa.

Mas o distanciamento de Orwell do Partido Comunista não resultou de uma diferença de opinião quanto a começar a revolução durante ou depois da guerra. Foi consequência de sua descoberta de que a verdadeira intenção do partido era não começar a revolução: "Os comunistas trabalhavam não para adiar a revolução espanhola até um momento mais adequado, mas para assegurar-se de que jamais acontecesse". A marcha dos acontecimentos, liderada pelos comunistas que tinham o prestígio e os suprimentos da

Rússia, sempre foi para a direita, e todos os protestos eram sufocados pela ameaça de que a guerra seria perdida se as fileiras se rompessem, o que significava, na realidade, que a ajuda russa seria retirada se não seguissem a liderança comunista. Enquanto isso, a guerra estava sendo perdida porque o governo desconfiava cada vez mais das milícias não comunistas, em particular das anarquistas. Escreve Orwell:

> Eu descrevi como fomos armados, ou não armados, ao front de Aragão. Há poucas dúvidas de que as armas foram propositalmente retidas para que um maior número delas não caísse nas mãos dos anarquistas, que as usariam depois para fins revolucionários; em consequência, a grande ofensiva de Aragão, que obrigaria Franco a retirar-se de Bilbao e talvez de Madri, nunca aconteceu.

No final de abril, após três meses no front de Aragão, Orwell foi enviado a Barcelona em licença. Ele observou a mudança no moral ocorrida desde os dias de seu alistamento — Barcelona não era mais a cidade revolucionária de antes. Os dias heroicos haviam acabado. As milícias, que fizeram um serviço esplêndido no início da guerra, era agora denegrida em favor do Exército Popular, e seus membros eram desprezados por parecerem meio estranhos em seu ardor revolucionário, para não dizer perigosos. O espírito do mercado negro e do privilégio havia substituído o velho puritanismo idealista de três meses antes. Orwell observou esse fato, mas não tirou conclusões. Ele queria ir para o front em Madri, e para tanto teria de ser transferido para uma Coluna Internacional, que estava sob o controle dos comunistas. Não se opunha a servir sob o comando comunista e, com efeito, se decidira pela transferência. Mas estava cansado e mal de saúde e esperou para concluir o assunto na próxima semana de licença. Enquanto adiava, irrompeu a luta em Barcelona.

Em Nova York e Londres, a *intelligentsia* não tinha a menor dúvida do que estava acontecendo — na verdade, não podiam conceber que havia ocorrido algo diferente daquilo que foram levados a acreditar que acontecera. Os anarquistas, junto com o POUM "trotskista" — assim era chamado —, esconderam grandes reservas de armas tendo por objetivo um levante que forçaria o governo a aceitar seu desejo prematuro de coletivização. E em 3 de maio seus planos se concretizaram quando saíram às ruas e tomaram a Central Telefônica, além de romper a frente unida de forma extremada e pôr em perigo o andamento da guerra. Mas nada disso Orwell viu em Barcelona. Ele estava sob as ordens do POUM, mas não estava comprometido com a linha desse partido, muito menos com a dos anarquistas, e era simpático aos comunistas a ponto de desejar entrar em uma de suas unidades. O que ele viu foi visto da forma mais objetiva que um homem pode ver as coisas. E o que ele registra é agora, creio eu, aceito como a verdade essencial por todos cujo julgamento vale a pena levar em conta. Não havia grandes reservas de armas escondidas pelos anarquistas e pelo POUM — na verdade, havia uma escassez de armas em suas fileiras. Mas o governo controlado pelos comunistas vinha aumentando a força da Guarda Civil, uma gendarmaria chamada de "não política" e da qual os trabalhadores eram excluídos. É indiscutível que havia uma tensão crescente entre o governo e as forças dissidentes, mas a luta foi deflagrada por atos de provocação cometidos pelo próprio governo: exibições de força militar, o pedido para que todos os indivíduos entregassem as armas, ataques a centros anarquistas e, como clímax, a tentativa de tomar a Central Telefônica, que desde o início da guerra fora dirigida pelos anarquistas.

Seria muito difícil saber disso em Nova York ou Londres. Os periódicos que guiavam o pensamento dos intelectuais esquerdistas liberais não sabiam de nada disso e não tinham vontade de saber. Quanto às consequências do infeliz levante, pareciam não saber de absolutamente nada. Quando Barcelona ficou de novo tranquila — cerca de 6 mil guardas de assalto foram importados para debelar o distúrbio —, Orwell voltou para seu antigo front. Lá foi gravemente ferido com um tiro no pescoço; a bala passou ao lado da traqueia. Após sua triste hospitalização, sobre a qual ele escreve de forma tão leve, foi levado inválido para Barcelona. Retornou a tempo de ver o expurgo na cidade. O POUM e os anarquistas haviam sido reprimidos; o poder dos trabalhadores fora suprimido e a caça policial estava em andamento. As prisões já estavam cheias e a cada dia ficavam mais cheias — os mais devotados lutadores pela liberdade da Espanha, homens que haviam desistido de tudo pela causa, eram encarcerados nas condições mais terríveis, com frequência mantidos incomunicáveis, com frequência para nunca mais se ouvir falar deles. O próprio Orwell era suspeito e estava em perigo porque pertencera a um regimento do POUM; ele permaneceu escondido até que, com a ajuda do cônsul britânico, conseguiu fugir para a França. Mas, se pesquisarmos nos periódicos liberais, que assumiram a causa das liberdades civis, não encontraremos menção a esse terror. Os membros da classe intelectual que se orgulhavam de seu compromisso político não estavam comprometidos com os fatos, mas com a abstração.[4]

E com a abstração continuaram comprometidos por um bom tempo. Muitos ainda o são, ou nostalgicamente desejam estar. Se a vida não fosse tão tangível, tão concreta, tão feita de fatos que divergem uns dos outros; se as coisas que as pessoas dizem que são boas fossem de fato boas; se as coisas que são bastante boas fossem inteiramente boas e não tivéssemos a necessidade perpétua de qualificar e discriminar; se a política não fosse uma questão de poder — então ficaríamos felizes em nos dedicar à política, *então* consentiríamos em pensar!

Mas Orwell jamais acreditou que a vida política pudesse ser um idílio intelectual. Ele dedicou imediatamente seu pensamento à política que havia experimentado. Ele contou a verdade, e a contou de forma exemplar, tranquilamente, de modo simples, com a devida advertência ao leitor de que era apenas a verdade de um homem. Não usou jargão político e não fez recriminações. Não fez nenhum esforço para mostrar que seu coração estava no lugar direito, ou no lugar esquerdo. Não estava interessado em saber onde pudessem achar que seu coração estava, pois sabia onde ele estava. Estava interessado apenas em contar a verdade. Não deram muita atenção à sua verdade: *Homenage to Catalonia* vendeu mal na Inglaterra e foi vendido como saldo, não foi publicado nos Estados Unidos e as pessoas a quem ele deveria ter falado mais não reagiram de forma alguma.

Sua verdade particular se refere a eventos agora distantes no passado, no momento em que examinamos nosso passado. Não é menos importante por isso: essa verdade particular implica uma verdade geral que, como agora não podemos deixar de compreender, deve importar por um longo tempo ainda. E o que importa mais que tudo é nossa percepção do homem que diz a verdade.

Lionel Trilling
1952

Lionel Trilling (1905-75) nasceu em Nova York. Formou-se na Universidade Columbia, onde também teve uma longa e renomada carreira como professor no departamento de inglês. Entre seus numerosos trabalhos se destacam estudos críticos sobre Matthew Arnold e E. M. Forster, duas coletâneas de ensaios (*The liberal imagination* e *O eu romântico* (*The opposing self*), um romance (*The middle of the journey*) e as palestras Norton na Universidade Harvard, intituladas *Sincerity and authenticity*. Trilling foi casado com a escritora e crítica Diana Trilling.

1 | Os dias são sempre iguais

Narrativas testemunhais da primeira fase da carreira do escritor, quase todas ainda assinadas como Eric Blair, frutos da convivência com mendigos e de experiências em um albergue, em um hospital para indigentes, em uma prisão e no trabalho como colhedor de lúpulo. São complementares aos livros *Na pior em Paris e Londres* e *O caminho para Wigan Pier*.

Um dia na vida de um vagabundo
Le Progrès Civique, 5 de janeiro de 1929

Em primeiro lugar, o que é um *vagabundo*?

O vagabundo é uma espécie nativa inglesa. Estas são as características que o distinguem: ele não tem dinheiro, veste-se com andrajos, caminha cerca de vinte quilômetros por dia e nunca dorme duas noites seguidas no mesmo lugar.

Em suma, ele é um andarilho que vive de caridade, perambula dia após dia durante anos e atravessa a Inglaterra de ponta a ponta muitas vezes em suas andanças.

Ele não tem emprego, lar ou família, nada de seu no mundo, exceto os farrapos que cobrem seu pobre corpo; vive às custas da comunidade.

Ninguém sabe de quantos indivíduos é composta a população de vagabundos. Trinta mil? Cinquenta mil? Talvez cem mil na Inglaterra e no País de Gales, quando o desemprego é particularmente alto.

O vagabundo não perambula para se divertir, ou porque herdou os instintos nômades de seus ancestrais; antes de mais nada, ele tenta não morrer de fome.

Não é difícil ver por quê: o vagabundo está desempregado em consequência da situação da economia inglesa. Assim, para existir, ele precisa apelar à caridade pública ou privada. Para ajudá-lo, as autoridades criaram *asiles* (albergues) onde os destituídos podem encontrar alimento e abrigo.

Esses lugares estão a vinte quilômetros uns dos outros e ninguém pode ficar em um deles mais que uma vez por mês. Daí as peregrinações sem fim dos vagabundos, que, se quiserem comer e dormir embaixo de um teto, precisam buscar um novo lugar de repouso todas as noites.

Essa é a explicação para a existência dos vagabundos. Agora, vejamos que tipo de vida eles levam. Será suficiente examinar um dia apenas, pois os dias são sempre iguais para esses desafortunados habitantes de um dos países mais ricos do mundo.

Tomemos um deles no momento em que sai do albergue, por volta das dez da manhã.

Ele está a cerca de vinte quilômetros do próximo albergue. Levará provavelmente cinco horas para caminhar essa distância e chegará ao seu destino por volta das três da tarde.

Ele não descansará muito no caminho, porque a polícia, que vê com suspeição os vagabundos, tratará de mandá-lo logo embora de qualquer cidadezinha ou aldeia onde possa tentar parar. É por isso que nosso homem não se demorará no caminho.

Como dissemos, são cerca de três horas da tarde quando ele chega ao albergue. Mas o albergue só abre às seis. Três horas desgastantes para esperar em companhia dos outros vagabundos que já estão esperando. O bando de seres humanos, extenuados, barbas por fazer, sujos e maltrapilhos, cresce a cada minuto. Logo há centenas de homens desempregados que representam quase todas as profissões.

Mineiros e fiandeiros de algodão, vítimas do desemprego que grassa no norte da Inglaterra, compõem a maioria, mas todas as profissões estão representadas, especializadas ou não.
A idade deles? Dos dezesseis aos setenta.
Sexo? Há cerca de duas mulheres para cada cinquenta homens.
Aqui e ali, um imbecil matraqueia palavras sem sentido. Alguns vagabundos estão tão fracos e decrépitos que nos perguntamos como podem caminhar vinte quilômetros.
As roupas impressionam pelo grotesco, esfarrapadas e de imundície repugnante.
Os rostos nos fazem pensar no focinho de um animal selvagem, talvez não perigoso, mas que se tornou ao mesmo tempo selvagem e assustadiço, por falta de descanso e cuidado.

Lá eles esperam, deitados na relva ou agachados na terra. Os mais corajosos rondam o açougue ou a padaria, na esperança de catar algum resto de comida. Mas isso é perigoso, porque mendigar é proibido por lei na Inglaterra; então, na maior parte do tempo eles se contentam em ficar ociosos, trocando palavras vagas numa gíria estranha, a língua especial dos vagabundos, cheia de palavras esquisitas e pitorescas e expressões que não se encontram em nenhum dicionário.
Eles vieram de todos os cantos da Inglaterra e do País de Gales e contam uns aos outros suas aventuras, discutindo sem muita esperança sobre a probabilidade de encontrar trabalho no caminho.
Muitos já se encontraram antes em algum albergue do outro extremo do país, pois seus passos não param de se cruzar nas perambulações sem fim.
Esses albergues são hospedarias deploráveis e sórdidas, onde os peregrinos ingleses miseráveis se reúnem por algumas horas antes de se espalhar novamente em todas as direções.

Todos os vagabundos fumam. Como é proibido fumar dentro do albergue, eles aproveitam ao máximo as horas de espera. Seu tabaco consiste principalmente em baganas de cigarro que catam nas ruas. Eles as enrolam em papel ou enfiam em cachimbos velhos.

Quando um vagabundo consegue algum dinheiro, ganho num trabalho ou por esmola, seu primeiro pensamento é comprar fumo, mas na maior parte do tempo ele tem de se satisfazer com baganas apanhadas da calçada ou da rua. O albergue lhe dá apenas comida: para o resto, roupas, tabaco etc., ele tem de se virar.

Mas está quase na hora de o portão do albergue se abrir. Os vagabundos se levantaram e fazem fila junto ao muro do enorme prédio, um desprezível cubo amarelo de tijolos, construído em algum subúrbio distante e que pode ser confundido com uma prisão.[1]

Mais alguns minutos e os pesados portões se abrem e o bando de seres humanos entra.

A semelhança entre um desses albergues e uma prisão é ainda mais notável depois que se passa pelos portões. No meio de um pátio vazio, cercado por muros altos de tijolos, encontra-se o prédio principal que abriga celas de paredes nuas, um banheiro, as dependências administrativas e uma sala minúscula mobiliada com bancos de madeira simples que serve de refeitório. Tudo é tão feio e sinistro quanto se possa imaginar.

A atmosfera de prisão está em todo canto. Funcionários uniformizados intimidam os vagabundos e os empurram, sem esquecer de lembrar-lhes que, ao entrar no albergue, eles abriram mão de todos os seus direitos e de sua liberdade.

O nome e a profissão do vagabundo são escritos num livro de registros. Depois, ele é obrigado a tomar um banho e suas roupas e pertences pessoais são levados embora. Então, dão-lhe um camisão de algodão ordinário para passar a noite.

Se por acaso ele tiver algum dinheiro, será confiscado, mas, se ele admitir que tem mais de dois francos [quatro pence], não será aceito no albergue e terá de encontrar uma cama em outro lugar. Em consequência, os vagabundos que têm mais de quatro pence — não há muitos deles — se esforçaram para esconder o dinheiro em suas botas sem que fossem vistos, pois essa fraude poderia ser punida com prisão.

Após o banho, o vagabundo, cujas roupas lhe foram tomadas, recebe sua ceia: meia libra de pão com um pouco de margarina e meio litro de chá.

O pão feito especialmente para os vagabundos é terrível. É cinzento, sempre dormido e tem um gosto desagradável que faz a gente pensar que a farinha de que é feito vem de grãos estragados.

O chá não poderia ser pior, mas os vagabundos o tomam de bom grado, pois os aquece e conforta depois da exaustão do dia.

Essa refeição insossa é engolida em cinco minutos. Depois disso, os vagabundos recebem ordens para entrar nas celas onde passarão a noite.

Essas celas, verdadeiras celas de prisão de tijolos ou pedras, têm cerca de três e meio por dois metros. Não há iluminação artificial — a única fonte de luz é uma janela estreita e gradeada no alto da parede e um olho mágico na porta que permite que os guardas fiquem de olho nos internos.

Às vezes, as celas têm uma cama, porém o mais comum é que os vagabundos tenham de dormir no chão, com apenas três mantas para se proteger.

Não costuma haver travesseiros, e por esse motivo os desafortunados têm permissão para ficar com seus casacos, os quais enrolam e põem sob a cabeça.

Em geral, o quarto é terrivelmente frio e as mantas, devido ao tempo de uso, são tão finas que não oferecem nenhuma proteção contra o rigor da temperatura.

Assim que os vagabundos entram nas celas, as portas são firmemente trancadas por fora: só se abrirão às sete horas da manhã seguinte.

Em geral, ficam dois internos em cada cela. Murados em sua pequena prisão por doze horas desgastantes sem nada para se proteger do frio exceto um camisão de algodão e três mantas finas, os pobres miseráveis sofrem cruelmente com o frio e a falta do conforto mais elementar.

Os lugares estão quase sempre infestados de percevejos, e o vagabundo, vítima da praga, com os membros exaustos, passa horas e horas se virando e revirando, numa vã espera pelo sono.

Se consegue adormecer por alguns minutos, o desconforto de dormir sobre o chão duro logo o desperta de novo.

Os vagabundos antigos e espertos, que estão nessa vida há quinze ou vinte anos e, em consequência, ficaram mais filosóficos, passam as noites conversando. No dia seguinte, descansarão por uma ou duas horas num campo, sob alguma cerca viva que julguem mais acolhedora do que o albergue. Mas os mais jovens, ainda não endurecidos pela familiaridade com a rotina, lutam e gemem na escuridão, esperando com impaciência que a manhã lhes traga alívio.

E no entanto, quando o sol afinal brilha dentro de sua prisão, eles consideram com desânimo e desespero a perspectiva de outro dia exatamente igual ao anterior.

Por fim, as celas são destrancadas. Está na hora da visita do médico: com efeito, os vagabundos não serão libertados enquanto essa formalidade não for cumprida.

O médico costuma se atrasar, e os vagabundos têm de esperar por sua inspeção, em fila e seminus num corredor. Nesse momento, é possível ter uma ideia da condição física deles.

Que corpos e que rostos!

Muitos têm malformações congênitas. Vários sofrem de hérnias e usam cintas. Quase todos têm pés deformados e cobertos de feridas em consequência das longas caminhadas com botas inadequadas. Os velhos não passam de pele e ossos. Todos têm músculos caídos e a aparência miserável de homens que não têm uma refeição decente do início ao fim do ano.

Seus traços emaciados, rugas prematuras, barbas por fazer, tudo neles fala de alimentação insuficiente e carência de sono.

Mas eis que chega o médico. Sua inspeção é tão rápida quanto superficial. Afinal, ela se destina apenas a detectar se algum dos vagabundos mostra sintomas de varíola.

O médico olha rapidamente para cada um deles, de cima a baixo, frente e costas.

Ora, a maioria deles sofre de uma ou outra doença. Alguns, imbecis quase completos, mal conseguem cuidar de si mesmos. No entanto, serão soltos desde que estejam livres das temíveis marcas da varíola.

As autoridades não se importam se estão bem ou mal de saúde, desde que não sofram de uma moléstia infecciosa.

Depois da inspeção médica, os vagabundos se vestem de novo.

Então, na luz fria do dia, é possível ter realmente uma boa visão das roupas que os pobres-diabos usam para se proteger dos estragos causados pelo clima inglês.

Esses artigos disparatados de vestuário — a maioria esmolada de porta em porta — não servem nem para a lata do lixo. Grotescos, mal-ajambrados, longos demais, curtos demais, grandes demais ou pequenos demais, a esquisitice deles nos faria rir em qualquer outra circunstância. Aqui, sentimos uma enorme piedade ao vermos essas roupas.

Elas foram consertadas até o limite do possível, com todos os tipos de remendos. Cordões substituem botões. As roupas de baixo não passam de farrapos imundos, os buracos tapados pela sujeira.

Alguns deles não têm roupa de baixo. Muitos não têm sequer

meias; depois de enrolar os pés em trapos, enfiam-nos em botas cujo couro, endurecido pelo sol e pela chuva, perdeu toda a elasticidade.

É uma visão terrível observar os vagabundos se aprontando para sair.

Depois de vestidos, eles recebem o desjejum, idêntico à ceia da noite anterior.

Então, são perfilados como soldados no pátio do albergue, onde os guardas os põem a trabalhar.

Alguns lavarão o chão, outros cortarão lenha, quebrarão carvão, farão uma variedade de tarefas até as dez horas, quando é dado o sinal para partir.

Eles recebem de volta os pertences pessoais confiscados na noite anterior. A isso acrescentam meia libra de pão e um pedaço de queijo para a refeição do meio-dia, ou às vezes, mas com menos frequência, um tíquete que pode ser trocado em cafés específicos do caminho por pão e chá, no valor de três francos [seis pence].

Um pouco depois das dez horas, os portões do albergue se abrem para deixar sair um bando de destituídos miseráveis e imundos que se espalham pelo campo.

Cada um deles parte para um novo albergue, onde será tratado exatamente da mesma maneira.

E durante meses, talvez décadas, o vagabundo não conhecerá outra existência.

Em conclusão, devemos observar que a comida para cada vagabundo consiste, no total, em cerca de 750 gramas [duas libras] de pão com um pouco de margarina e queijo, e um litro de chá; isto é, sem dúvida, uma dieta insuficiente para um homem que deve percorrer vinte quilômetros por dia a pé.

Para suplementar sua dieta, obter roupas, fumo e as mil outras coisas de que possa precisar, o vagabundo precisa mendigar quando não consegue achar trabalho (e ele dificilmente o encontra) — mendigar ou roubar.

Ora, mendigar é proibido por lei na Inglaterra e muitos vagabundos conhecem as prisões de Sua Majestade por causa disso.

É um círculo vicioso: se ele não mendiga, morre de fome; se mendiga, infringe a lei.

A vida desses vagabundos é degradante e desmoralizadora. Em muito pouco tempo pode transformar um homem ativo em eterno desempregado e parasita.

Além disso, é extremamente monótona. O único prazer deles é obter alguns xelins inesperados; isso lhes dá a chance de comer à farta por uma vez ou tomar uma bebedeira.

O vagabundo está isolado das mulheres. Poucas mulheres entram nessa vida. Para suas irmãs mais afortunadas, o vagabundo é objeto de desprezo. Assim, a homossexualidade não é um vício desconhecido para esses eternos andarilhos.

Por fim, o vagabundo, que não cometeu nenhum crime e que, no fim das contas, não passa de uma vítima do desemprego, está condenado a levar uma vida mais miserável que a do pior criminoso. Ele é um escravo com uma aparência de liberdade que é pior do que a mais cruel escravidão.

Ao refletirmos sobre seu destino miserável, que é compartilhado por milhares de homens na Inglaterra, a conclusão óbvia é que a sociedade o trataria melhor se o trancasse pelo resto de seus dias na prisão, onde ao menos ele desfrutaria de um relativo conforto.

E.-A. BLAIR[2]

*

O albergue[1]
The Adelphi, abril de 1931

Era o final da tarde. Quarenta e nove de nós, 48 homens e uma mulher, estavam deitados na relva esperando a abertura do albergue. Estávamos cansados demais para conversar muito. Exaustos, nos limitávamos a ficar ali escarrapachados, com cigarros caseiros que se projetavam de nossos rostos raquíticos. No alto, os galhos do castanheiro estavam cobertos de flores, e acima deles, grandes nuvens lanosas flutuavam quase imóveis num céu claro. Jogados na relva, parecíamos uma ralé urbana encardida. Sujávamos o cenário, como latas de sardinha e sacos de papel na praia.

O pouco que se falava era sobre o "bedel de vagabundos"[2] daquele albergue. Ele era um demônio, concordavam todos, um tártaro, um tirano, um cão vociferante, blasfemo e insensível. Você não podia dizer que era dono do seu nariz quando ele estava por perto, e ele expulsou muito vagabundo no meio da noite por dar uma resposta malcriada. Na hora da revista, ele quase virava você de cabeça para baixo e sacudia. Se fosse apanhado com fumo, seria o diabo, e se entrasse com dinheiro (o que é contra a lei), Deus nos livre.

Eu tinha oito pence comigo. "Pelo amor de Deus, companheiro", aconselharam-me os veteranos, "não entre com isso. Você pega sete dias se entrar no albergue com oito pence!"

Então enterrei meu dinheiro num buraco sob a cerca viva e marquei o lugar com um pedaço de pederneira. Depois, tratamos de contrabandear nossos fósforos e fumo, pois é proibido entrar com essas coisas em quase todos os albergues: é preciso entregá-las no portão. Nós as enfiamos nas meias, exceto os vinte e poucos por cento que não tinham meias e precisavam carregar o fumo nas botas, até mesmo embaixo dos dedos dos pés. Estufamos nossos tornozelos com o contrabando, de tal modo que alguém que nos visse poderia imaginar um surto de elefantíase. Mas é uma lei não escrita que até mesmo o mais duro dos vigias de vagabundos não revista abaixo do joelho e, no fim, só um homem foi apanhado. Era Scotty, um vagabundo cabeludo e baixo, com um sotaque ilegítimo, descendente do *cockney* de Glasgow. A tampa de sua lata de baganas caiu da meia na hora errada e foi confiscada.

Às seis, os portões se abriram e nos arrastamos para dentro. No portão, um funcionário anotou nossos nomes e outros detalhes no livro de registro e pegou nossas trouxas. A mulher foi mandada para o asilo e nós para o albergue. Era um lugar lúgubre, gelado e caiado composto apenas de um banheiro, um refeitório e cerca de cem celas estreitas de pedra. O terrível bedel de vagabundos nos encontrou à porta e nos levou ao banheiro, para tirarmos a roupa e sermos revistados. Era um homem rude e soldadesco de quarenta anos que não dava aos vagabundos mais atenção do que a ovelhas num banho parasiticida, empurrando-os para lá e para cá e gritando imprecações em suas caras. Mas, quando chegou minha vez, me olhou duro e perguntou:

"Você é um cavalheiro?"

"Acho que sim", respondi.

Olhou-me longamente de novo. "Bem, isso é um maldito azar,

chefe", disse ele, "é um maldito azar, mesmo." E a partir de então, enfiou na cabeça de me tratar com compaixão, até mesmo com uma espécie de deferência.

Era uma visão nojenta, aquele banheiro. Todos os segredos indecentes de nossas roupas de baixo ficavam expostos; a sujeira, os rasgões e remendos, os pedaços de cordão servindo de botões, as camadas e mais camadas de fragmentos de roupas, algumas meras coleções de furos mantidos juntos pela sujeira. O banheiro se transformou num apinhamento de nudez fumegante em que o cheiro de suor dos vagabundos competia com o fedor doentio e subfecal natural do albergue. Alguns dos homens recusaram o banho e lavaram somente seus "trapos de dedos", horrendos e sebosos pedaços de pano com que os vagabundos enrolam seus pés. Cada um de nós dispunha de três minutos para tomar banho. Seis toalhas de rolo ensebadas e escorregadias tinham de ser suficientes para todos nós.

Depois do banho, levaram nossas roupas e tivemos de vestir os camisões do asilo, umas coisas de algodão cinzento parecidas com camisolas, que iam até a metade das coxas. Então, fomos mandados para o refeitório, onde a ceia estava servida em mesas de pinho. Era a invariável refeição de albergue, sempre a mesma, fosse desjejum, jantar ou ceia: meia libra de pão, um pouco de margarina e meio litro de um suposto chá. Não levamos mais de cinco minutos para engolir a comida barata e nociva. Depois o vigia de vagabundos deu três mantas de algodão para cada um de nós e nos conduziu para as celas em que passaríamos a noite. As portas foram trancadas por fora um pouco antes das sete da noite, e assim ficariam pelas próximas doze horas.

As celas mediam 2,5 metros por 1,5 e não tinham iluminação, exceto uma janela minúscula e gradeada no alto da parede e um olho mágico na porta. Não havia percevejos e tínhamos um estrado de cama e colchões de palha, ambos luxos raros. Em muitos albergues, dorme-se numa prateleira de madeira e, em alguns, no chão nu, com um casaco enrolado que serve de travesseiro. Com uma cela só para mim e uma cama, eu esperava uma noite de descanso profundo. Mas não tive isso, pois há sempre alguma coisa de errado no albergue, e o defeito peculiar daquele, como descobri imediatamente, era o frio. Maio já começara e, em homenagem à estação — um pouco de sacrifício aos deuses da primavera, talvez —, as autoridades haviam cortado o vapor dos canos de aquecimento. As mantas de algodão eram quase inúteis. Passei a noite virando de um lado para o outro, caindo no sono por dez minutos e acordando meio congelado, esperando pelo amanhecer.

Como sempre acontece no albergue, quando consegui dormir sossegado já era hora de levantar. O bedel de vagabundos veio marchando pelo corredor com passos pesados, destrancando as portas e gritando para que mostrássemos uma perna. Em seguida, o corredor estava cheio de figuras esquálidas de camisão que corriam para o banheiro, pois só havia uma banheira cheia de água para todos de manhã, e servia-se quem chegasse primeiro. Quando entrei, vinte vagabundos já haviam lavado a cara. Dei uma olhada para a espuma preta na superfície da água e decidi ficar sujo pelo resto do dia.

Apressamo-nos a vestir nossas roupas e depois fomos ao refeitório para engolir o desjejum. O pão estava muito pior que de costume, porque o idiota de mentalidade militar do bedel o havia cortado em fatias na noite anterior: estava duro como bolacha de navio. Mas ficamos contentes com o chá depois da noite fria e agitada. Não sei como os vagabundos viveriam sem chá, ou melhor, sem a coisa que chamam de chá. É o alimento deles, seu remédio, sua panaceia para todos os males. Sem o litro de chá que bebem por dia, acredito que não conseguiriam encarar a existência.

Após o desjejum, tivemos de nos despir de novo para a inspeção médica, que é uma precaução contra a varíola. Demorou três quartos de hora para que o médico chegasse, e tivemos tempo de olhar ao nosso redor e ver que tipo de homens éramos. Tratava-se de uma visão instrutiva. Estávamos nus da cintura para cima, em duas longas fileiras no corredor. A luz filtrada, azulada e fria, nos iluminava com clareza impiedosa. Ninguém pode imaginar, exceto se já viu tal coisa, como parecíamos uns vira-latas barrigudos e degenerados. Cabeças desgrenhadas, rostos enrugados e barbudos, peitos encovados, pés chatos, músculos descaídos — todos os tipos de malformação e podridão física estavam ali. Todos eram flácidos e descoloridos, como são todos os vagabundos sob suas enganosas queimaduras de sol. Duas ou três figuras que vi ficaram inesquecivelmente em minha memória. O "Papai" Velho, de 74 anos, com sua cinta e seus olhos vermelhos e lacrimosos; um esfomeado macilento, com barba rala e encovado, que parecia o cadáver de Lázaro em algum quadro primitivo; um imbecil, perambulando por aqui e acolá com vagas risadinhas, timidamente satisfeito porque suas calças sempre escorregavam e o deixavam nu. Mas poucos de nós eram melhores do que eles; não havia dez homens de compleição decente entre nós, e creio que a metade deveria estar num hospital.

Uma vez que era domingo, ficaríamos no albergue até o dia seguinte. Assim que o médico foi embora, fomos conduzidos de volta ao refeitório e suas portas foram fechadas. Era uma sala caiada e de piso de pedra, indescritivelmente triste com sua mobília de mesas e bancos de pinho e seu cheiro de prisão. As janelas eram tão altas que não se podia olhar para fora, e o único enfeite era um conjunto de Regras que ameaçavam com penalidades terríveis a quem se comportasse mal. Enchemos de tal forma a sala que ninguém podia mexer um cotovelo sem empurrar um outro. Às oito da manhã, já estávamos entediados com nosso cativeiro. Não havia nada para conversar, exceto as fofocas insignificantes da estrada, os bons e maus albergues, os condados caridosos e os insensíveis, as iniquidades da polícia e o Exército da Salvação. Os vagabundos raramente escapam desses temas; é como se não falassem senão de compras. Não têm nada que valha a pena chamar de conversa, porque o vazio das barrigas não deixa especulação em suas almas. O mundo é muito duro com eles. A próxima refeição nunca está garantida, e assim não podem pensar em nada senão na próxima refeição.

Passaram-se duas longas horas. O Papai Velho, emburrecido pela idade, estava sentado em silêncio, com as costas curvadas como um arco, e seus olhos inflamados pingavam lentamente no chão. George, um velho vagabundo safado, famoso pelo hábito esquisito de dormir de chapéu, resmungou sobre um pacote de pão que perdera na estrada. Bill, o parasita, o de melhor compleição de nós todos, um mendigo hercúleo que cheirava a cerveja mesmo depois de doze horas de albergue, contou histórias de furtos, de canecas de cerveja que lhe foram pagas em botequins, de um pároco que o delatou à polícia e ele pegou sete dias. William e Fred, dois jovens ex-pescadores de Norfolk, cantaram uma canção triste sobre a Infeliz Bella, que foi traída e morreu na neve. O imbecil balbuciou sobre um grã-fino imaginário que certa vez lhe dera 257 soberanos de ouro. Assim passava o tempo, com conversa chata e obscenidades chatas. Todos fumavam, exceto Scotty, cujo fumo havia sido confiscado, e ele estava tão infeliz sem poder fumar que lhe ofereci material para fazer um cigarro. Fumamos às escondidas, ocultando nossos cigarros como escolares quando ouvimos os passos do vigia, pois fumar, embora fizessem vista grossa, era oficialmente proibido.

A maioria dos vagabundos passava dez horas consecutivas naquela sala lúgubre. É difícil imaginar como aguentavam. Passei a pensar que o tédio é o pior de todos os males de um vagabundo, pior do que a fome e o desconforto, pior ainda do que o sentimento constante de ser socialmente desfavorecido. É uma crueldade estúpida confinar um homem ignorante o dia inteiro sem nada para fazer; é como prender um cão num barril. Só um homem instruído, que encontra consolo dentro de si mesmo, pode suportar o confinamento. Os vagabundos, tipos iletrados como quase todos são, encaram sua pobreza com mentes vazias, sem recursos. Imobilizados durante dez horas num banco desconfortável, não conhecem maneira de se ocupar, e se chegam a pensar, é para choramingar sobre a má sorte e ansiar por trabalho. Não têm dentro deles recursos para suportar os horrores do ócio. E assim, uma vez que passam grande parte de suas vidas sem fazer nada, sofrem as agonias do tédio.

Eu tive muito mais sorte que os outros, porque às dez horas o bedel me escolheu para a tarefa mais cobiçada do albergue, a de ajudar na cozinha do asilo. Na verdade, não havia nada a fazer lá, e pude fugir e me esconder num galpão usado para armazenar batatas, junto com alguns mendigos do asilo que estavam se esquivando do serviço da manhã de domingo. Havia um fogão aceso e caixotes de embalagens confortáveis para sentar, números antigos de *Family Herald* e até um exemplar de *Raffles* da biblioteca do asilo. Depois do albergue, era o paraíso.

Melhor ainda, meu jantar veio da mesa do asilo e foi uma das maiores refeições que eu já havia feito. Um vagabundo não vê uma refeição como aquela duas vezes por ano, no albergue ou fora dele. Os mendigos me contaram que se empanturravam a mais não poder aos domingos e passavam fome seis dias por semana. Quando terminou a refeição, o cozinheiro me pôs para lavar pratos e mandou jogar fora os restos da comida. O desperdício era espantoso: grandes pratos de carne e baldes de pães e legumes foram jogados fora como lixo e depois sujos com folhas de chá. Enchi cinco latas de lixo com comida boa. E enquanto eu fazia isso, meus colegas vagabundos estavam sentados a duzentos metros dali, com as barrigas meio cheias com o jantar do albergue de pão e chá eternos e talvez duas batatas cozidas frias, em homenagem ao domingo. Jogar comida fora parecia ser uma política deliberada, em vez de dá-la aos vagabundos.

Às três horas, deixei a cozinha do asilo e voltei para o albergue. O tédio naquela sala lotada e sem conforto era agora insuportável. Nem mesmo fumavam mais, pois o único tabaco do vagabundo vem de baganas recolhidas e, tal como um animal que pasta, ele morre de fome se estiver longe da calçada-pasto. Para ocupar o tempo, conversei com um vagabundo de ar um tanto superior, um jovem carpinteiro de colarinho e gravata que estava na estrada, segundo disse, por não ter uma caixa de ferramentas. Mantinha-se um pouco afastado dos outros vagabundos e se comportava mais como homem livre do que como indigente. Também tinha gosto literário e levava um romance de Scott em todas as suas perambulações. Contou-me que nunca entrava num albergue, a não ser levado pela fome, e dormia de preferência sob cercas vivas e atrás de arbustos. Certa vez, ao longo da costa sul, havia pedido esmolas durante o dia e dormido à noite nas barracas dos banhistas por semanas.

Falamos da vida na estrada. Ele criticou o sistema que fazia um vagabundo passar catorze horas por dia no albergue e as outras dez caminhando e driblando a polícia. Falou de seu caso: seis meses às custas dos cofres públicos por falta de três libras esterlinas de ferramentas. Era uma idiotice.

Então lhe contei sobre o desperdício de comida na cozinha do asilo e o que eu pensava daquilo. Ao ouvir isso, ele mudou de tom imediatamente. Vi que havia despertado o *pew-renter*[3] que há em todo trabalhador inglês. Embora tivesse passado fome como os outros, de imediato ele viu boas razões para jogar a comida fora, em vez de dar aos vagabundos. Advertiu-me com severidade.

"Eles têm de fazer isso", disse ele. "Se tornarem esses lugares confortáveis demais, toda a escória do país virá para cá. É somente a comida ruim que mantém essa escória longe. Esses mendigos são preguiçosos demais para trabalhar, esse é o problema deles. Você não vai querer encorajá-los. São uma escória."

Apresentei argumentos para provar que ele estava errado, mas ele não me deu ouvidos. Continuava repetindo:

"Não me diga que você tem piedade desses vagabundos — escória, isso é o que eles são. Não se pode julgá-los pelos mesmos padrões de homens como você e eu. Eles são escória, só escória."

Era interessante ver o modo sutil como ele se dissociava dos colegas vagabundos. Estava na estrada havia seis meses, mas, aos olhos de Deus, parecia dizer, não era um vagabundo. Seu corpo podia estar no albergue, mas seu espírito estava longe, no puro éter da classe média.

Os ponteiros do relógio se arrastavam com lentidão atroz. Estávamos entediados demais até para conversar, e o único som que se ouvia era o de imprecações e bocejos reverberantes. A gente forçava os olhos a se afastar do relógio por um tempo que parecia uma eternidade e depois olhava de novo e via que os ponteiros haviam avançado três minutos. O tédio entupia nossas almas como gordura de carneiro fria. Nossos ossos doíam por causa disso. Os ponteiros do relógio pararam nas quatro, e a ceia só seria servida às seis, e não restava mais nada de notável sob a lua visitante.[4]

Finalmente, as seis horas chegaram e o bedel e seu auxiliar vieram com a ceia. Os vagabundos que bocejavam se ergueram como leões na hora da comida. Mas a refeição foi uma decepção deprimente. O pão, que já estava ruim de manhã, era agora sem dúvida intragável: estava tão duro que as mandíbulas mais poderosas mal conseguiam arranhá-lo. Os mais velhos ficaram praticamente sem ceia e ninguém conseguiu terminar sua porção, embora estivéssemos todos famintos. Quando terminamos, entregaram as mantas sem demora e fomos conduzidos mais uma vez para as celas nuas e geladas.

Passaram-se treze horas. Às sete fomos acordados e levados apressadamente para disputar a água no banheiro, e engolir nossa ração de pão e chá. Nosso tempo no albergue havia acabado, mas não podíamos ir embora enquanto o médico não nos examinasse de novo, pois as autoridades têm terror da varíola e de sua disseminação pelos vagabundos. Dessa vez, o médico nos fez esperar duas horas e só às dez da manhã conseguimos afinal escapar.

Pelo menos estava na hora de ir embora e nos deixaram sair para o pátio. Como tudo parecia brilhante, e como o vento soprava doce, depois do albergue sombrio e fedorento! O bedel entregou a cada um de nós a trouxa de pertences confiscados e um pedaço de pão e queijo para a refeição do meio-dia, e depois pegamos a estrada, apressando-nos para sair da vista do albergue e sua disciplina. Aquele era nosso intervalo de liberdade. Após um dia e duas noites de tempo perdido, tínhamos oito horas para nossa recreação, para esquadrinhar as ruas em busca de baganas, para pedir esmolas e procurar trabalho. Também tínhamos de fazer nossos quinze, vinte ou até trinta quilômetros até o próximo albergue, onde o jogo recomeçaria.

Desenterrei meus oito pence e peguei a estrada com Nobby, um vagabundo respeitável e desanimado que levava um par de botas sobressalentes e visitava todas as Bolsas de Trabalho. Nossos últimos companheiros espalharam-se em todas as direções, como percevejos num colchão. Somente o imbecil se deteve nos portões do albergue até que o bedel o afugentasse.

Nobby e eu partimos para Croydon. Era uma estrada tranquila, sem carros passando, as flores cobriam as castanheiras como se fossem grandes velas de cera. Tudo estava tão calmo e cheirava a limpeza que era difícil acreditar que havia poucos minutos estivéramos amontoados com aquele bando de prisioneiros numa fedentina de esgoto e sabão mole. Os outros haviam desaparecido; nós dois parecíamos ser os únicos vagabundos na estrada.

Então escutei passos apressados atrás de mim e senti um tapinha no braço. Era o baixinho Scotty, que viera correndo ofegante atrás de nós. Tirou uma lata enferrujada do bolso. Tinha um sorriso cordial, como o de alguém que está retribuindo um favor. "Aqui está, companheiro", disse, afável. "Devo-lhe algumas baganas. Você me deu fumo ontem. O bedel devolveu minha caixa de baganas quando saímos esta manhã. Uma mão lava a outra — aqui está."
E pôs na minha mão quatro pontas de cigarros estragadas, repulsivas.

*

Diário da colheita de lúpulo

25/8/1931

Na noite do dia 25, parti de Chelsea com catorze xelins no bolso e fui ao *kip*[1] de Lew Levy, na Westminster Bridge Road. Está mais ou menos igual ao que era há três anos, mas quase todas as camas custam agora um xelim, em vez de nove pence. Isso se deve à interferência do LCC, que decidiu (no interesse da higiene, como de costume) que as camas nas hospedarias devem ficar mais distantes umas das outras. Há toda uma série de leis desse tipo relacionadas às hospedarias,[2] mas não há nem nunca haverá uma lei para dizer que as camas devem ser razoavelmente confortáveis. O resultado concreto dessa lei é que agora as camas ficam a um metro umas das outras, em vez de sessenta centímetros, e três pence mais caras.

26/8/1931

No dia seguinte, fui à Trafalgar Square e me acomodei junto ao muro do norte, que é um dos pontos de encontro reconhecidos pelos miseráveis de Londres. Nesta época do ano, a praça tem uma população flutuante de cem a duzentos indivíduos (cerca de dez por cento deles mulheres), alguns dos quais a consideram seu lar. Eles obtêm comida fazendo rondas periódicas de mendicância (Covent Garden[3] às quatro da manhã para frutas estragadas, vários conventos durante a manhã, restaurantes e lixeiras tarde da noite, e por aí vai) e conseguem "achacar" dos transeuntes com cara amigável o suficiente para se manter bebendo chá. Há sempre chá na praça; uma pessoa fornece um bule de lata, outra, açúcar, e assim por diante. O leite é leite condensado a dois pence e meio por lata. A gente faz dois furos na lata com uma faca, põe a boca em um deles e sopra, e então um líquido cinzento e pegajoso pinga do outro furo. Os furos são então fechados com papel mascado e a lata é mantida durante dias, ficando coberta de pó e sujeira. A água quente é pedida em cafés, ou à noite, fervida nas fogueiras dos guardas-noturnos, mas isso tem de ser feito na moita, pois a polícia não permite. Algumas pessoas que conheci na praça estavam lá havia seis semanas e não pareciam em estado muito pior, a não ser por estarem todas incrivelmente sujas. Como sempre acontece entre os destituídos, uma grande proporção deles é de irlandeses. De tempos em tempos, esses homens visitam suas casas, parece que nunca pensam em pagar a passagem, mas sempre embarcam clandestinos em pequenos barcos de carga, com a conivência das tripulações.

Eu pretendia dormir na igreja de St. Martin,[4] mas, segundo o que os outros diziam, quando a gente entrava uma certa mulher conhecida como Madona fazia perguntas minuciosas, então decidi passar a noite na praça. Não foi tão ruim quanto eu imaginava, mas, entre o frio e a polícia, era impossível pregar o olho, e ninguém, exceto alguns velhos vagabundos calejados, tentava dormir. Há bancos suficientes para umas cinquenta pessoas, e o resto tem de sentar no chão, o que é obviamente proibido por lei. A cada poucos minutos se ouvia um grito de "Cuidado, rapazes, aí vem o tira!", e um policial chegava, sacudia quem estava dormindo e obrigava os que estavam no chão a levantar. Deitávamos de novo assim que ele ia embora, e isso se prolongava como uma espécie de jogo das oito da noite até três ou quatro da manhã. Depois da meia-noite, fazia tanto frio que tive de dar longas caminhadas para me manter aquecido. As ruas têm um aspecto horrível nessa hora; tudo é silencioso e deserto, mas quase tão claro como se fosse dia com aquelas lâmpadas brilhantes que a tudo emprestam um ar cadavérico, como se Londres fosse o cadáver de uma cidade. Por volta das três horas, um outro homem e eu fomos até o trecho gramado atrás do local de desfile dos Guardas e vimos prostitutas e homens deitados aos pares, na névoa e no orvalho frio de cortar. Há sempre algumas prostitutas na praça; são as malsucedidas, que não conseguem ganhar o suficiente para dormir na hospedaria. Na noite anterior, uma dessas mulheres havia chorado amargamente no chão porque um homem fora embora sem lhe pagar os seis pence do serviço. Perto do amanhecer, elas não conseguem nem seis pence, mas apenas uma xícara de chá ou um cigarro. Por volta das quatro, alguém passou a mão em vários pacotes de jornais e seis ou oito de nós sentamos num banco e nos enrolamos em enormes embrulhos de papel, o que nos manteve razoavelmente aquecidos até que o café Stewart's, na St. Martin's Lane, abrisse. No Stewart's é possível ficar sentado das cinco às nove por uma xícara de chá (ou, às vezes, três ou quatro pessoas dividem uma xícara) e deixam a gente dormir com a cabeça sobre a mesa até as sete; depois disso, o proprietário acorda você. Ali se encontra uma gente muito misturada — vagabundos, carregadores do Covent Garden, gente que entra cedo no trabalho, prostitutas — e há discussões e brigas constantes. Nessa ocasião, uma mulher velha e muito feia, esposa de um carregador, lançava violentos insultos a duas prostitutas porque elas podiam pagar por um desjejum melhor que o dela. A cada prato que vinha, ela apontava para ele e gritava acusadoramente: "Lá vai o preço de outra trepada! Não temos arenque no café da manhã, não é, moças? Como você acha que ela pagou pelas roscas? Foi aquele negro lá que comeu ela por meio xelim", e assim por diante, mas as prostitutas não se importaram muito.

27/8/1931
Por volta das oito da manhã, fizemos todos a barba nas fontes da Trafalgar Square e passei a maior parte do dia lendo *Eugénie Grandet*,[5] único livro que trouxera comigo. A visão de um livro francês produziu as observações costumeiras — "Ah, francês? Deve ser algo bem quente, hein?", e assim por diante. Evidentemente, a maioria dos ingleses não tem ideia de que existem livros franceses que não são pornográficos. Os sem-teto parecem ler exclusivamente livros do tipo Buffalo Bill. Todo vagabundo carrega um desses, e eles têm uma espécie de biblioteca itinerante, trocando livros quando chegam ao albergue.[6]

Naquela noite, como partiríamos para Kent na manhã seguinte, decidi dormir numa cama e fui a uma hospedaria na Southwark Bridge Road. Era uma de sete pence, uma das poucas em Londres, e tinha aparência disso. As camas têm um metro e meio de comprimento, sem travesseiros (usa-se o casaco enrolado) e infestadas por pulgas, além de alguns percevejos. A cozinha é um porão pequeno e fedorento onde o encarregado fica sentado com uma mesa de pasteizinhos de geleia estragados etc. para vender, a poucos metros do lavatório. São tantos os ratos que há vários gatos exclusivamente para dar conta deles. Os hóspedes eram estivadores, imagino, e não parecia uma turma ruim. Havia um jovem entre eles, pálido e com aparência de tuberculoso, mas evidentemente um trabalhador, que era devoto da poesia. Ele repetia:

> A voice so thrilling ne'er was 'eard
> In Ipril from the cuckoo bird,
> Briking the silence of the seas
> Beyond the furthest 'Ebrides[7]

com emoção genuína. Os outros não riam muito dele.

28/8/1931

Na tarde do dia seguinte, quatro de nós partimos para os campos de lúpulo. O mais interessante dos homens que me acompanhavam era um jovem chamado Ginger, que ainda é meu companheiro no momento em que escrevo. É um jovem forte e atlético de 26 anos, quase analfabeto e bastante desmiolado, mas ousado o suficiente para qualquer coisa. Com exceção do período na prisão, ele provavelmente violou a lei todos os dias nos últimos cinco anos. Quando menino, passou três anos em Borstal,[8] saiu, casou-se aos dezoito graças a um arrombamento bem-sucedido e pouco depois se alistou na artilharia. Sua mulher morreu, e pouco depois ele sofreu um acidente com o olho esquerdo e ficou inválido para o serviço militar. Ofereceram-lhe uma pensão ou um pagamento único e, é claro, ele preferiu a bolada e deu cabo dela em uma semana. Depois disso, voltou aos arrombamentos e esteve na prisão seis vezes, mas nunca por uma sentença longa, pois só o apanharam por serviços pequenos; ele fez um ou dois servicinhos que lhe renderam mais de quinhentas libras. Sempre foi perfeitamente honesto comigo, como seu parceiro, mas de modo geral roubará qualquer coisa que não esteja amarrada. Mas duvido que alguma vez tenha sido um bom arrombador, pois é estúpido demais para conseguir prever riscos. É uma grande pena, pois poderia ganhar a vida de um jeito decente, se quisesse. Tem um dom para vendedor ambulante e teve um monte de empregos de venda por comissão, mas, quando tem um dia bom, some imediatamente com o que ganhou. Ele é ótimo para pechinchar e sempre pode, por exemplo, persuadir o açougueiro a lhe dar uma libra de carne palatável por dois pence, mas ao mesmo tempo é um absoluto idiota em relação a dinheiro e jamais economiza meio penny. É dado a cantar canções do tipo "Little Grey Home in the West",[9] e fala de sua esposa e de sua mãe mortas em termos do sentimentalismo mais meloso. Devo imaginar que ele é um pequeno criminoso bastante típico.

Dos outros dois, um era um rapaz de vinte anos chamado Jovem Ginger, que parecia um rapaz promissor, mas era órfão, não tivera nenhum tipo de formação e vivera o último ano sobretudo na Trafalgar Square. O outro era um judeu baixo de Liverpool de dezoito anos, um moleque de rua completo. Não sei se já vi alguém que me desagradasse tanto como esse rapaz. Era cobiçoso como um porco em relação à comida, revirando sem parar latas de lixo, e tinha um rosto que lembrava um animal sórdido comedor de carniça. Sua maneira de falar sobre as mulheres e a expressão de seu rosto quando fazia isso eram tão repulsivamente obscenas que quase me faziam vomitar. Jamais conseguíamos persuadi-lo a lavar mais do que o nariz e um pequeno círculo ao redor dele, e ele mencionava com despreocupação que tinha vários tipos diferentes de piolho. Também era órfão e estava "na vagabundagem" quase desde bebê.

Eu tinha agora em torno de seis xelins, e antes de partir compramos uma espécie de cobertor por um xelim e seis pence[10] e pedimos várias latas para fazer bules. A única lata confiável para um bule é uma lata de rapé de duas libras, que não é fácil de encontrar. Tínhamos também um suprimento de pão, margarina e chá, e algumas facas, garfos etc., roubados em diferentes ocasiões da Woolworth's. Tomamos o bonde de dois pence até Bromley e lá acendemos o fogo num lixão, esperando por dois outros indivíduos que se juntariam a nós, mas que nunca apareceram. Já estava escuro quando por fim desistimos de esperá-los; assim, não tivemos chance de procurar um bom lugar para acampar e fomos obrigados a passar a noite na relva comprida e úmida, na margem de um campo de recreação. O frio era cortante. Tínhamos apenas dois cobertores finos para nós quatro e não era seguro acender uma fogueira, pois havia casas por todo lado; também estávamos deitados num declive, e de vez em quando um de nós rolava para dentro da valeta. Foi bem humilhante ver os outros, todos mais jovens que eu, dormir profundamente naquelas condições, enquanto eu não consegui fechar os olhos a noite inteira. Para que não fôssemos apanhados, tínhamos de estar na estrada antes do amanhecer, e só depois de várias horas conseguimos água quente para fazer o desjejum.

29/8/1931

Depois de andar uns dois ou três quilômetros, topamos com um pomar, e os outros logo entraram e começaram a roubar maçãs. Eu não estava preparado para isso quando partimos, mas vi que deveria fazer como os outros ou deixá-los, então comi as maçãs com eles; mas não participei dos roubos no primeiro dia, a não ser ficando de guarda. Íamos mais ou menos na direção de Sevenoaks, e perto da hora do jantar já havíamos roubado em torno de uma dúzia de maçãs e ameixas e uns sete quilos de batatas. Sempre que passávamos por uma padaria ou um restaurante, os outros entravam e filavam, assim obtivemos uma boa quantidade de pão partido e carne. Quando paramos para acender um fogo para o jantar, ganhamos a companhia de dois vagabundos escoceses que haviam roubado maçãs de um pomar próximo, e ficamos conversando com eles por um bom tempo. Todos os outros falaram sobre assuntos sexuais, de uma maneira revoltante. Os vagabundos são nojentos quando falam disso, porque a pobreza os isola por completo das mulheres, e suas cabeças, em consequência, apodrecem com obscenidades. Tudo bem com gente meramente lasciva, mas quem gostaria de ser lascivo, mas não tem chance, fica numa tremenda humilhação. Eles me fazem lembrar os cães que ficam em volta, mortos de inveja, enquanto dois outros cães copulam. Durante a conversa, o Jovem Ginger relatou como ele e alguns outros da Trafalgar Square haviam descoberto que um deles era bicha. De imediato caíram em cima dele, roubaram-lhe doze xelins e seis pence, que era tudo o que ele tinha, e gastaram o dinheiro. Evidentemente, achavam muito justo roubá-lo, pois era um homossexual.

Estávamos avançando muito devagar, principalmente porque o Jovem Ginger e o judeu não estavam acostumados a caminhar e queriam parar e procurar restos de comida a todo momento. Em uma ocasião o judeu chegou mesmo a catar umas batatas fritas que haviam sido pisoteadas e as comeu. Como a tarde estava avançada, decidimos não ir para Sevenoaks, mas para o albergue de Ide Hill, que os escoceses nos contaram que era melhor do que costumam dizer. Paramos a menos de dois quilômetros do albergue para fazer chá, e lembro que um senhor num carro próximo nos ajudou da maneira mais gentil a encontrar lenha para o fogo e deu um cigarro para cada um de nós. Depois seguimos para o albergue e, no caminho, pegamos um maço de madressilva para dar ao vigia de vagabundos.[11] Pensamos que isso o deixaria de bom humor e o induziria a nos deixar sair na manhã seguinte, pois não é comum deixar os vagabundos saírem do albergue aos domingos. Mas, quando chegamos lá, o vigia disse que teria de nos segurar até a manhã de terça-feira. Parece que o chefe do asilo gostava muito de fazer os visitantes prestarem um dia de trabalho e, ao mesmo tempo, não queria que trabalhassem no domingo; assim, teríamos de ficar ociosos o domingo inteiro e trabalhar na segunda. O Jovem Ginger e o judeu decidiram ficar até terça, mas Ginger e eu fomos embora e dormimos na margem de um parque perto da igreja. Estava estupidamente frio, mas um pouco melhor que na noite anterior, pois tínhamos bastante lenha e pudemos fazer uma fogueira. Para nossa ceia, Ginger mendigou junto ao açougueiro do lugar, que nos deu a melhor parte de um quilo de linguiças. Os açougueiros são sempre muito generosos nas noites de sábado.

30/8/1931

Na manhã seguinte, o ministro que chegou para o primeiro culto nos apanhou e nos expulsou, embora de forma não muito desagradável. Seguimos por Sevenoaks para Seal, e um homem que encontramos nos aconselhou a tentar um emprego na fazenda dos Mitchell, cerca de cinco quilômetros adiante. Fomos até lá, mas o fazendeiro disse que não poderia nos dar serviço, pois não tinha lugar para ficarmos, e os inspetores do governo andavam farejando para ver se todos os colhedores de lúpulo tinham "acomodações adequadas". (Por falar nisso, esses inspetores[12] conseguiram impedir que centenas de desempregados obtivessem emprego nos campos de lúpulo este ano. Sem ter "acomodações adequadas" a oferecer aos apanhadores, os fazendeiros só puderam empregar pessoas do lugar, que moravam em suas próprias casas.) Roubamos meio quilo de framboesas de um dos campos do Mitchell e depois fomos pedir emprego para outro fazendeiro chamado Kronk, que nos deu a mesma resposta; porém, levamos entre dois a quatro quilos de batatas de seus campos. Estávamos partindo na direção de Maidstone quando topamos com uma velha irlandesa que ganhara um emprego de Mitchell porque dissera que tinha um lugar para ficar em Seal, coisa que não tinha. (Na realidade, ela estava dormindo no barracão de ferramentas do jardim de alguém. Costumava entrar às escondidas depois que escurecia e saía antes do amanhecer.) Conseguimos um pouco de água quente de uma casinhola e a irlandesa tomou chá conosco e nos deu um monte de comida que havia esmolado e não queria; ficamos contentes com isso, pois nos sobravam agora apenas dois pence e meio e não muita comida. Começou a chover, então fomos a uma casa de fazenda ao lado da igreja e pedimos abrigo em um de seus estábulos. O fazendeiro e sua família estavam saindo naquele momento para o culto da noite e disseram de um modo escandalizado que evidentemente não podiam nos dar abrigo. Protegemo-nos então no portão coberto da igreja, na esperança de que com nossa aparência enlameada e cansada conseguíssemos algumas moedas dos fiéis ao chegar. Não ganhamos nada, mas depois do culto Ginger conseguiu umas boas calças de flanela do ministro. Era muito desconfortável embaixo do portão, estávamos ensopados e sem fumo, e Ginger e eu havíamos caminhado mais de sete quilômetros; no entanto, lembro que estávamos bastante felizes e rindo o tempo todo. A irlandesa (tinha sessenta anos e estava na estrada a vida inteira, é claro) era uma velhota extraordinariamente alegre e cheia de histórias. Falando de lugares para dormir, nos contou que numa noite fria havia entrado num chiqueiro e se aconchegado numa porca velha para se aquecer.

Quando a noite chegou, ainda chovia, então decidimos procurar uma casa vazia para dormir, mas primeiro fomos comprar meia libra de açúcar e duas velas no armazém. Enquanto eu fazia a compra, Ginger roubou três maçãs do balcão e a irlandesa, um maço de cigarros. Eles haviam tramado isso de antemão, tendo o cuidado de não contar para mim, a fim de usar minha aparência inocente como escudo. Após muita procura, achamos uma casa inacabada e entramos por uma janela que os construtores haviam deixado aberta. O chão nu era estupidamente duro, mas estava mais quente do que lá fora e eu consegui dormir umas duas ou três horas. Saímos antes do amanhecer e, conforme havíamos combinado, encontramos a irlandesa num bosque próximo. Chovia, mas Ginger era capaz de acender um fogo em quase todas as circunstâncias e conseguimos fazer chá e assar algumas batatas.

1/9/1931

Quando o dia clareou, a irlandesa partiu para trabalhar e Ginger e eu seguimos para a fazenda dos Chambers, uns dois ou três quilômetros adiante, para pedir trabalho. Quando chegamos à fazenda, eles tinham acabado de enforcar um gato, coisa que eu nunca tinha ouvido falar que alguém fizesse. O capataz nos falou que achava que poderia nos dar um emprego e nos mandou esperar; esperamos das oito da manhã até a uma da tarde, quando ele disse finalmente que não tinha trabalho para nós. Fomos embora, roubando uma grande quantidade de maçãs e ameixas, e pegamos a estrada de Maidstone. Por volta das três, paramos para comer e fazer um pouco de geleia das framboesas que havíamos roubado no dia anterior. Perto dali, lembro bem, duas casas se recusaram a me dar água fria, porque "a dona não nos deixa dar nada para vagabundos". Ginger viu um senhor de carro fazendo um piquenique nas proximidades e foi pedir-lhe fósforos, pois, segundo ele, vale sempre a pena pedir para as pessoas que fazem piquenique, que costumam ter algum resto de comida quando vão embora para casa. De fato, pouco depois o senhor nos trouxe um pouco de manteiga que não havia usado e começou a conversar conosco. Seu jeito era tão amistoso que me esqueci de usar meu sotaque *cockney* e ele me examinou atentamente e disse como deveria ser doloroso para um homem da minha espécie, e por aí vai. Depois disse: "Escute, você não vai se ofender, vai? Se importa de ficar com isto?". "Isto" era um xelim, com o qual compramos um pouco de fumo e demos nossa primeira tragada daquele dia. Foi a única vez em toda a jornada que conseguimos esmolar algum dinheiro.

Seguimos na direção de Maidstone, mas, depois de andar alguns quilômetros, começou a chover forte, e minha bota esquerda me apertava muito. Havia três dias que eu não tirava as botas e tivera apenas oito horas de sono nas últimas cinco noites, e não estava a fim de passar outra noite ao relento. Decidimos ir para o albergue de West Malling, que ficava a uma distância de doze quilômetros, e se possível pegar uma carona para parte do caminho. Acho que acenamos para quarenta caminhões antes de conseguir a carona. Hoje em dia, os motoristas não dão carona porque não têm seguro que cubra riscos de terceiros e são demitidos se sofrer um acidente. Por fim, conseguimos uma carona que nos deixou a três quilômetros do albergue, aonde chegamos às oito da noite. Do lado de fora dos portões encontramos um velho vagabundo surdo que ia dormir na chuva, pois estivera no albergue na noite anterior e o confinariam por uma semana se entrasse de novo. Ele nos contou que a fazenda dos Blest, nas proximidades, talvez nos desse emprego e que nos deixariam sair do albergue de manhã cedo se disséssemos que já tínhamos trabalho. Caso contrário, ficaríamos confinados o dia inteiro, a não ser que saíssemos "por cima do muro" — isto é, quando o bedel de vagabundos não estivesse olhando. Os vagabundos fazem isso com frequência, mas é preciso esconder suas coisas do lado de fora, o que não podíamos fazer embaixo daquela chuvarada. Entramos e descobri que (se West Malling é típico) os albergues de passagem melhoraram muito desde a última vez em que estive neles.[13] O banheiro era limpo e decente e até deram uma toalha limpa para cada um de nós. Mas a comida era o mesmo pão velho com margarina, e o bedel ficou bravo quando perguntamos, de boa-fé, se a coisa que nos deram para beber era chá ou cacau.[14] As camas tinham colchões de palha e muitos cobertores, e ambos dormimos como pedras.

De manhã, disseram-nos que tínhamos de trabalhar até as onze e nos mandaram esfregar um dos dormitórios. Como de costume, o trabalho era uma mera formalidade (nunca fiz nada para valer num albergue, e nunca conheci quem tivesse feito). O dormitório era um salão de cinquenta camas, apertadas, com aquele fedor quente, de fezes, que parece nunca ir embora do asilo. Havia um pobre retardado lá, um brutamontes de cem quilos, com uma cara minúscula e trombuda e um sorrisinho de soslaio. Trabalhava muito lentamente, esvaziando penicos. Todos esses asilos se parecem e há algo de muito repulsivo na sua atmosfera. A ideia de todos aqueles homens velhos, de rosto cinzento, levando uma vida quieta e retirada num cheiro de latrina e praticando a homossexualidade me dá vontade de vomitar. Mas não é fácil transmitir o que quero dizer, porque está tudo misturado com o cheiro do asilo.

Às onze horas nos deixaram sair com o costumeiro pedaço de pão com queijo, e fomos para a fazenda dos Blest, a uns cinco quilômetros; mas só chegamos lá à uma, porque paramos no caminho e pegamos uma grande quantidade de ameixas. Quando chegamos à fazenda, o capataz nos disse que queria colhedores e nos mandou de imediato para o campo. Restavam-nos agora apenas três pence, e naquela noite escrevi para casa pedindo que me mandassem dez xelins; o dinheiro chegou dois dias depois e, nesse meio-tempo, não teríamos praticamente nada para comer se os outros colhedores não nos tivessem alimentado. Depois disso, por quase três semanas trabalhamos na colheita de lúpulo, e é melhor eu descrever cada um dos diferentes aspectos disso.

X 2/9/1931 a 19/9/1931[15]

Os lúpulos são trepadeiras presas em estacas ou em arames de cerca de três metros de altura e plantados em fileiras com um ou dois metros de distância entre elas. Tudo o que os colhedores têm de fazer é derrubar a planta, debulhar os lúpulos e colocá-los numa espécie de cuba, com o mínimo possível de folhas. Na prática, evidentemente, é impossível deixar todas as folhas de fora, e os apanhadores experientes engordam a carga de seus lúpulos pondo o máximo de folhas que o fazendeiro aguentar. Logo se pega o jeito do trabalho, e as únicas dificuldades são ficar de pé (em geral, fica-se de pé dez horas por dia), as pragas dos piolhos da planta e o dano causado às mãos. Estas ficam manchadas de preto, como as de um negro, com o suco do lúpulo que só a lama removerá,[16] e depois de um ou dois dias, elas racham e ficam cortadas pelos talos das trepadeiras, que são espinhentos. De manhã, antes que os cortes reabrissem, minhas mãos costumavam me causar uma agonia completa, e mesmo no momento de datilografar isto (10 de outubro), elas mostram as marcas. A maioria das pessoas que vai para a colheita faz isso desde criança, colhe como um raio e conhece todos os truques, como sacudir os lúpulos para caírem na cuba etc. Os colhedores mais bem-sucedidos são famílias que têm dois ou três adultos para debulhar as trepadeiras e crianças para catar os lúpulos caídos e limpar os galhos restantes. As leis sobre trabalho infantil são totalmente desobedecidas, e algumas pessoas tratam seus filhos com muita dureza. A mulher que estava na cuba ao lado da nossa, uma velha típica do East End, tratava os netos como se fossem escravos. "Vamos, Rose, sua gatinha preguiçosa, cate os lúpulos no chão. Vou esquentar a sua bunda se pegar você", e por aí vai, até que as crianças, entre seis e dez anos, caíssem no chão e dormissem. Mas elas gostavam de trabalhar e suponho que isso não lhes causava mais dano do que a escola.

No que diz respeito ao que se pode ganhar, o sistema de pagamento é assim. Duas ou três vezes por dia os lúpulos são calculados e você tem direito a uma determinada quantia (no nosso caso, dois pence) por *bushel*[17] colhido. Uma boa trepadeira produz em torno de meio *bushel* de lúpulos e um bom colhedor é capaz de debulhá-la em cerca de dez minutos; assim, teoricamente, é possível ganhar em torno de trinta xelins numa semana de sessenta horas de trabalho. Mas na prática é impossível. Para começar, os lúpulos variam muitíssimo. Em algumas plantas, são grandes como peras pequenas, em outras, mal chegam ao tamanho de ervilhas; as trepadeiras ruins exigem mais tempo para debulhar do que as boas — em geral, são mais entrelaçadas — e às vezes é preciso cinco ou seis delas para completar um *bushel*. Depois, há todo tipo de atraso, e os colhedores não ganham compensação pelo tempo perdido. Às vezes chove (se chove muito, os lúpulos ficam escorregadios demais para colher), e a gente está sempre esperando para mudar de campo para campo, de tal modo que se desperdiça uma ou duas horas por dia. E, sobretudo, tem a questão do cálculo. Os lúpulos são coisas moles como esponjas, e é bem fácil para o calculador esmagar e reduzir um *bushel* deles a um quarto, se quiser. Em certos dias, ele apenas retira os lúpulos da cuba, mas, em outros, tem ordem do fazendeiro para "pegar pesado", e então os aperta bem na cesta, de tal modo que, em vez de se ter vinte *bushels* por uma cuba cheia, fica-se apenas com doze ou catorze — isto é, um xelim ou menos que isso. Há uma canção sobre isso que a velha do East End e seus netos estavam sempre cantando:

Nossos lúpulos nojentos!
Nossos lúpulos nojentos!
Quando o calculador vier,
Peguem eles, peguem eles do chão!
Quando ele vem calcular
Nunca sabe onde parar;
Ai, ai, chega à cuba
E leva a porra do lote!

Os lúpulos são tirados da cuba e postos em sacos de dez *bushels* que supostamente devem pesar um quintal[18] e são carregados por um homem. Era comum que se precisasse de dois homens para levantar um saco cheio quando o calculador exagerava no peso.

Com todas essas dificuldades, não se consegue ganhar trinta xelins por semana ou nada perto disso. No entanto, é um fato curioso que pouquíssimos colhedores soubessem como ganhavam tão pouco, porque o sistema de trabalho por tarefa disfarça a baixa taxa de remuneração. Os melhores colhedores de nosso grupo eram uma família de ciganos, cinco adultos e uma criança, que evidentemente colhiam lúpulo todos os anos desde que começaram a andar.[19] Em pouco menos de três semanas essa gente ganhou em conjunto dez libras esterlinas — ou seja, deixando de fora a criança, em torno de catorze xelins por semana para cada um. Ginger e eu ganhamos em torno de nove xelins por semana cada um,[20] e duvido que algum colhedor tenha feito mais de quinze xelins por semana. Com isso, uma família trabalhando junta pode ganhar seu sustento e as passagens de volta para Londres, mas um colhedor sozinho não faz nem isso. Em algumas fazendas das proximidades, o cálculo, em vez de ser seis *bushels* por um xelim, era de oito ou nove, o que tornava muito difícil ganhar dez xelins por semana.

Quando se começa a trabalhar, a fazenda dá uma cópia impressa das regras, criadas para reduzir o colhedor a mais ou menos um escravo. De acordo com essas regras, o fazendeiro pode demitir um colhedor sem aviso prévio e sob qualquer pretexto, e pagar-lhe o que lhe deve a oito *bushels* por xelim, em vez de seis — isto é, confiscar um quarto de seus ganhos. Se um colhedor deixa o emprego antes do fim da colheita, cortam-lhe a mesma proporção de seus ganhos. Não se pode retirar o que se ganhou e depois ir embora, porque a fazenda jamais paga adiantado mais de dois terços dos ganhos do trabalhador e, desse modo, fica-se em dívida até o último dia. O capataz dos grupos ganha salários, em vez de ser pago pelo sistema de tarefa, e esses salários são suspensos se houver greves, então eles naturalmente fazem o possível e o impossível para evitá-las. No geral, os fazendeiros mantêm os colhedores de lúpulo na pior e sempre farão isso enquanto não houver um sindicato dos colhedores. No entanto, não adiantaria muito criar um sindicato, pois cerca de metade dos que trabalham na colheita de lúpulo são mulheres e ciganos, e são estúpidos demais para ver as vantagens disso.

No que diz respeito às nossas acomodações, os melhores lugares da fazenda, por mais irônico que pareça, eram estábulos ociosos. A maioria de nós dormia em cabanas redondas de zinco com cerca de três metros de diâmetro, sem vidro nas janelas e todos os tipos de buracos para deixar entrar o vento e a chuva. A mobília dessas cabanas consistia em um monte de palha e ramos de lúpulo, e nada mais. Éramos quatro em nossa cabana, mas em algumas delas havia sete ou oito pessoas — na realidade, uma vantagem, pois mantinham a cabana quente. A palha é detestável para se dormir em cima (é muito mais ventilada que o feno) e Ginger e eu tínhamos apenas um cobertor para cada um, então sofremos os tormentos do frio na primeira semana; depois disso, roubamos sacos suficientes para nos manter aquecidos. A fazenda nos dava lenha de graça, mas não o suficiente. A bica de água ficava a duzentos metros de distância; a latrina também, mas era tão imunda que era preferível caminhar um quilômetro a usá-la. Havia um riacho onde era possível lavar roupa, mas conseguir um banho na aldeia seria tão fácil quanto comprar uma baleia amestrada.

X Os colhedores de lúpulo pareciam ser de três tipos: gente do East End, em sua maioria verdureiros ambulantes, ciganos e trabalhadores agrícolas itinerantes com uma pitada de vagabundos. O fato de que Ginger e eu fôssemos vagabundos nos angariava bastante solidariedade, especialmente entre os que estavam mais ou menos bem de vida. Havia um casal, um verdureiro e sua mulher, que foi como pai e mãe para nós. Eram o tipo de gente que costuma se embebedar nas noites de sábado e que acrescenta um palavrão a cada substantivo, mas eu nunca vi nada que superasse a gentileza e a delicadeza deles. Deram-nos comida várias vezes. Uma criança chegava à cabana com uma panela: "Eric, mamãe ia jogar fora esse ensopado, mas disse que é uma pena desperdiçar isso. Você quer um pouco?". É claro que não iam jogar fora de fato, mas diziam isso para evitar a sugestão de caridade. Um dia nos deram uma cabeça de porco inteira, já cozida. Aquela gente estivera na estrada por vários anos e isso os fazia solidários. — "Ah, eu sei como é. Dormir ao relento na porra da relva molhada, e depois ter de pechinchar com o leiteiro de manhã, antes de conseguir uma xícara de chá. Dois de meus meninos nasceram na estrada", e por aí vai. Outro homem que foi muito decente conosco era um empregado de uma fábrica de papel. Antes disso, havia sido exterminador de pragas da Lyons[21] e me contou que a sujeira e os insetos nas cozinhas da Lyons, até mesmo em Cadby Hall, eram inacreditáveis. Quando trabalhava na filial da Throgmorton Street, os ratos eram tão numerosos que não era seguro entrar na cozinha à noite desarmado; era preciso levar um revólver.[22] Depois de estar enturmado com essas pessoas por alguns dias, cansei de continuar com meu sotaque *cockney* e elas notaram que eu falava "diferente". Como de costume, isso fez que ficassem ainda mais amistosos, pois essa gente parece pensar que é especialmente terrível "ser rebaixado no mundo".

Dos cerca de duzentos colhedores de lúpulo na fazenda dos Blest, cinquenta ou sessenta eram ciganos. Eles são curiosamente parecidos com camponeses orientais — os mesmos rostos rudes, ao mesmo tempo apáticos e astuciosos, e a mesma agudeza em sua atividade e espantosa ignorância fora dela. A maioria deles era incapaz de ler até mesmo uma única palavra, e nenhum de seus filhos parecia ter frequentado algum dia a escola. Um cigano de uns quarenta anos costumava me fazer perguntas como "que distância fica Paris da França?", "quantos dias de viagem de caravana até Paris?" e outras. Um jovem de vinte anos costumava me propor este enigma uma meia dúzia de vezes por dia: "Sabe uma coisa que você não pode fazer?" "O quê?" "Fazer cócegas no cu de um mosquito com um poste telegráfico". (E depois disso, infalíveis berros de riso.) Os ciganos parecem bastante ricos, sendo donos de caravanas, cavalos etc., mas passam o ano todo como trabalhadores itinerantes, economizando dinheiro. Eles costumavam dizer que nosso modo de vida (morar em casas e assim por diante) lhes parecia repulsivo e explicavam como haviam sido espertos ao se esquivar do exército durante a guerra. Ao falar com um deles, tem-se a impressão de falar com gente de outro século. Muitas vezes ouvi um cigano dizer: "Se eu soubesse onde fulano estava, eu cavalgaria meu cavalo até não ter mais ferradura para pegá-lo" — de forma alguma uma metáfora do século xx. Um dia, alguns ciganos estavam falando sobre um famoso ladrão de cavalos chamado George Bigland, e um deles, para defendê-lo, disse: "Não acho que George seja tão ruim como vocês dizem. Reconheço que roubam cavalos dos gorgias ("gentios"), mas ele não chegaria ao ponto de roubar de um de nós".

Os ciganos nos chamam de gorgias e a eles mesmos de romenos, mas são apelidados de didecais (não sei qual a grafia certa). Todos conhecem o romeno e às vezes usavam uma ou duas palavras quando não queriam ser entendidos. Uma coisa curiosa que notei em relação aos ciganos — não sei se acontece o mesmo em outros lugares — era que se via com frequência uma família inteira em que nenhum membro era parecido com outro. Era quase uma confirmação das histórias sobre ciganos roubando crianças; o mais provável, porém, é que feliz é a criança que conhece seu pai etc.

Um dos homens em nossa cabana era o velho vagabundo surdo que havíamos encontrado diante do albergue de West Malling. Surdinho, como era sempre chamado. Sua conversa estava mais para a tia do sr. F.[23] e ele parecia um desenho de George Belcher,[24] mas era um homem inteligente e decentemente instruído, e sem dúvida não estaria na estrada se não fosse surdo. Não era forte o suficiente para o trabalho pesado e não fizera nada durante muitos anos, exceto trabalhos ocasionais como colher lúpulo. Calculava que havia estado em mais de quatrocentos albergues diferentes. O outro homem, chamado Barrett, e um homem de nosso grupo chamado George eram bons espécimes de trabalhador agrícola itinerante. Durante anos haviam trabalhado numa rotina habitual: cuidar dos cordeiros recém-nascidos na primavera, depois colher ervilhas, morangos, várias outras frutas, lúpulos, "catar batatas", nabos e beterrabas. Raramente ficavam sem trabalho por mais de uma ou duas semanas, mas isso era o suficiente para engolir tudo o que conseguiam ganhar. Estavam ambos duros quando chegaram à fazenda dos Blest, e eu vi Barrett trabalhar um dia sem ter nada para comer. O produto de todo o trabalho deles eram as roupas que usavam, palha para dormir o ano inteiro, refeições de pão, queijo e bacon e, suponho, uma ou duas boas bebedeiras por ano. George era um pobre-diabo lúgubre que sentia um orgulho de verme de estar malnutrido e sobrecarregado de trabalho, e sempre saltando de emprego em emprego. Sua frase era: "Não serve para gente como nós ter belas ideias". (Era incapaz de ler e escrever e parecia pensar que até a alfabetização era uma espécie de extravagância.) Conheço bem essa filosofia, pois a encontrei muito entre os lavadores de pratos de Paris.[25] Barrett, que tinha 63 anos, costumava reclamar muito da má qualidade da comida hoje em dia, em comparação com o que se tinha quando ele era menino. — "Naquele tempo, não vivíamos dessa porra de pão e margarina, tínhamos uma boa e sólida ração. Coração de boi. Bolinho de bacon. Morcela. Cabeça de porco." O tom viscoso, rememorativo com que ele dizia "cabeça de porco" sugeria décadas de subnutrição.

Além desses colhedores habituais, havia os que são chamados de "moradores de casa", isto é, gente do lugar que colhe em momentos irregulares, principalmente pela diversão da coisa. São, em geral, esposas de fazendeiros e gente desse tipo, e via de regra eles e os colhedores habituais se odeiam. Uma delas, no entanto, era uma mulher muito decente que deu a George um par de sapatos e para mim um casaco excelente, um colete e duas camisas. A maioria das pessoas do lugar parecia olhar para nós como se fôssemos lixo, e os comerciantes eram muito insolentes, embora no conjunto talvez tenhamos gastado várias centenas de libras esterlinas no lugarejo.

Um dia na colheita de lúpulo era muito parecido com outro. Por volta de quinze para as seis da manhã, engatinhávamos para fora da palha, enfiávamos nossos casacos e botas (dormíamos com todo o resto) e saíamos para acender um fogo — um trabalho e tanto nesse setembro, quando choveu o tempo inteiro. Às seis e meia, já tínhamos feito chá e fritado um pouco de pão para o desjejum e depois partíamos para o trabalho, com sanduíches de bacon e um bule de chá frio para mais tarde. Se não chovesse, estaríamos trabalhando firmemente até por volta de uma da tarde; então acendíamos um fogo entre as trepadeiras, aquecíamos o chá e parávamos por meia hora. Depois disso, estávamos de volta ao trabalho até as cinco e meia, e quando chegávamos em casa, limpávamos o suco de lúpulo das mãos e tomávamos chá, já era escuro e estávamos caindo de sono. Em muitas noites, no entanto, costumávamos sair para roubar maçãs. Havia um grande pomar nas proximidades, e três ou quatro de nós o roubavam sistematicamente: levávamos um saco e pegávamos meio quintal de maçãs, além de vários quilos de avelãs. Aos domingos, era hábito sair para lavar nossas camisas e meias no riacho, e dormíamos o resto do dia. Até onde lembro, jamais tirei completamente a roupa durante todo o tempo em que estivemos lá, nem escovei os dentes, e só fazia a barba duas vezes por semana. Entre trabalhar e fazer as refeições (e isso significava buscar intermináveis latas de água, lutar com galhos úmidos, fritar em tampas de latas etc.), parecíamos não ter nem um instante de sobra. Li apenas um livro durante todo o tempo em que estive lá, e foi um Buffalo Bill. Computando o que gastamos, descobri que eu e Ginger nos alimentávamos com cerca de cinco xelins por semana cada um, então não surpreende que estivéssemos sempre sem fumo e constantemente famintos, apesar das maçãs e do que os outros nos davam. Era como se a gente vivesse somando vinténs para saber se podíamos nos dar ao luxo de outra libra de tabaco vagabundo ou dois pence de bacon. Não era uma vida ruim, mas ficando de pé o dia inteiro, dormindo mal e com as mãos todas cortadas, me senti um caco no final daquilo. Era humilhante ver que a maioria das pessoas de lá via aquilo como um feriado — com efeito, é porque colher lúpulo é considerado uma festa em que os colhedores recebem salários de fome. Também se tem uma ideia da vida dos trabalhadores rurais ao perceber que, conforme seus padrões, colher lúpulo não chegava a ser um trabalho.

Uma noite, um rapaz bateu na nossa porta e disse que era um novo colhedor e que lhe haviam dito para dormir em nossa cabana. Deixamos que entrasse e o alimentamos de manhã, e depois disso ele desapareceu. Parece que não era colhedor nenhum, mas um vagabundo, e que os vagabundos usam com frequência esse truque na estação da colheita de lúpulo para dormir em lugar abrigado. Outra noite, uma mulher que ia para casa me pediu para ajudá-la a levar sua bagagem até a estação de Wateringbury. Como estava indo embora cedo, pagaram-lhe um xelim por oito *bushels*, e seus ganhos totais se resumiam ao suficiente para levá-la de volta para casa com a família. Tive de empurrar por 3,5 quilômetros, no escuro, um carrinho de criança com uma roda descentrada e cheio de pacotes enormes, seguido por uma comitiva de crianças berrando. Quando chegamos à estação, o último trem estava entrando, e ao empurrar com pressa o carrinho pela passagem de nível, derrubei-o. Nunca esquecerei aquele momento — o trem se aproximando de nós e o carregador e eu tentando pegar um penico de estanho que rolou pelos trilhos. Em várias noites, Ginger tentou persuadir-me a ir roubar a igreja com ele, e teria feito isso sozinho se eu não conseguisse enfiar na sua cabeça que a suspeita certamente recairia sobre ele, por ser um criminoso conhecido. Ele havia roubado igrejas antes e, para minha surpresa, disse que em geral há alguma coisa que vale a pena na caixa de esmolas. Tivemos uma ou duas noites divertidas, aos sábados, sentados em volta de uma grande fogueira, assando maçãs. Lembro que uma noite aconteceu que, das cerca de quinze pessoas em torno do fogo, todas, com exceção de mim, haviam estado na prisão. Aos sábados, havia cenas tumultuosas no lugarejo, pois quem tinha dinheiro costumava ficar muito bêbado e era preciso a polícia para tirá-los do pub. Não tenho dúvidas de que os moradores do lugar nos consideravam um grupo vulgar e asqueroso, mas não podia deixar de achar que era bom para uma aldeia sem graça ter aquela invasão de *cockneys* uma vez por ano.

19/9/1931

Na última manhã, depois que havíamos colhido o último campo, houve uma esquisita brincadeira de pegar as mulheres e enfiá-las nas cubas. É muito provável que haja alguma coisa sobre isso no *Golden bough*.[26] Trata-se evidentemente de um costume antigo, e todas as colheitas têm algum costume desse tipo vinculadas a elas. Os analfabetos ou quase trouxeram seus livros de registros para mim e outros "letrados" para fazer as contas, e alguns pagaram uma ou duas moedas pelo serviço. Descobri que em vários casos os caixas da fazenda haviam cometido erros na soma, e invariavelmente o erro era a favor da fazenda. É claro que os colhedores recebiam a quantia devida quando reclamavam, mas não a receberiam se tivessem aceitado o cálculo dos caixas. Além disso, a fazenda tinha uma pequena regra perversa segundo a qual os que iam reclamar das contas tinham de esperar até que todos os outros colhedores tivessem sido pagos. Isso significava esperar até a tarde, e, assim, algumas pessoas que precisavam pegar ônibus tiveram de ir embora sem reclamar a quantia que lhes era devida. (Evidentemente, na maioria dos casos, era uma diferença pequena. Mas o livro de registro de uma mulher tinha um erro de uma libra esterlina.)

Ginger e eu empacotamos nossas coisas e caminhamos até Wateringbury a fim de pegar o trem dos colhedores de lúpulo. No caminho, paramos para comprar fumo e, numa espécie de adeus a Kent, Ginger enganou a balconista em quatro pence, com um truque muito esperto. Quando chegamos à estação de Wateringbury, cerca de cinquenta colhedores esperavam pelo trem, e a primeira pessoa que vimos foi o velho Surdinho, sentado na grama com um jornal diante dele. Ele o afastou para o lado e vimos que havia tirado as calças e exibia o pênis para as mulheres e crianças que passavam. Fiquei surpreso — um velho tão decente, realmente; mas é difícil encontrar um vagabundo que não tenha alguma anormalidade sexual. O trem dos colhedores de lúpulo era nove pence mais barato que a tarifa comum e demorou quase cinco horas para nos levar a Londres: menos de cinquenta quilômetros. Por volta das dez da noite, os colhedores de lúpulo desceram na estação da London Bridge, vários deles bêbados e todos carregando feixes de lúpulos; as pessoas nas ruas logo compravam esses feixes, não sei para quê. O Surdinho, que havia viajado em nosso vagão, convidou-nos para o pub mais próximo e nos pagou uma caneca, a primeira cerveja que bebi em três semanas. Depois ele foi para Hammersmith e, sem dúvida, ficará na vadiagem até o início da colheita de frutas do próximo ano.

Ao somar nosso livro de registro, Ginger e eu descobrimos que havíamos recebido apenas 26 xelins cada um por dezoito dias de trabalho. Cada um de nós havia tirado oito xelins em adiantamentos (ou "vales", como são chamados) e havíamos ganhado mais seis xelins vendendo maçãs roubadas. Depois de pagar as passagens, chegamos a Londres com uns dezesseis xelins cada um. Assim, no fim das contas, havíamos nos sustentado enquanto estivemos em Kent e voltado com um pouco no bolso; mas só conseguimos isso vivendo com o mínimo de tudo.

19/9/1931 a 8/10/1931

Ginger e eu fomos para uma hospedaria na Tooley Street, de propriedade de Lew Levy, que também é dono daquela na Westminster Bridge Road. Custa apenas sete pence por noite e é provavelmente a melhor por sete pence de Londres. Há percevejos nas camas, mas não muitos, e as cozinhas, embora escuras e sujas, são convenientes, com lenha abundante e água quente. Os hóspedes são bem miseráveis, em sua maioria trabalhadores irlandeses não qualificados e desempregados. Encontramos alguns tipos esquisitos entre eles. Havia um homem de 68 anos que trabalhava carregando caixotes de peixes (eles pesam uns cinquenta quilos cada) no mercado de Billingsgate. Ele se interessava por política e me disse que no Domingo Sangrento de 1888[27] ele participara dos tumultos e fora admitido como guarda especial no mesmo dia. Outro velho, vendedor de flores, estava louco. A maior parte do tempo, comportava-se de forma bastante normal, mas tinha seus ataques, caminhava para lá e para cá na cozinha e dava berros assustadoramente bestiais, com uma expressão de agonia no rosto. O curioso é que os ataques só aconteciam quando o tempo estava úmido. Outro homem era ladrão. Roubava do balcão das lojas e de automóveis estacionados, em especial de caixeiros-viajantes, e vendia as coisas para um judeu em Lambeth Cut. Todas as noites, ele se vestia bem para ir "até o Oeste". Disse-me que podia contar com duas libras esterlinas por semana, com um grande roubo de tempos em tempos. Conseguia meter a mão na registradora de um estabelecimento público quase todos os Natais, obtendo geralmente umas quarenta ou cinquenta libras com isso. Vinha roubando havia anos e só fora apanhado uma vez e recebera uma sentença judicial. Como sempre parece acontecer com os ladrões, seu trabalho não lhe servia para nada, pois, quando conseguia uma grande quantia, torrava-a na mesma hora. Tinha uma das faces mais ignóbeis que já vi, como a de uma hiena, mas era simpático e decente quando se tratava de compartilhar comida e pagar dívidas.

Em muitas manhãs, Ginger e eu trabalhamos ajudando os carregadores em Billingsgate.[28] Chega-se lá por volta das cinco e fica-se na esquina de uma das ruas que levam do Billingsgate a Eastcheap. Quando um carregador tem dificuldades com o carrinho, ele grita "Morro acima!", e a gente corre até lá (há uma competição feroz pelo trabalho, naturalmente) e empurra o carrinho. O pagamento é de "dois pence uma subida". Eles pegam um empurrador para quatro quintais [duzentos quilos] e o trabalho acaba com as coxas e os cotovelos, mas não se consegue trabalho suficiente para cansar demais. Ficando ali das cinco da manhã até quase meio-dia, jamais fiz mais do que um xelim e seis pence. Se tiver muita sorte, um carregador aceita você como ajudante regular e então se consegue ganhar uns quatro xelins e seis pence por manhã. Parece que os próprios carregadores ganham em torno de quatro ou cinco libras por semana. Há várias coisas que valem a pena mencionar em relação a Billingsgate. Uma delas é que grande parte do trabalho feito ali é desnecessário, pois se deve à falta total de um sistema de transporte centralizado. Com carregadores, empurradores etc., custa agora cerca de uma libra para levar uma tonelada de peixe de Billingsgate até um dos terminais ferroviários de Londres. Se isso fosse feito de maneira ordenada, por caminhões, suponho que custaria poucos xelins. Outra coisa é que os pubs em Billingsgate ficam abertos nas horas em que outros pubs estão fechados. E outra ainda é que os homens dos carrinhos de Billingsgate fazem um tráfico habitual de peixe roubado, e a gente consegue peixe muito barato se conhecer um deles.

Depois de uma quinzena na hospedaria, vi que não estava escrevendo nada e que o lugar começava a me dar nos nervos, com seu barulho e a falta de privacidade, o calor sufocante da cozinha e, sobretudo, a sujeira. A cozinha tinha um cheiro permanente de peixe e todas as pias estavam entupidas com entranhas de peixe apodrecidas que fediam horrivelmente. Era preciso guardar a comida em cantos escuros infestados por baratas, e havia nuvens de moscas insistentes por toda parte. O dormitório também era nojento, com o estrépito perpétuo de tosse e escarro — todo mundo numa hospedaria sofre de tosse crônica, sem dúvida causada pelo ar viciado. Eu tinha de escrever alguns artigos, o que não poderia ser feito naquele ambiente, então escrevi para casa pedindo dinheiro e aluguei um quarto na Windsor Street, perto do Harrow Road. Ginger foi para a estrada de novo. A maior parte desta narrativa foi escrita na biblioteca pública de Bermondsey, que tem uma boa sala de leitura e era próxima da hospedaria.

Notas de Orwell
Palavras novas (isto é, palavras novas para mim, descobertas nessa época).
Shackles: caldo ou molho.
Drum: um bule de lata. (O verbo *drum up* significa acender um fogo.)
On the toby: na vagabundagem. (Também *to toby* e *a toby*, significando "um vagabundo". O dicionário de gíria define *toby* como "caminho mais direto para".)
Chat: um piolho. (Também *chatty*, piolhento. O Dicionário de Gíria — DG — tem esta, mas não *chat*.)

Get, a? (Palavra ofensiva, significado desconhecido.)[29]
Didecai: cigano.
Sprowsie: seis pence.
Hard-up: fumo obtido de baganas (DG define *hard-up* como um homem que junta baganas).
Skipper: dormir ao relento (DG define como celeiro).
Scrump: roubar.
Knock off: prender.
Jack off: ir embora.
Jack, on his: por conta própria.
Clods: cobres

Gíria dos arrombadores.

Stick, ou *cane*: pé de cabra (DG traz vara).
Peter: um cofre (está no DG).
Bly:[30] maçarico de oxiacetileno.

Uso da palavra "tart" entre as pessoas do East End. Essa palavra parece agora totalmente intercambiável com "garota", sem nenhuma implicação de "prostituta". As pessoas chamam suas filhas ou irmãs de *tart*.

Gírias em rima. Achei que isso não existia mais, mas está longe disso. Os colhedores de lúpulo usavam muito essas expressões: *a dig in the grave* para dizer *a shave* [fazer a barba]. *The hot cross bun*, significando *sun* [sol]. *Greengages*, significando *wages* [salários]. Usavam também a gíria rimada abreviada, por exemplo, "*Use your twopenny*", por "use sua cabeça". O caminho é o seguinte: *head, loaf of bread, loaf, twopenny loaf, twopenny*.

Vício homossexual em Londres. Parece que um dos grandes pontos de encontro é a estação subterrânea de Charing Cross. As pessoas da Trafalgar Square pareciam achar natural que os jovens pudessem ganhar alguma coisa dessa maneira, e vários me disseram: "Nunca preciso dormir ao relento se decido ir até a Charing Cross". Eles acrescentavam que o preço usual era um xelim.

Em cana[1]
[Agosto de 1932]

Essa viagem foi um fracasso, pois o objetivo era ir para a prisão, e, na verdade, não fiquei mais do que 48 horas detido; mas a estou registrando porque o procedimento no tribunal de polícia etc. foi bastante interessante. Escrevo oito meses depois do ocorrido, então não estou bem certo das datas, mas tudo aconteceu uma semana ou dez dias antes do Natal de 1931.

Saí no sábado à tarde com quatro ou cinco xelins e me dirigi à Mile End Road, porque meu plano era ficar bêbado e incapaz, e achei que seriam menos lenientes com beberrões no East End. Comprei um pouco de fumo e uma "Yank Mag"[2] para o meu futuro encarceramento e depois, assim que os pubs abriram, entrei, tomei uns quatro ou cinco canecões de cerveja e completei com uma garrafa de um quarto de uísque, o que me deixou com dois pence na mão. Quando a garrafa de uísque estava quase vazia, eu já estava razoavelmente bêbado — mais do que pretendia, pois acontece que não havia comido nada o dia inteiro e o álcool agiu depressa em meu estômago vazio. Tudo o que eu conseguia fazer era ficar de pé, embora meu cérebro estivesse bastante lúcido — comigo acontece, quando estou bêbado, de meu cérebro permanecer lúcido muito depois que minhas pernas e fala se foram. Comecei a cambalear pela calçada na direção oeste e por um bom tempo não encontrei nenhum policial, embora as ruas estivessem cheias e todos apontassem para mim e rissem. Por fim, vi dois policiais se aproximando, tirei a garrafa de uísque do bolso e, à vista deles, bebi o que restava, o que quase me derrubou, de tal modo que me agarrei num poste e caí. Os dois policiais correram na minha direção, me viraram e tiraram a garrafa da minha mão.

Eles: "Ei, o que você estava bebendo?". (Por um momento, podem ter pensado que era um caso de suicídio.)

Eu: "É minha garrafa de uísque. Me deixem em paz".

Eles: "Cacete, ele encheu a cara! — O que você andou fazendo, hein?".

Eu: "Tava no boteco, me divertindo um pouco. Natal, né?".

Eles: "Não, ainda falta uma semana. Você se confundiu com as datas, cara. É melhor vir conosco. Vamos cuidar de você".

Eu: "Por que eu iria com vocês?".

Eles: "Só pra gente cuidar de você e deixar você aliviado. Você vai ser atropelado, se arrastando desse jeito".

Eu: "Olha. Tem um boteco ali. Vamos lá tomar umas".

Eles: "Você já tomou o suficiente para uma noite, meu velho. É melhor vir conosco".

Eu: "Aonde vocês tão me levando?".

Eles: "Só para um lugar onde você vai ter uma bela cama com lençol limpo, dois cobertores e tudo o mais".

Eu: "Vai ter o que beber lá?".

Eles: "Claro. Tem um boteco no prédio, nós temos".

Tudo isso enquanto eles me conduziam gentilmente pela calçada. Seguravam meus braços de um jeito (esqueci como chamam) que podem quebrar o braço de um homem com uma torção, mas eram gentis comigo como se eu fosse uma criança. Por dentro, eu estava bastante sóbrio e me divertia muito ver a maneira esperta como me persuadiam ao longo do caminho, jamais revelando o fato de que estávamos indo para a delegacia. Suponho que esse é o procedimento usual com bêbados.

Quando chegamos à delegacia (era Bethnal Green, mas eu só soube disso na segunda-feira), me largaram numa cadeira & começaram a esvaziar meus bolsos, enquanto o sargento me interrogava. Porém, fingi estar bêbado demais para dar respostas sensatas, & disse a eles com asco que me levassem para as celas, o que fizeram. A cela tinha mais ou menos o mesmo tamanho de uma cela de albergue de passagem (em torno de 3 metros por 1,5 e 3 metros de altura), mas muito mais limpa & bem equipada. Era feita de tijolos de porcelana branca e tinha uma latrina, uma torneira de água quente, uma cama de tábua, um travesseiro de crina e dois cobertores. Havia uma janela gradeada minúscula perto do teto, e uma lâmpada elétrica atrás de um vidro grosso ficou acesa a noite inteira. A porta era de aço, com o costumeiro buraco para espiar e uma abertura para servir a comida. Os guardas que me revistaram tiraram meu dinheiro, fósforos, navalha de barba e também meu cachecol — depois soube que fazem isso porque já houve prisioneiro que se enforcou no cachecol.

Há pouco a dizer sobre o dia e a noite seguintes, que foram indizivelmente tediosos. Eu estava me sentindo péssimo, pior do que jamais estive depois de uma bebedeira, sem dúvida por ter bebido de estômago vazio. No domingo, me deram duas refeições de pão e margarina e chá (nível de albergue) e uma de carne e batatas — isso se devia, creio eu, à bondade da esposa do sargento, pois acho que dão somente pão e margarina para os prisioneiros. Não me deixaram fazer a barba, e só havia um pouco de água fria para se lavar. Quando preencheram o registro de entrada, contei a história que sempre conto, a saber, que meu nome era Edward Burton e meus pais tinham uma confeitaria em Blythburgh, onde eu trabalhara numa loja de tecidos; que fora demitido por causa da bebida e meus pais, cansados afinal de meus hábitos beberrões, me puseram para fora de casa. Acrescentei que vinha trabalhando de carregador em Billingsgate e, tendo faturado inesperadamente seis xelins no sábado, havia caído na farra. A polícia foi bastante gentil e me deu preleções sobre embriaguez, com a conversa costumeira sobre ver que eu ainda tinha algo de bom dentro de mim etc. e tal. Ofereceram-me para sair sob liberdade provisória sem fiança, mas eu não tinha dinheiro nem para onde ir, então escolhi permanecer detido. Era muito chato, mas eu tinha minha "Yank Mag" e podia fumar se pedisse ao guarda de plantão que me desse fogo — os prisioneiros não podem ter fósforos, é claro.

Na manhã seguinte bem cedo me tiraram da cela para me lavar, devolveram meu cachecol, me levaram para o pátio e me puseram na Black Maria [camburão]. Dentro, a Black Maria era parecida com um banheiro público francês, com uma fileira de minúsculos compartimentos trancados de cada lado, com largura suficiente apenas para sentar. As pessoas haviam rabiscado seus nomes, ofensas e a duração de suas sentenças por todas as paredes de meu cubículo; também havia muitas variantes deste dístico:

Detective Smith knows how to gee;
Tell him he's a cunt from me.[3]

("Gee", neste contexto, significa atuar como agente infiltrado.) Passamos por várias delegacias, pegando cerca de dez prisioneiros no total, até a Black Maria ficar bem lotada. Era um grupo e tanto lá dentro. As portas dos cubículos eram abertas em cima, para a ventilação, de tal modo que era possível estender a mão e alguém conseguira contrabandear fósforos, e todos pudemos fumar. Depois, começamos a cantar, e como estava perto do Natal, cantamos várias canções natalinas. Chegamos ao Tribunal de Polícia da Old Street cantando

> Adeste, fideles, laeti triumphantes,
> Adeste, adeste ad Bethlehem etc.[4]

o que me pareceu um tanto impróprio.

No tribunal de polícia, fizeram-me descer e me puseram numa cela idêntica à de Bethnal Green, até com o mesmo número de tijolos na parede — contei nas duas. Havia três homens na cela, além de mim. Um deles era um sujeito bem-apessoado, rosto corado, vestido com elegância, com aparência de 35 anos, que eu imaginaria ser um caixeiro-viajante ou talvez um *bookmaker*; outro era um judeu de meia-idade, também vestido de maneira bem decente. O terceiro era evidentemente um ladrão habitual. Era baixo, de aparência rude, com cabelos grisalhos e rosto envelhecido e, naquele momento, num tal estado de agitação em relação ao seu julgamento iminente que não conseguia ficar quieto um segundo. Andava para lá e para cá na cela como um animal selvagem, roçando em nossos joelhos enquanto estávamos sentados na cama de tábua, e exclamava que era inocente — ao que parece era acusado de vadiagem com intenção de invadir domicílio. Disse que tinha nove condenações anteriores e que nesses casos, que são principalmente de suspeita, quem tem ficha é quase sempre condenado. De vez em quando ele erguia o punho contra a porta e exclamava "Vagabundo filho da puta! Vagabundo filho da puta!", referindo-se ao tira que o havia detido.

Logo puseram mais dois prisioneiros na cela, um jovem belga feio acusado de obstruir o tráfego com um carrinho de mão e uma criatura extraordinariamente peluda que ou era surdo e mudo ou não falava inglês. Com exceção do último, todos os prisioneiros falavam sobre seus casos com a mais completa liberdade. O homem corado e elegante, ao que parece era "patrão" de um pub (sinal de como os donos de pubs de Londres estão nas garras das cervejarias é o fato de sempre serem chamados de "patrão", não de "proprietário", quando, na verdade, não passam de empregados) & havia desviado o dinheiro da poupança do Christmas Club. Como de costume, ele estava até o pescoço de dívidas com as cervejarias e sem dúvida havia pegado um pouco do dinheiro na esperança de apostar num vencedor. Dois dos contribuintes descobriram isso poucos dias antes da data em que o dinheiro deveria ser pago e apresentaram uma queixa. O "patrão" depositou imediatamente todas as doze libras poupadas, que também foram reembolsadas antes que seu caso fosse a julgamento. Não obstante, ele estava certo de que ia ser condenado, pois os juízes são duros nesses casos; com efeito, mais tarde ele pegou quatro meses. Estava arruinado para o resto da vida, é claro. As cervejarias entrariam com pedido de falência e venderiam todo o seu estoque e os móveis, e ele jamais ganharia uma licença de pub de novo. Tentava demonstrar tranquilidade diante de nós e fumava cigarros sem parar, de um estoque de maços de Gold Flake que havia guardado — a última vez em sua vida, ouso dizer, que teria tantos cigarros. Durante todo o tempo em que falou, tinha um olhar fixo e abstrato. Acho que estava se dando conta aos poucos do fato de que sua vida estava no fim no que dizia respeito a qualquer posição decente na sociedade.

O judeu havia sido um comprador no Smithfields[5] para um açougueiro *kosher*. Depois de trabalhar sete anos para o mesmo patrão, ele subitamente desviou 28 libras, foi para Edimburgo — não sei por que Edimburgo — e se "divertiu" com prostitutas; depois voltou e se entregou quando o dinheiro acabou. Dezesseis libras foram reembolsadas e o resto seria pago em prestações mensais. Ele tinha esposa e vários filhos. Contou-nos — e isso me interessou — que seu patrão provavelmente enfrentaria dificuldades na sinagoga por tê-lo processado. Parece que os judeus têm tribunais de arbitragem próprios, & um judeu não deve processar outro judeu, pelo menos num caso de abuso de confiança como aquele, sem primeiro submetê-lo ao tribunal de arbitragem.

Uma observação feita por aqueles homens me espantou — eu a ouvi de quase todos os prisioneiros que seriam julgados por um delito grave. Era: "Não é a prisão que me preocupa, é perder meu emprego". Creio que isso é sintomático do poder decrescente da lei em comparação com o do capitalista.

Fizeram que esperássemos várias horas. A cela era muito desconfortável, pois não havia espaço para todos sentarem na cama e fazia um frio estúpido apesar da quantidade de gente. Vários homens usaram a latrina, o que era nojento numa cela tão pequena, especialmente porque a descarga não funcionava. O dono de pub distribuiu seus cigarros com generosidade e o guarda fornecia o fogo. De vez em quando vinha um estrépito extraordinário da cela ao lado, onde um jovem que havia esfaqueado sua "vadia" no estômago — ela provavelmente se recuperaria, foi o que ouvimos — estava trancado sozinho. Deus sabe o que estava acontecendo, mas era como se alguém estivesse acorrentado à parede. Por volta das dez, deram a cada um de nós uma caneca de chá — ao que parece, não fornecido pelas autoridades, mas pelos missionários do tribunal da polícia —, e pouco depois nos conduziram para uma espécie de grande sala de espera onde os prisioneiros aguardavam julgamento.

Havia talvez cinquenta deles ali, homens de todos os tipos, mas, no conjunto, muito mais bem-vestidos do que se esperaria. Andavam para lá e para cá de chapéu, tremendo de frio. Vi uma coisa que me interessou muito. Quando estava sendo levado para minha cela, havia visto dois rufiões de aspecto sujo, muito mais sujos do que eu, e presumivelmente casos de embriaguez ou obstrução, que foram postos numa outra cela do corredor. Ali, na sala de espera, esses dois homens estavam trabalhando com suas cadernetas de anotações nas mãos, interrogando prisioneiros. Parece que eram tiras e foram postos nas celas disfarçados de prisioneiros para captar alguma informação no ar — pois há uma completa maçonaria entre os prisioneiros e eles falam sem reservas uns com os outros. Era um truque sujo, pensei comigo.

Durante todo o tempo, os prisioneiros eram levados sozinhos ou em dupla por um corredor até o tribunal. Pouco depois, um sargento gritou "venham os bêbados!", e quatro ou cinco de nós nos enfileiramos no corredor e ficamos esperando na entrada do tribunal. Um guarda jovem de plantão ali me aconselhou:

"Tire o boné quando entrar, se declare culpado e não responda com insolência. Tem alguma condenação anterior?"

"Não."

"Seis pilas, é o que você vai pegar. Vai pagar?"

"Não posso, tenho só dois pence."

"Ah bom, isso não importa. Sorte sua que o senhor Brown não é o juiz esta manhã. Abstêmio, ele é. Não dá refresco para os bêbados. Nossa!"

Os casos de embriaguez foram tratados com tamanha rapidez que não tive tempo nem de ver como era o tribunal. Só tive a vaga impressão de uma plataforma elevada com um brasão acima, escrivães sentados a mesas abaixo e uma balaustrada. Nós desfilamos diante da balaustrada como gente que passa por uma catraca & o procedimento em cada caso era mais ou menos assim:

"Edward Burton, bêbado e incapaz. Bêbado? Sim. Seis xelins. Adiante. PRÓXIMO!"

Tudo isso no período de cerca de cinco segundos. Do outro lado do tribunal chegamos a uma sala onde um sargento estava sentado à mesa com um livro-razão.

"Seis xelins?", perguntou ele.

"Sim."

"Vai pagar?"

"Não tenho como."

"Tudo bem, você volta para a cela."

E me levaram de volta e me trancaram na cela da qual eu saíra, uns dez minutos depois de a ter deixado.

O dono de pub também foi trazido de volta, porque seu caso havia sido adiado, assim como o jovem belga que, como eu, não tinha como pagar a multa. O judeu foi embora, não soubemos se libertado ou condenado. Durante todo o dia, prisioneiros vinham e iam, alguns aguardando julgamento, outros esperando que a Black Maria estivesse disponível para levá-los à prisão. Estava frio e o fedor de fezes na cela ficou insuportável. Deram-nos uma refeição por volta das duas horas — consistia em uma caneca de chá e duas fatias de pão com margarina para cada homem. Pelo jeito, era a refeição oficial. Era possível receber comida se alguém tivesse amigos lá fora, mas me pareceu terrivelmente injusto que um homem sem vintém devesse encarar seu julgamento apenas com pão e margarina na barriga; também barbado — eu não tivera chance de fazer a barba por mais de 48 horas —, o que provavelmente predispõe o juiz contra o infeliz.

Entre os prisioneiros que foram colocados temporariamente na cela estavam dois amigos ou parceiros chamados, ao que parece, Snouter e Charlie, que foram presos por algum delito de rua — obstrução com um carrinho, eu ousaria dizer. Snouter era um homem baixo, forte, animado. A conversa deles era bastante interessante.

Charlie: "Caramba, tá um frio do caralho aqui. Sorte nossa que o velho Brown não tá hoje. Te dá um mês assim que te vê."

Snouter (entediado cantando):

Tap, tap, tapetty tap,
I'm a perfect devil at that;
Tapping 'em 'ere, tapping 'em there,
I bin tapping 'em everywhere...[6]

Charlie: "Oh, foda-se essa sua filação! Afanar é o que você precisa nesta época do ano. Todas aquelas fileiras de perus nas vitrines, como uma porra de fileira de soldados pelados — você não fica com a boca cheia d'água só de ver? Aposto seis pence com você como vou ter um deles antes da noite".

Snouter: "Pra quê? Não dá pra cozinhar o puto no fogão do albergue, dá?"

Charlie: "Quem falou em cozinhar? Eu sei onde posso vender ele por um ou dois xelins".

Snouter: "Que nada. Cantar é que está com tudo nesta época do ano. Canções de Natal. Amolecer direto o coração, eu posso, quando dou uma de choroso. As putas velhas choram pra caralho quando me ouvem. Eu vou realmente dar trabalho pra elas neste Natal. Vou dormir no quentinho nem que eu tenha de destripá-las".

Charlie: "Ah, eu sei cantar um pedaço de canção. Hinos também. (Ele começa a cantar com uma boa voz de baixo.)

Jesus, amante de minha alma,
Deixa-me ao teu peito voar...

O guarda de plantão (olhando através da grade): "Nada disso, aqui, nada disso! O que você pensa que é isto aqui? Reunião de oração batista?".

Charlie (em voz baixa depois que o guarda desaparece): "Cai fora, mijão. (Ele cantarola.)

Enquanto as águas acumuladas rolam,
Enquanto a tempestade ainda está forte!

Você não vai achar muitas no hinário que eu não possa cantar. Fui baixo no coro em meus dois últimos anos em Dartmoor, no duro".

Snouter: "Ah? Como é que está Dartmoor agora? Dão geleia agora?".
Charlie: "Geleia, não. Mas dão queijo, duas vezes por semana".
Snouter: "Ah é? Quantos anos você pegou?".
Charlie: "Quatro".
Snouter: "Quatro anos sem boceta... Caramba! Os caras lá dentro ficam meio loucos se veem um par de pernas, hein?".
Charlie: "Bom, em Dartmoor a gente costumava foder umas velhas lá na horta. Levava elas pra baixo da cerca na cerração. Catadoras de batatas, elas eram... umas velhotas de setenta anos. Quarenta de nós fomos pegos e a coisa ficou feia. Pão e água, correntes, tudo. Jurei em cima da Bíblia que não voltava mais pra prisão depois daquilo".
Snouter: "Essa é boa! Como é que você entrou em cana da última vez então?".
Charlie: "Você não vai acreditar, meu chapa. Fui dedurado — dedurado pela minha própria irmã! Sim, a puta da minha própria irmã. Minha irmã é uma vaca, da pior espécie. Ela se casou com um maníaco religioso, e ele é um religioso tão filho da mãe que ela tem quinze filhos agora. Então, foi ele que fez ela me dedar. Mas, vou te dizer, eu dei o troco. O que você acha que foi a primeira coisa que eu fiz quando saí da cana? Comprei um martelo e fui até a casa da minha irmã e destrocei o piano dela até virar lasca de palito. Foi o que eu fiz. 'Taí', eu disse, 'o que você ganha por me dedurar! Sua égua', eu disse" etc. etc. etc.

Esse tipo de conversa continuou mais ou menos o dia todo entre aqueles dois que estavam ali por causa de algum delito pequeno & bem contentes consigo mesmos. Aqueles que iam para prisão estavam em silêncio e inquietos, e a expressão no rosto de alguns homens — indivíduos respeitáveis detidos pela primeira vez — era terrível. Eles levaram o dono de pub por volta das três da tarde, para ser enviado à prisão. Ele se animou um pouco ao saber que ia para a mesma prisão de lorde Kylsant.[7] Ele achava que bajulando lorde K. na prisão talvez conseguisse um emprego com ele quando saísse.

Eu não tinha ideia de quanto tempo ficaria encarcerado & supunha que seria por vários dias, ao menos. Porém, entre quatro e cinco da tarde, me tiraram da cela, me devolveram as coisas que haviam confiscado e me jogaram na rua em seguida. Evidentemente, o dia em custódia servira de substituto da multa. Eu tinha apenas dois pence e não comera nada o dia todo, exceto pão e margarina, e estava louco de fome; porém, como sempre acontece quando tenho de escolher entre fumo e comida, comprei fumo com minha moeda. Depois fui até o abrigo do Church Army na Waterloo Road, onde se ganha uma dormida, duas refeições de pão e carne enlatada, chá e uma reunião de orações, por quatro horas de trabalho serrando madeira.

Na manhã seguinte, fui para casa,[8] arranjei um pouco de dinheiro e fui a Edmonton. Cheguei ao albergue por volta das nove da noite, não totalmente bêbado, porém mais ou menos embriagado, achando que aquilo me levaria à prisão — pois é um delito previsto na Lei da Vadiagem um vagabundo chegar bêbado ao albergue. O porteiro, no entanto, me tratou com grande consideração, achando evidentemente que um vagabundo com dinheiro suficiente para comprar bebida deveria ser respeitado. Nos dias seguintes, fiz várias outras tentativas de arranjar confusão mendigando sob o nariz da polícia, mas parecia que eu levava uma vida encantada: ninguém me notou. Assim, como eu não queria fazer alguma coisa grave que pudesse levar a investigações sobre a minha identidade etc., desisti. A viagem, portanto, foi mais ou menos um fracasso, mas a registrei como uma experiência razoavelmente interessante.

*

Como morrem os pobres
Now, nº 6, novembro de 1946

No ano de 1929, passei várias semanas no Hôpital X, no 15ème Arrondissement de Paris.[1] As recepcionistas me submeteram ao interrogatório usual e fiquei uns vinte minutos respondendo perguntas, antes de me deixarem entrar. Se você já teve de preencher formulário num país latino saberá a que tipo de pergunta me refiro. Eu era incapaz de converter Reaumur em Fahrenheit, mas sei que minha temperatura estava em torno de 103 [39,5º C] e que no final da entrevista eu tinha dificuldades para ficar em pé. Às minhas costas, um pequeno grupo de pacientes resignados, carregando trouxas feitas de lenços coloridos, esperava a vez de ser interrogado.

Depois do interrogatório, veio o banho — ao que parece, uma rotina compulsória para todos os que chegam, à prisão ou ao albergue. Levaram minhas roupas e depois que fiquei sentado tremendo por alguns minutos em dez centímetros de água morna, me deram um camisão de linho e um roupão azul curto de flanela — sem chinelos, pois disseram que não tinham um que coubesse em mim — e me levaram para fora. Isso aconteceu numa noite de fevereiro e eu estava com pneumonia.[2] A enfermaria para onde íamos ficava a quase duzentos metros e dava impressão de que para chegar lá era preciso atravessar o terreno do hospital. Alguém tropeçou diante de mim com uma lanterna. O caminho de cascalho estava congelado e o vento açoitava o camisão em torno dos meus tornozelos nus. Quando entramos na enfermaria, tive um sentimento estranho de familiaridade cuja origem só consegui descobrir tarde da noite. Era um quarto longo, um tanto baixo e mal iluminado, cheio de vozes murmurantes e com três fileiras de camas surpreendentemente próximas umas das outras. Havia um cheiro fétido, fecal, mas adocicado. Ao deitar-me, vi na cama quase oposta à minha um homenzinho de ombros redondos e cabelos ruivos sentado seminu, enquanto o médico e um estudante realizavam uma estranha operação nele. Primeiro, o médico tirou de sua pasta preta uma dezena de copos pequenos, parecidos com os de vinho, depois o estudante acendeu um fósforo dentro de cada copo para exaurir o ar, então o copo foi aplicado nas costas ou no peito do homem e o vácuo provocou uma enorme bolha amarela. Somente depois de alguns instantes foi que me dei conta do que estavam fazendo. Era uma sangria por ventosa, um tratamento sobre o qual se pode ler em manuais antigos de medicina, mas que até então eu tinha a vaga impressão de que era uma daquelas coisas que fazem com cavalos.

O ar frio do lado de fora havia provavelmente baixado minha temperatura, e observei aquele remédio bárbaro com distanciamento e até certo grau de diversão. No momento seguinte, porém, o médico e o estudante vieram até minha cama, me ergueram e sem dizer palavra começaram a aplicar o mesmo conjunto de copos, que não haviam sido de forma alguma esterilizados. Alguns débeis protestos que pronunciei não obtiveram nenhuma resposta, como se eu fosse um animal. Eu estava muito impressionado com a maneira impessoal como os dois homens me trataram. Eu nunca estivera numa enfermaria pública de um hospital e era minha primeira experiência com médicos que lidavam com a gente sem falar com a gente, ou, num sentido humano, sem reparar na gente. No meu caso, puseram somente seis copos, mas depois de fazê-lo escarificaram as bolhas e aplicaram os copos de novo. Cada copo drenou então cerca de meia colher de sobremesa de sangue escuro. Depois que me deitei novamente, humilhado, nauseado e assustado com o que eles me fizeram, refleti que agora me deixariam em paz. Mas não, nem sinal disso. Havia outro tratamento a caminho, o cataplasma de mostarda, provavelmente uma coisa de rotina, como o banho quente. Duas enfermeiras desleixadas já estavam com o cataplasma pronto e o prenderam ao redor de meu peito, como uma camisa de força, enquanto alguns homens que passeavam pela enfermaria de camisa e calça começaram a se reunir em torno da minha cama, com sorrisos meio simpáticos. Fiquei sabendo depois que observar a aplicação de um cataplasma de mostarda era um passatempo predileto na enfermaria. Essas coisas são aplicadas normalmente por um quarto de hora e são por certo divertidas se você não for o paciente. Nos primeiros cinco minutos, a dor é forte, mas a gente acredita que pode suportar. Nos cinco minutos seguintes, essa crença se evapora, mas o cataplasma está afivelado nas suas costas e você não consegue tirá-lo. Esse é o período que os espectadores mais apreciam. Notei que nos últimos cinco minutos sobrevém uma espécie de dormência. Depois que retiraram o cataplasma, enfiaram sob minha cabeça um travesseiro à prova d'água cheio de gelo e me deixaram em paz. Não dormi e, tanto quanto sei, essa foi a única noite de minha vida — refiro-me à única noite passada numa cama — em que não dormi nada, nem mesmo um minuto.

Durante minha primeira hora no Hôpital X, eu sofrera toda uma série de tratamentos diferentes e contraditórios, mas isso era enganador, pois em geral você recebe muito pouco tratamento, seja bom ou ruim, exceto se estiver doente de um jeito interessante e instrutivo. Às cinco da manhã, as enfermeiras chegaram, acordaram os pacientes e tiraram suas temperaturas, mas não os lavaram. Se você estivesse bem o bastante, podia lavar-se sozinho, senão dependia da bondade de algum paciente capaz de caminhar. Eram também os pacientes que, em geral, levavam as garrafas de urina e a comadre, apelidada de *la casserole*. Às oito chegava o desjejum, chamado de *la soupe*, à maneira do Exército. Era sopa também, uma sopa rala de legumes com pedaços pegajosos de pão flutuando nela. Mais tarde, o médico alto, solene, de barba preta fez sua ronda, com um interno e uma tropa de estudantes em seus calcanhares, mas havia em torno de sessenta de nós na enfermaria e era evidente que ele tinha outras alas para visitar também. Havia muitas camas pelas quais ele passava dia após dia, às vezes seguido de gritos de súplica. Por outro lado, se você tivesse alguma doença com a qual os alunos quisessem se familiarizar, então ganhava muita atenção. De minha parte, eu que estava com um excepcionalmente belo espécime de chocalho bronquial, tinha às vezes até uma dúzia de estudantes fazendo fila para escutar meu peito. Era uma sensação muito esquisita — esquisita porque ao lado do interesse deles em aprender a profissão havia uma aparente falta de qualquer percepção de que os pacientes eram seres humanos. É estranho contar isso, mas às vezes, quando dava um passo à frente para assumir sua vez de manipulá-lo, o estudante estava trêmulo de excitação, como um menino que consegue pôr as mãos em alguma máquina cara. E então, ouvido após ouvido — orelhas de rapazes, de moças, de negros — pressionado contra suas costas, revezamentos de dedos batendo solenes, mas desajeitadamente, e de nenhum deles a gente obtinha uma palavra de conversa ou um olhar direto no rosto. Na qualidade de paciente não pagante, no uniforme de camisão, a gente era sobretudo *um espécime*, uma coisa da qual não me ressentia, mas com a qual nunca me acostumei muito bem.

Depois de alguns dias, melhorei o suficiente para sentar e estudar os pacientes à minha volta. O quarto abafado, com suas camas estreitas tão próximas umas das outras que se poderia tocar facilmente a mão do vizinho, tinha toda espécie de doença, exceto, suponho, casos de infecção aguda. Meu vizinho da direita era um sapateiro baixo e ruivo, com uma perna mais curta que a outra, que costumava anunciar a morte de outros pacientes (isso aconteceu algumas vezes, e meu vizinho era sempre o primeiro a saber) assobiando para mim, exclamando "Número 43!" (ou o número que fosse) e estendendo os braços acima da cabeça. O sujeito não tinha nada muito grave, mas na maioria das outras camas dentro do meu ângulo de visão estava em andamento alguma tragédia sórdida ou de puro horror. Na cama ao pé da minha jazia, até a morte (não o vi morrer — mudaram-no para outra cama), um homenzinho encarquilhado que sofria de não sei qual doença, mas algo que deixava todo o seu corpo tão sensível que qualquer movimento de lado, às vezes até o peso das roupas de cama, o fazia gritar de dor. Seu pior sofrimento era quando urinava, o que fazia com a maior dificuldade. Uma enfermeira trazia a garrafa e depois, por um bom tempo, ficava ao lado de sua cama, assobiando, como dizem que os cavalariços fazem com os cavalos, até que finalmente, com um grito agudo de "*Je pisse!*", ele começava a urinar. Na cama ao lado da dele, o homem ruivo que eu vira com as ventosas costumava tossir um muco com filetes de sangue a toda hora. Meu vizinho da esquerda era um jovem alto, de aparência flácida, no qual inseriam periodicamente um tubo nas costas e uma quantidade espantosa de líquido espumoso era retirada de algum lugar de seu corpo. Na cama seguinte, um veterano da guerra de 1870 estava morrendo; era um velho bonito com uma pequena barba embaixo do queixo, e em torno de sua cama, em todas as horas permitidas de visita, sentavam-se quatro parentes idosas, todas de preto, tal como corvos, obviamente à espera de alguma mísera herança. Na cama oposta à minha no outro corredor estava um velho careca com bigodes descaídos e o rosto e o corpo muito inchados, que sofria de uma moléstia que o fazia urinar de forma quase incessante. Um enorme receptáculo de vidro estava sempre ao lado de sua cama. Um dia, a esposa e a filha vieram visitá-lo. Ao vê-las, o rosto inchado do homem se iluminou com um sorriso de surpreendente doçura, e quando a filha, uma bela garota de uns vinte anos, se aproximou da cama, vi que a mão dele se movia lentamente sob as cobertas. Pensei prever o gesto que estava vindo — a moça ajoelhada ao lado da cama, a mão do velho sobre a cabeça dela, numa bênção agonizante. Mas não, ele simplesmente entregou a ela a garrafa de urina que ela logo pegou e esvaziou no receptáculo.

Umas doze camas me separavam do Número 57 — acho que era esse seu número —, um caso de cirrose do fígado. Todos os que estavam na enfermaria o conheciam de vista porque ele era, às vezes, o tema de uma palestra médica. Duas tardes por semana, o médico alto e sério dava aula na enfermaria para um grupo de estudantes, e em mais de uma ocasião o velho Número 57 foi levado numa espécie de carrinho para o meio da enfermaria, onde o médico levantava seu camisão, dilatava com os dedos uma enorme protuberância mole na barriga do sujeito — o fígado doente, suponho — e explicava com ar solene que aquilo era uma moléstia atribuível ao alcoolismo, comum nos países bebedores de vinho. Como de costume, não falava com o paciente, nem lhe dava um sorriso, um aceno de cabeça ou qualquer sinal de reconhecimento. Enquanto falava, muito sério e empertigado, segurava o corpo devastado sob suas mãos, girando-o às vezes para lá e para cá, na mesma atitude de uma mulher que segura um rolo de macarrão. Não que o Número 57 se importasse com esse tipo de coisa. Ele era obviamente um paciente antigo do hospital, objeto periódico de exposição nas palestras, e seu fígado havia muito tempo devia estar marcado para ser preservado num recipiente de algum museu patológico. Com total desinteresse pelo que era dito sobre ele, jazia com seus olhos baços fixados em nada, enquanto o médico o exibia como uma peça de porcelana antiga. Era um homem de uns sessenta anos, espantosamente encolhido. Seu rosto, pálido como papel, havia encolhido até parecer não maior do que o de um boneco.

Certa manhã, meu vizinho sapateiro me acordou com um puxão no travesseiro antes que as enfermeiras chegassem. "Número 57!" — e esticou os braços acima da cabeça. Havia uma luz acesa na enfermaria, suficiente para enxergar. Pude ver o velho Número 57 tombado de lado, com o rosto esticado para fora da cama, na minha direção. Havia morrido durante a noite, ninguém sabia em que momento. Quando as enfermeiras vieram, receberam a notícia de sua morte com indiferença e foram cuidar de suas tarefas. Depois de muito tempo, uma hora ou mais, duas outras enfermeiras entraram lado a lado como soldados, com um grande estardalhaço de tamancos, e amarraram o corpo nos lençóis, mas ele só foi removido mais tarde. Nesse meio-tempo, com uma luz melhor, eu tinha tempo para dar uma boa olhada no Número 57. Com efeito, deitei-me de lado para olhá-lo. Curiosamente, era o primeiro europeu morto que eu via. Já havia visto homens mortos, mas sempre asiáticos e, em geral, gente que tivera mortes violentas. Os olhos do Número 57 continuavam abertos, a boca também aberta, seu rosto pequeno contorcido numa expressão de agonia. Porém, o que mais me impressionou foi a brancura de seu rosto. Ele estava pálido antes, mas agora estava pouco mais escuro que os lençóis. Enquanto olhava para aquele rosto minúsculo e retorcido, ocorreu-me que aquele resto repugnante de matéria que esperava para ser levado embora e jogado sobre uma lousa na sala de dissecação era um exemplo de morte "natural", uma das coisas pelas quais se reza na litania. Eis aí, pensei, o que te espera, daqui a vinte, trinta, quarenta anos; é assim que os sortudos morrem, os que vivem até a velhice. A gente quer viver, é claro; na realidade, só ficamos vivos em virtude do medo da morte, mas penso agora, como pensava então, que é melhor morrer violentamente e não velho demais. As pessoas falam dos horrores da guerra, mas que arma o homem inventou que se aproxime em crueldade de algumas das doenças mais comuns? A morte "natural", quase por definição, significa alguma coisa lenta, fedorenta e dolorosa. Mesmo assim, faz diferença se você pode alcançá-la em sua casa e não numa instituição pública. Aquele pobre infeliz que acabara de apagar como uma vela não era importante nem para ter alguém velando em seu leito de morte. Era apenas um número, depois um "objeto" para os bisturis dos estudantes. E a publicidade sórdida de morrer num lugar como aquele! No Hôpital X, as camas ficavam muito próximas umas das outras e não havia biombos. Imagine, por exemplo, morrer como o homenzinho cuja cama estava ao pé da minha, aquele que gritava quando a roupa de cama tocava nele! Ouso dizer que "*Je pisse!*" foram suas últimas palavras registradas. Talvez o moribundo não se importe com essas coisas — essa seria ao menos a resposta padrão: não obstante, os moribundos são com frequência pessoas com a mente mais ou menos normal até um dia ou dois antes do fim.

Nas enfermarias públicas de um hospital veem-se horrores que a gente parece não encontrar entre as pessoas que conseguem morrer em casa, como se certas doenças só atacassem pessoas dos estratos de renda mais baixos. Mas é fato que em nenhum hospital inglês se encontrariam coisas que vi no Hôpital X. O caso de gente morrendo como animais, por exemplo, sem ninguém ao lado, ninguém interessado, a morte nem mesmo notada até de manhã, aconteceu mais de uma vez. Isso certamente não se veria na Inglaterra, e ainda menos se veria um cadáver exposto à vista dos outros pacientes. Lembro que certa vez, num hospital de campo na

Inglaterra, um homem morreu enquanto estávamos no chá, e embora houvesse apenas seis de nós na enfermaria, as enfermeiras resolveram as coisas com tanta habilidade que o homem morreu e seu corpo foi removido sem que ficássemos sabendo antes do final do chá. Uma coisa que talvez subestimemos na Inglaterra é a vantagem de ter um grande número de enfermeiras bem treinadas e rigidamente disciplinadas. Sem dúvida, as enfermeiras inglesas são bem estúpidas, podem tirar a sorte com folhas de chá, usar distintivos com o pavilhão do Reino Unido e ter fotografias da rainha em seus consolos de lareira, mas ao menos não deixam você sujo e constipado sobre uma cama desfeita por pura preguiça. As enfermeiras do Hôpital X ainda tinham um quê de sra. Gamp,[3] e mais tarde, nos hospitais militares da Espanha republicana, eu veria enfermeiras quase incapazes de tirar a temperatura. Também não se veria na Inglaterra a sujeira do Hôpital X. Mais tarde, quando eu já estava bem o suficiente para me lavar no banheiro, descobri que lá havia um enorme caixote no qual jogavam os restos de comida e as roupas sujas da enfermaria, e os lambris estavam infestados de grilos.

Depois que obtive minhas roupas de volta e fiquei forte das pernas, fugi do Hôpital X antes de receber alta. Não foi o único hospital de que fugi, mas sua tristeza e pobreza, seu cheiro doentio e, sobretudo, algo de sua atmosfera mental se destacam na minha memória como excepcionais. Eu fora levado para lá porque era o hospital de meu *arrondissement*, e só fiquei sabendo de sua má reputação depois que estava lá. Um ou dois anos depois, a famosa vigarista madame Hanaud, que ficou doente quando estava detida, foi levada ao Hôpital X, e depois de alguns dias conseguiu enganar seus guardas, tomou um táxi e voltou para a prisão, explicando que estava mais confortável lá. Não tenho dúvidas de que o Hôpital X não era típico dos hospitais franceses, mesmo naquela época. Mas os pacientes, quase todos trabalhadores, eram surpreendentemente resignados. Alguns deles pareciam achar as condições quase confortáveis, pois ao menos dois eram miseráveis que se fingiam de doentes para ter um abrigo no inverno. As enfermeiras eram coniventes porque eles eram úteis para fazer serviços avulsos. Mas a atitude da maioria era: claro que é um lugar abominável, mas que mais esperar? Não lhes parecia estranho ser acordado às cinco da manhã e depois esperar três horas para tomar uma sopa aguada, ou que as pessoas morressem sem ninguém ao seu lado, ou mesmo que sua chance de obter atenção médica dependesse de captar o olhar do médico quando ele passava. De acordo com seus costumes, os hospitais eram assim. Se você está gravemente enfermo e se é pobre demais para ser tratado em casa, então deve ir para um hospital e, uma vez lá, deve aguentar os maus-tratos e o desconforto, como no Exército. Mas, acima de tudo, eu estava interessado em descobrir uma crença persistente em velhas histórias que agora quase desapareceram da memória na Inglaterra — histórias, por exemplo, sobre médicos que abrem a gente por pura curiosidade ou pensam que é divertido começar a operar antes que se esteja devidamente "apagado". Corriam histórias sinistras sobre uma pequena sala de cirurgia que diziam ficar logo depois do banheiro. Dizia-se que saíam gritos horríveis daquela sala. Não vi nada que confirmasse essas histórias e, sem dúvida, eram todas disparates, embora eu tenha efetivamente visto dois estudantes matarem um rapaz de dezesseis anos, ou quase matá-lo (ele parecia estar morrendo quando saí do hospital, mas talvez tenha se recuperado depois) com um experimento nocivo que não teriam tentado com um paciente pagante. Uma crença ainda viva na memória londrina dá conta de que em alguns dos grandes hospitais pacientes eram mortos para serem usados como objeto de dissecação. Não ouvi essa história ser repetida no Hôpital X, mas penso que alguns homens que estavam lá a julgariam plausível, pois era um hospital no qual, não os métodos, talvez, mas alguma coisa da atmosfera do século XIX conseguira sobreviver, e nisso estava seu interesse peculiar.

Nos últimos cinquenta anos, mais ou menos, houve uma grande mudança na relação entre médico e paciente. Se olharmos para quase toda a literatura anterior à segunda metade do século XIX, veremos que o hospital é popularmente considerado parecido com uma prisão, e uma prisão antiquada, do tipo masmorra. O hospital é um lugar de imundície, tortura e morte, uma espécie de antecâmara do túmulo. Ninguém que não fosse mais ou menos miserável pensaria em entrar num lugar desses para tratamento. E especialmente na primeira parte do século passado, quando a ciência médica se tornou mais ousada que antes, sem ser mais bem-sucedida, todo o negócio da medicina era visto com horror e temido pelas pessoas comuns. Acreditava-se que a cirurgia, em particular, não passava de uma forma peculiarmente medonha de sadismo, e a dissecação, possível somente com a ajuda de ladrões de cadáveres, era até confundida com a necromancia. Era possível coletar uma farta literatura de horror do século XIX ligada a médicos e hospitais. Pensem no pobre Jorge III, em sua senilidade, gritando por misericórdia ao ver seu cirurgião chegando para "sangrá-lo até que desmaie"! Pensem na conversa de Bob Sawyer e Benjamin Allen,[4] que sem dúvida não são paródias, ou nos hospitais de campo de *A derrocada*, de Émile Zola, e *Guerra e paz*, de Tolstói, ou na descrição chocante de uma amputação em *White-jacket*, de Melville! Até mesmo os nomes dados aos médicos na ficção inglesa do século XIX — Slasher, Carver, Sawyer, Fillgrave[5] e assim por diante — e o apelido genérico de "serra-ossos" são tão sinistros quanto cômicos. A tradição contra a cirurgia talvez tenha sua melhor expressão no poema de Tennyson "O hospital infantil", que é essencialmente um documento pré-clorofórmio, embora, ao que parece, tenha sido escrito somente em 1880.[6] Ademais, há muito o que dizer sobre o panorama que Tennyson registra em seu poema.

Se pensarmos em como deveria ser uma operação sem anestesia, o que acontecia de fato, não é difícil suspeitar dos motivos das pessoas que se submetiam a tais coisas. Pois esses horrores sangrentos pelos quais os estudantes esperavam com tanta avidez ("Uma visão magnífica, se Slasher a faz!") eram reconhecidamente mais ou menos inúteis: o paciente que não morria de choque em geral morria de gangrena, resultado que era dado como certo. Ainda hoje é possível encontrar médicos cujos motivos são questionáveis. Quem já teve muitas doenças, ou escutou a conversa de estudantes de medicina, saberá do que estou falando. Mas os anestésicos provocaram uma mudança decisiva, assim como os desinfetantes. É provável que em nenhum lugar do mundo se veja o tipo de cena descrita por Axel Munthe em *O livro de San Michele*, quando o cirurgião sinistro de cartola e sobrecasaca, com a camisa engomada salpicada de sangue e pus, corta paciente após paciente com a mesma faca e joga os membros amputados numa pilha ao lado da mesa. Além disso, o seguro de saúde nacional acabou parcialmente com a ideia de que um paciente de classe operária é um miserável que merece pouca consideração. Com este século já bem avançado, era comum nos grandes hospitais que pacientes "livres" tivessem seus dentes extraídos sem anestesia. Eles não pagavam, então por que deveriam tomar anestesia — essa era a atitude. Isso também mudou.

Não obstante, cada instituição sempre sofrerá a influência de alguma lembrança remanescente do passado. O alojamento militar ainda é assombrado pelo fantasma de Kipling e é difícil entrar num asilo de pobres sem lembrar *Oliver Twist*. Os hospitais começaram como uma espécie de enfermaria temporária para leprosos e tipos semelhantes morrerem, e continuaram a ser lugares em que os estudantes de medicina aprendiam sua arte nos corpos dos pobres. Ainda é possível captar uma leve sugestão de sua história na arquitetura tipicamente sombria. Eu estaria longe de reclamar do tratamento que recebi em qualquer hospital inglês, mas sei que é um instinto saudável que adverte as pessoas a ficar longe deles se possível e, em especial, longe das enfermarias públicas. A despeito de sua posição legal, é inquestionável que você tem muito menos controle sobre seu tratamento, muito menos certeza de que não será objeto de experimentos inúteis quando se trata de um caso de "aceite a disciplina ou caia fora". E é uma coisa ótima morrer na própria cama, embora melhor ainda seja morrer de morte violenta. Por maior que seja a gentileza e a eficiência, em toda morte no hospital haverá algum detalhe cruel, sórdido, alguma coisa que talvez seja pequena demais para ser contada, mas que deixa terríveis lembranças dolorosas, causadas pela pressa, a lotação, a impessoalidade de um lugar onde todos os dias morrem pessoas entre estranhos.

É provável que o medo de hospitais ainda persista entre os muito pobres, e entre todos nós só há pouco desapareceu. Trata-se de uma mancha escura não muito abaixo da superfície de nossas mentes. Eu disse antes que quando entrei na enfermaria do Hôpital X estava consciente de uma estranha sensação de familiaridade. Evidentemente, a cena me fez lembrar os hospitais fedorentos e cheios de dor do século XIX, os quais nunca havia visto, mas de que tinha um conhecimento tradicional. E alguma coisa, talvez o médico vestido de negro com sua pasta preta sebenta, ou quem sabe apenas o cheiro doentio, foi responsável pela estranha artimanha de desenterrar de minha memória o poema "O hospital infantil" de Tennyson, no qual não pensava havia vinte anos. Acontece que, quando eu era criança, ele me foi lido em voz alta por uma enfermeira que talvez exercesse essa profissão desde o tempo em que Tennyson escreveu o poema. Os horrores e sofrimentos dos hospitais de estilo antigo eram uma lembrança vívida para ela. Nós nos arrepiamos juntos diante do poema, e depois, aparentemente, me esqueci dele. Até mesmo seu título não me lembraria de nada. Mas o primeiro vislumbre do quarto mal iluminado e cheio de murmúrios, com as camas tão perto umas das outras, despertou o encadeamento de ideias ao qual ele pertencia, e na noite seguinte me vi relembrando toda a história e atmosfera do poema, e até mesmo alguns de seus versos inteiros.

*

2 | A insinceridade é inimiga da linguagem clara

Ensaios de George Orwell que mostram sua preocupação com o uso das palavras no romance, na poesia, no discurso e na propaganda política, nas resenhas literárias. "A política e a língua inglesa" é um de seus ensaios mais importantes, e foi usado como inspiração para o manual de estilo de várias publicações jornalísticas.

Em defesa do romance

New English Weekly, 12 e 19 de novembro de 1936

Não é preciso enfatizar que, neste momento, o prestígio do romance é extremamente baixo, tão baixo que as palavras "eu nunca li romances", que há uma dúzia de anos costumavam ser pronunciadas com uma ponta de desculpa, são agora sempre ditas num tom de orgulho consciente. É verdade que ainda existem alguns romancistas contemporâneos ou mais ou menos contemporâneos que a *intelligentsia* considera permissível ler: mas a questão é que o romance bom-ruim comum é habitualmente ignorado, enquanto o livro de versos ou de crítica bom-ruim comum ainda é levado a sério. Isso significa que, se você escreve romances, automaticamente faz jus a um público menos inteligente do que se tivesse escolhido outra forma literária. Há duas razões bastante óbvias para que seja impossível hoje escrever bons romances. O romance está visivelmente se deteriorando e continuará a se deteriorar com mais rapidez se a maioria dos romancistas tiver alguma ideia sobre quem lê seus livros. Naturalmente, é fácil argumentar (vide, por exemplo, o inusitado ensaio rancoroso de Belloc)[1] que o romance é uma forma desprezível de arte e que seu destino não tem importância. Duvido que valha a pena discutir essa opinião. De qualquer modo, presumo que vale a pena salvar o romance e que para isso é preciso persuadir as pessoas inteligentes a levá-lo a sério. Portanto, vale a pena analisar uma das principais causas — em minha opinião, *a* causa principal — da queda de prestígio dessa forma literária.

O problema é que o romance está sendo morto aos gritos. Perguntemos a qualquer ser pensante por que "nunca lê romances" e descobriremos geralmente que, no fundo, isso se deve às bobagens repulsivas escritas por resenhistas promocionais. Não há necessidade de multiplicar os exemplos. Eis um espécime, do *Sunday Times* da semana passada: "Se você é capaz de ler este livro e não dar urros de prazer, então sua alma está morta". Isso ou algo parecido é escrito agora sobre *todos* os romances publicados, como se pode ver observando as citações das sobrecapas dos livros. Para alguém que leva o *Sunday Times* a sério, a vida deve ser uma longa luta para se pôr em dia. Os romances são disparados contra você à taxa de quinze por dia, e cada um é uma obra-prima inesquecível que se você deixar de ler estará pondo sua alma em perigo. Isso deve dificultar demais a escolha de um livro na biblioteca e você deve se sentir muito culpado quando não urra de prazer. Porém, na verdade ninguém relevante é enganado por esse tipo de coisa, e o desrespeito em que recaiu a resenha de romances se estendeu aos próprios romances. Quando *todos* os romances são despejados sobre nós como obras de gênio, é natural supor que todos são lixo. No meio da *intelligentsia* literária, essa suposição é agora líquida e certa. Hoje em dia, admitir que se gosta de romances é quase o equivalente a admitir que se tem um desejo insaciável por sorvete de coco ou prefere Rupert Brooke a Gerard Manley Hopkins.

Tudo isso é óbvio. O que acho um pouco menos óbvio é o modo como chegamos à atual situação. À primeira vista, a chantagem do livro é um embuste bastante simples. Z escreve um livro que é publicado por Y e resenhado por X no "Semanário W". Se a resenha for ruim, Y retirará seu anúncio, então X tem de falar de uma "obra-prima inesquecível" ou será demitido. Essencialmente, esta é a situação, e a resenha de romances afundou no poço atual em grande medida porque cada resenhista tem um editor ou editores segurando-o pelo rabo por procuração. Mas a coisa não é tão grosseira quanto parece. As várias partes do embuste não agem conscientemente juntas e foram forçadas a assumir sua posição atual em parte contra a própria vontade.

Para começar, não devemos supor, como acontece com frequência (ver, por exemplo, a coluna de Beachcomber,[2] *passim*), que o romancista desfrute e seja até, de algum modo, responsável pelas resenhas que recebe. Ninguém *gosta* de ler que escreveu uma história palpitante de paixão que perdurará enquanto existir a língua inglesa, embora, é claro, seja decepcionante não ler isso, porque todos os romancistas estão lendo a mesma coisa, e ser deixado de fora significa presumivelmente que seu livro não vai vender. A resenha mercenária é, na verdade, uma necessidade comercial, como a opinião na sobrecapa, da qual é uma mera extensão. Mas mesmo o pobre resenhista mercenário não deve ser culpado pelas idiotices que escreve. Nas circunstâncias especiais em que se encontra, não poderia escrever outra coisa, pois, mesmo que não houvesse suborno, direto ou indireto, não pode haver uma coisa como crítica de um bom romance enquanto se supor que *todos os romances são dignos de resenha*.

Um periódico recebe toda semana uma pilha de livros e envia uma dúzia deles para X, o resenhista mercenário, que tem esposa e família e precisa ganhar seu guinéu, para não mencionar a meia coroa por volume que ganha vendendo cópias de sua resenha. Há duas razões pelas quais é totalmente impossível para X dizer a verdade sobre os livros que recebe. Para começar, as chances são que onze dos doze livros não lhe despertarão o menor interesse. Eles não são piores do que a maioria, são apenas neutros, sem vida e sem sentido. Se não lhe pagassem para isso, ele jamais leria uma linha de nenhum deles, e em quase todos os casos, a única resenha verdadeira que poderia escrever seria: "Este livro não inspira em mim nenhum pensamento". Mas haverá alguém que lhe pague para escrever esse tipo de coisa? Obviamente não. Desde o início, portanto, X está na falsa posição de ter de inventar, digamos, trezentas palavras sobre um livro que não significa nada para ele. Em geral, faz isso escrevendo um curto resumo da trama (e com isso traindo para o autor o fato de que não leu o livro) e alguns elogios que por todo o seu excesso de insinceridade são tão valiosos quanto o sorriso de uma prostituta.

Mas há um mal muito pior do que esse. Espera-se que X não somente diga do que trata o livro como dê sua opinião sobre a qualidade da obra. Uma vez que X é capaz de segurar uma caneta, ele provavelmente não é um idiota, de qualquer modo, não tão idiota a ponto de imaginar que A ninfa constante[3] é a tragédia mais extraordinária já escrita. Com muita probabilidade, seu romancista preferido, se ele de fato gosta de romances, é Stendhal, ou Dickens, ou Jane Austen, ou D. H. Lawrence, ou Dostoiévski — ou, de qualquer modo, alguém imensuravelmente melhor do que o bando habitual de romancistas contemporâneos. Portanto, o primeiro passo é baixar muito seus padrões. Como mostrei em outro lugar, aplicar um padrão decente à produção habitual de romances é como pesar uma pulga numa balança destinada a elefantes. Uma balança desse tipo não registraria uma pulga; seria preciso começar pela construção de outra balança que revelasse o fato de que existem pulgas grandes e pulgas pequenas. É isso aproximadamente o que X faz. Não faz sentido dizer, livro após livro, "este livro é um lixo", porque, é preciso repetir, ninguém lhe pagará para escrever esse tipo de coisa. X tem de descobrir alguma coisa que *não* seja lixo, e com bastante frequência, ou será demitido. Isso significa baixar seus padrões até uma profundidade em que, digamos, *Amor triun-*

fante [*The way of a eagle*], de Ethel M. Dell, seja um livro razoavelmente bom. Mas uma escala de valores que faz de *Amor triunfante* um livro bom, de *A ninfa constante* um livro soberbo, *O proprietário* [*The man of a property*][4] é o quê? Uma história palpitante de paixão, uma obra-prima formidável, despedaçadora da alma, uma epopeia inesquecível que perdurará tanto quanto a língua inglesa, e assim por diante. (Em se tratando de um livro *realmente* bom, o termômetro explodiria.) Tendo iniciado com o pressuposto de que todos os romances são bons, o resenhista é empurrado sempre para cima, numa escada sem fim de adjetivos. E *sic itur ad* Gould.[5] É possível ver resenhista após resenhista seguindo o mesmo caminho. Após dois anos de um início com algum grau de intenções moderadamente honestas, ele proclama com gritos maníacos que *Crimson night*, da srta. Barbara Bedworthy, é a obra-prima mais estupenda, incisiva, pungente, inesquecível do mundo, e assim por diante que jamais etc. etc. etc. Não há como escapar disso depois que se cometeu o pecado inicial de fingir que um livro ruim é bom. Mas não se pode resenhar romances para ganhar a vida sem cometer esse pecado. E, enquanto isso, os leitores inteligentes dão as costas, enfastiados, e desprezar romances se torna uma espécie de dever esnobe. Daí o fato esquisito de ser possível que um romance de verdadeiro valor passe despercebido, simplesmente porque foi elogiado nos mesmos termos que uma besteira.

Várias pessoas sugeriram que seria bom se nenhum romance fosse resenhado. De fato seria, mas a sugestão é inútil, porque nada desse tipo vai acontecer. Nenhuma publicação que dependa de anúncios de editores pode se dar ao luxo de jogá-los fora, e embora os editores mais inteligentes percebam que não ficariam em situação pior se a resenha-sobrecapa fosse abolida, eles não podem acabar com isso pela mesma razão por que as nações não podem se desarmar — porque ninguém quer ser o primeiro a começar. Portanto, essas resenhas ainda vão continuar por muito tempo, e ficarão cada vez piores; o único remédio é dar um jeito para que sejam desconsideradas. Mas isso só pode acontecer se houver em algum lugar uma resenha decente de romances que funcione como padrão de comparação. Ou seja, necessita-se de apenas *um* periódico (seria o suficiente para começar) que se especialize em resenha de romances, mas se recuse a falar de porcarias, e no qual os resenhistas *sejam* resenhistas e não bonecos ventríloquos que abrem a boca quando o editor puxa os fios.

Talvez alguém diga que já existem esses periódicos. Há um bom número de revistas sofisticadas, por exemplo, em que a resenha de romances, quando existe, é inteligente e não subornada. Sim, mas a questão é que periódicos desse tipo não se especializam em resenhas de romances e certamente não tentam se manter a par da produção atual de ficção. Pertencem ao mundo da alta cultura, o mundo no qual já se supõe que os romances, enquanto tais, são desprezíveis. Mas o romance é uma forma popular de arte e de nada serve abordá-lo com a pressuposição "*Criterion-Scrutiny*"[6] de que a literatura é um jogo de coçar as costas (garras abertas ou recolhidas, de acordo com as circunstâncias) entre panelinhas minúsculas de intelectuais. O romancista é principalmente um contador de histórias, e uma pessoa pode ser uma excelente contadora de histórias (ver, por exemplo, Trollope, Charles Reade, Somerset Maugham) sem ser, no sentido estrito, um "intelectual". Publicam-se 5 mil romances por ano, e Ralph Straus[7] lhe implora que leia todos, ou imploraria, se fizesse a resenha de todos. A *Criterion* provavelmente se digna a tomar conhecimento de uma dúzia. Mas entre doze e 5 mil, pode haver cem ou duzentos, ou até quinhentos que, em níveis diferentes, tenham mérito genuíno, e é sobre esses que os críticos que se importam com o romance deveriam se concentrar.

Mas a primeira necessidade é de algum método de *classificação*. Um grande número de romances jamais deveria ser mencionado (imagine, por exemplo, os terríveis efeitos sobre a crítica se cada folhetim publicado em Peg's Paper tivesse de ser solenemente resenhado!),[8] mas até mesmo aqueles dignos de menção pertencem a categorias bem distintas. Raffles é um bom livro, e o mesmo se pode dizer de A ilha do doutor Moreau, de A cartuxa de Parma e de Macbeth, mas eles são "bons" em níveis muito diferentes. Do mesmo modo, Se o inverno vier, A bem amada, O altruísta e Sir Lancelot Greaves são todos livros ruins, mas em níveis diferentes de "ruindade". Esse é o fato que o resenhista mercenário tratou especialmente de obscurecer. Deveria ser possível inventar um sistema, talvez bem rígido, de classificar os romances em classes A, B, C, e assim por diante, de tal modo que, se o resenhista elogiasse ou condenasse um livro, ao menos saberíamos com que seriedade ele pretendia ser levado. Quanto aos resenhistas, teriam de ser pessoas que realmente se preocupam com a arte do romance (e isso provavelmente não significa highbrows, lowbrows ou midbrows, mas elastic-brows), gente interessada em técnica e mais interessada ainda em descobrir o que significa um livro. Existem muitas dessas pessoas: alguns dos piores resenhistas mercenários começaram assim, como se pode ver dando uma olhada em seus primeiros trabalhos. Por falar nisso, seria bom que mais resenhas de romances fossem feitas por amadores. Um indivíduo que não é um escritor experiente, mas que acabou de ler um livro que o impressionou profundamente, lhe dirá com maior probabilidade qual o tema da obra do que um profissional competente, mas entediado. É por isso que as resenhas americanas, apesar de toda a sua estupidez, são melhores do que as inglesas: elas são mais amadoras, ou seja, mais sérias.

Creio que seguindo de algum modo o caminho que indiquei, seria possível restaurar o prestígio do romance. A necessidade essencial é de uma revista que se mantivesse a par da ficção corrente, mas se recusasse a baixar seus padrões. Teria de ser uma revista obscura, pois os editores não anunciariam nela; por outro lado, depois que descobrissem que em algum lugar havia elogio que era elogio verdadeiro, eles estariam prontos para citá-lo em suas sobrecapas. Mesmo que se tratasse de uma revista muito obscura, provavelmente faria que o nível geral das resenhas subisse, pois as idiotices nos jornais de domingo só persistem porque não há nada para contrastá-las. Mas mesmo que os resenhistas mercenários continuassem exatamente como antes, isso não importaria, desde que também existissem resenhas decentes para lembrar a algumas pessoas que cérebros sérios ainda podem se ocupar com o romance. Pois assim como o Senhor prometeu que não destruiria Sodoma se fosse possível encontrar dez homens honrados na cidade, do mesmo modo o romance não será totalmente desprezado se soubermos que em algum lugar ainda existe um punhado de resenhistas de romances sem rabo preso.

No momento, se você gosta de romances e, mais ainda, se você os escreve, a perspectiva é deprimente ao extremo. A palavra "romance" evoca as palavras "elogio de sobrecapa", "gênio" e "Ralph Straus", do mesmo modo que "frango" evoca "farofa". As pessoas inteligentes evitam os romances quase por instinto; em consequência, romancistas estabelecidos vão para o buraco e iniciantes que "têm algo a dizer" se voltam, de preferência, para quase qualquer outra forma literária. É óbvio que haverá uma degeneração. Vejam, por exemplo, os romancetes de quatro pence que se encontram empilhados em qualquer balcão de papelaria barata. Essas coisas são os rebentos decadentes do romance, que têm a mesma relação com *Manon Lescaut* e *David Copperfield* que um cãozinho de estimação tem com o lobo. É bem provável que não demore muito para que o romance médio fique parecido com o romancete barato, embora, sem dúvida, continue a aparecer numa encadernação de sete xelins e seis pence e meio a uma fanfarra de trombetas dos editores. Muita gente profetizou que o romance está condenado a desaparecer no futuro próximo. Não creio que vá desaparecer, por razões que demoraria muito para expor, mas que são razoavelmente óbvias. É muito mais provável que o romance, se os melhores cérebros literários não puderem ser induzidos a voltar para ele, sobreviva em alguma forma perfunctória, desprezada e irremediavelmente degenerada, como as modernas lápides, ou o espetáculo de Punch e Judy.[9]

*

A poesia e o microfone
Escrito no verão de 1943 (?); The New Pamphlet, nº 3, março de 1945

Há cerca de um ano, eu e outras pessoas nos envolvemos na transmissão radiofônica de programas literários para a Índia e, entre outras coisas, irradiamos uma boa quantidade de versos de escritores ingleses contemporâneos e quase contemporâneos — por exemplo, Eliot, Herbert Read, Auden, Spender, Dylan Thomas, Henry Treece, Alex Comfort, Robert Bridges, Edmund Blunden, D. H. Lawrence. Sempre que possível, a leitura dos poemas era feita pelos que os escreveram. Não preciso explicar aqui o motivo da criação desses programas em particular (um pequeno e remoto movimento de flanqueamento na guerra radiofônica), mas devo acrescentar que o fato de estarmos transmitindo para uma audiência indiana ditou em certa medida nossa técnica. A questão essencial era que nossos programas literários tinham por alvo os estudantes universitários indianos, uma audiência pequena e hostil, inabordável por qualquer coisa que pudesse ser descrita como propaganda britânica. Sabíamos de antemão que não poderíamos esperar mais que alguns milhares de ouvintes no máximo, e isso nos dava uma desculpa para ser mais "intelectual" do que geralmente é possível no rádio.

Se você vai transmitir poesia para pessoas que conhecem sua língua, mas não compartilham sua formação cultural, é inevitável certa quantidade de comentários e explicações, e a fórmula que costumávamos seguir era transmitir o que seria uma revista literária mensal. A equipe editorial estava supostamente sentada na redação, discutindo o que sairia no próximo número. Alguém sugeria um poema, outra pessoa sugeria outro, havia uma curta discussão e depois vinha o próprio poema, lido em voz diferente, de preferência a do seu autor. Esse poema naturalmente levava a outro, e assim prosseguia o programa, em geral com ao menos meio minuto de discussão entre os poemas. Para um programa de meia hora, seis vozes pareciam ser o melhor número. Um programa desse tipo era necessariamente meio informe, mas podia ganhar certa aparência de unidade se girasse em torno de um tema central único. Por exemplo, um número de nossa revista imaginária foi dedicado ao tema da guerra. Incluía dois poemas de Edmund Blunden, "Setembro, 1941", de Auden, trechos de um longo poema de G. S. Fraser ("Uma carta para Anne Ridler"), "Ilhas da Grécia", de Byron, e um trecho de *Revolta no deserto*, de T. E. Lawrence. Essa meia dúzia de itens, com as discussões que os precediam e seguiam, cobria razoavelmente bem as atitudes possíveis diante da guerra. Os poemas e os trechos em prosa ocupavam cerca de vinte minutos do programa, as discussões, por volta de oito minutos.

Essa fórmula pode parecer levemente ridícula e também um tanto paternalista, mas sua vantagem é que o elemento de mera instrução, o motivo didático, que é quase inevitável numa transmissão radiofônica de versos sérios e, às vezes, "difíceis", se torna bem menos ameaçador quando aparece numa discussão informal. Os vários locutores podem dizer aparentemente uns para os outros o que estão dizendo, na verdade, para a audiência. Do mesmo modo, com esse método, dá-se ao menos um contexto para o poema, aquilo mesmo de que carece a poesia do ponto de vista do homem comum. Mas é claro que existem outros métodos. Um que usávamos com frequência era pôr o poema entre músicas. Anuncia-se que dentro de poucos minutos tal e tal poema será transmitido; então a música toca por talvez um minuto, depois se dispersa no poema, que entra sem nenhum título ou anúncio, depois a música volta e toca por mais um ou dois minutos — a coisa toda leva talvez cinco minutos. É necessário escolher uma música adequada, mas não preciso dizer que o objetivo dela é isolar o poema do resto do programa. Com esse método, pode-se ter, digamos, um soneto de Shakespeare depois de um boletim noticioso de três minutos sem, ao menos para o meu ouvido, nenhuma incongruência grosseira.

Esses programas de que estou falando não tinham grande valor em si mesmos, mas os mencionei devido às ideias que provocaram em mim e alguns outros sobre as possibilidades do rádio como meio de popularizar a poesia. De início, fiquei impressionado porque a leitura no rádio de um poema por quem o escreveu não provoca impacto apenas na audiência — se é que provoca algum —, mas também no próprio poeta. Não devemos esquecer que se fez extremamente pouco em matéria de transmissão de poesia pelo rádio na Inglaterra, e que muitas pessoas que escrevem versos nunca consideraram a hipótese de lê-los em voz alta. Ao ser posto diante de um microfone, em especial se isso acontece habitualmente, o poeta estabelece uma nova relação com sua obra, que não ocorreria de outra forma em nossa época e nosso país. É um lugar-comum dizer que nos tempos modernos — digamos, nos últimos duzentos anos — a poesia passou a ter cada vez menos conexão com a música ou com a palavra falada. Ela precisa ser impressa para poder existir, e não se espera que um poeta, como tal, saiba como cantar ou mesmo declamar mais do que um arquiteto saiba como rebocar um teto. A poesia lírica e retórica quase deixou de ser escrita, e passou-se a pressupor uma hostilidade do homem comum em relação à poesia em qualquer país em que todos são capazes de ler. E onde existe, essa brecha sempre tende a aumentar, porque o conceito de poesia como algo primariamente impresso e inteligível apenas para uma minoria estimula a obscuridade e a "criatividade". Quantas pessoas não sentem de forma quase instintiva que deve haver algo errado com um poema cujo sentido pode ser captado numa única olhada? Parece improvável que essas tendências venham a ser detidas, a menos que ler versos em voz alta volte a ser normal, e é difícil imaginar como isso pode acontecer, a não ser com o uso do rádio como meio. Mas a vantagem especial do rádio, seu poder de selecionar a audiência certa e acabar com o constrangimento e o medo do palco, deve ficar registrada aqui.

No rádio, sua audiência é conjectural, mas é uma audiência de *um*. Milhões podem estar escutando, mas cada um está ouvindo sozinho, ou como membro de um grupo pequeno, e cada um tem (ou deveria ter) a sensação de que você está falando para ele individualmente. Mais do que isso, é razoável supor que sua audiência é receptiva, ou ao menos interessada, pois quem estiver entediado pode girar o dial e mudar de estação. Mas, embora presumivelmente receptiva, a audiência *não tem poder sobre você*. É nesse ponto que a transmissão pelo rádio se diferencia de um discurso ou uma palestra. No palanque ou na tribuna, como qualquer um acostumado a falar em público sabe, é quase impossível não pegar o tom da plateia. Em poucos minutos, torna-se óbvio ao que a plateia vai reagir e ao que será indiferente e, na prática, você é quase compelido a falar em auxílio daquela que considera a pessoa mais estúpida presente, e também congraçar-se por meio do exibicionismo conhecido como "personalidade". Se não fizer isso, o resultado é sempre uma atmosfera de constrangimento frígido. Essa coisa apavorante, a "leitura de poesia", é o que é porque sempre haverá pessoas na plateia que ficarão entediadas ou quase francamente hostis e que não podem se retirar pelo simples ato de girar o dial. E, no fundo, é a mesma dificuldade — o fato de que uma plateia de teatro não é selecionada — que torna impossível uma apresentação decente de Shakespeare na Inglaterra. No rádio, essas condições não existem. O poeta *sente* que está falando com pessoas para as quais a poesia significa alguma coisa, e é um fato que os poetas acostumados ao rádio podem ler ao microfone com um virtuosismo que não teriam se tivessem uma plateia visível diante deles. Não tem muita importância o elemento de faz de conta que entra nisso. A questão é que, na única maneira possível agora, o poeta foi posto numa situação em que ler versos em voz alta parece uma coisa natural e não embaraçosa, um intercâmbio normal entre homem e homem; também foi levado a pensar em sua obra como *som*, em vez de texto sobre papel. Com isso, a conciliação entre poesia e homem comum está mais próxima. Ela já existe na ponta das ondas de éter em que está o poeta, a despeito do que possa estar acontecendo na outra ponta.

Porém, o que está acontecendo do outro lado não pode ser desconsiderado. O que estou dizendo será visto como se todo o assunto da poesia fosse constrangedor, quase indecente, como se popularizar poesia fosse em essência uma manobra estratégica, como enfiar uma dose de remédio goela abaixo de uma criança ou obter tolerância para uma seita perseguida. Mas, infelizmente, esse, ou algo parecido com isso, é o caso. Não há dúvida de que em nossa civilização a poesia é, de longe, a mais desacreditada das artes, a única, com efeito, em que o homem comum se recusa a discernir *qualquer* valor. É improvável que Arnold Bennett estivesse exagerando quando disse que nos países de língua inglesa a palavra "poesia" dispersaria uma multidão mais rápido que uma mangueira de incêndio. E como destaquei, uma brecha desse tipo tende a aumentar pelo simples motivo de sua existência, com o homem comum se tornando cada vez mais avesso à poesia, o poeta ficando cada vez mais arrogante e ininteligível, até que o divórcio entre poesia e cultura popular seja aceito como uma espécie de lei da natureza, embora, de fato, pertença apenas ao nosso tempo e a uma área comparativamente pequena do planeta. Vivemos numa época em que o ser humano comum nos países muito civilizados é esteticamente inferior ao selvagem mais inferior. Esse estado de coisas é, em geral, considerado incurável por algum ato *consciente* e, por outro lado, espera-se que se corrija de modo espontâneo assim que a sociedade assumir uma forma mais decente. Com pequenas variações, o marxista, o anarquista e o crente religioso lhe dirão isso e, em termos amplos, trata-se de uma verdade indubitável. A feiura em meio à qual vivemos tem causas espirituais e econômicas e não deve ser explicada por um mero desvio da tradição em algum momento. Mas disso não se segue que nenhuma melhoria seja possível no nosso quadro atual, nem que uma melhoria estética não seja parte necessária da redenção geral de nossa sociedade. Portanto, vale a pena parar para pensar se não seria possível, já agora, resgatar a poesia de sua posição especial de a mais odiada das artes e obter para ela ao menos o mesmo grau de tolerância existente para a música. Mas é preciso começar se perguntando: de que forma e em que medida a poesia é impopular?

À primeira vista, a impopularidade da poesia é tão completa quanto poderia ser. Mas, pensando bem, isso precisa ser atenuado de um modo um tanto peculiar. Para início de conversa, existe ainda uma quantidade apreciável de poesia popular (rimas infantis e outras) que é universalmente conhecida e citada, e faz parte da formação de todos. Há também um punhado de canções e baladas antigas que nunca perderam prestígio. Além disso, temos a popularidade, ou ao menos a tolerância, de poesia "ruim boa", em geral do tipo patriótico ou sentimental. Isso poderia parecer irrelevante não fosse o fato de a poesia "ruim boa" ter todas as características que, aparentemente, fazem o homem comum não gostar da poesia verdadeira. É em verso, rima, lida com sentimentos elevados e linguagem incomum — tudo isso num grau bem marcante, pois é quase axiomático que a má poesia é mais "poética" do que a boa poesia. Contudo, se não é ativamente apreciada, ao menos é tolerada. Pouco antes de escrever este artigo, por exemplo, eu estava ouvindo um par de comediantes da BBC que faziam seu número usual antes do noticiário das nove horas. Nos últimos três minutos, um deles anunciou subitamente que "quer ser sério por um momento", e passa a recitar uma peça de palavrório patriótico intitulada "Um belo cavalheiro inglês antigo", em louvor de Sua Majestade, o rei. Ora, qual é a reação da audiência a essa súbita queda no pior tipo de versalhada? Não pode ser muito violentamente negativa, ou haveria um volume suficiente de cartas indignadas para impedir a BBC de fazer esse tipo de coisa. Devemos concluir que, embora hostil à *poesia*, o grande público não é hostil ao *verso*. Afinal, se ele não gostasse de rima e metro, nem canções nem *limericks*[1] obscenos poderiam ser populares. A poesia não é vista com bons olhos porque é associada à ininteligibilidade, à arrogância intelectual e a um sentimento geral de domingo em dia de semana. Seu nome cria de antemão o mesmo tipo de má impressão que a palavra "Deus" ou um colarinho de pároco. Em certa medida, popularizar a poesia é uma questão de romper uma inibição adquirida. É uma questão de fazer as pessoas ouvirem, em vez de emitir um apupo automático. Se a verdadeira poesia pudesse ser apresentada ao grande público de uma maneira que a fizesse parecer *normal*, como aquela porcaria que acabei de ouvir parecia presumivelmente normal, então parte do preconceito contra ela poderia ser superada.

É difícil acreditar que a poesia possa ser popularizada de novo sem algum esforço deliberado de educação do gosto do público que envolva estratégia e talvez até subterfúgios. Certa vez, T. S.

Eliot sugeriu que a poesia, em particular a poesia dramática, poderia ser levada de volta à consciência da gente comum por meio do teatro de variedades; ele poderia ter acrescentado a pantomima, cujas vastas possibilidades não parecem ter sido completamente exploradas. *Sweeney agonistes* talvez tenha sido escrito com uma ideia desse tipo em mente, e de fato seria concebível como um número de teatro de variedades, ou ao menos como cena de uma revista. Sugeri o rádio como meio mais promissor e mostrei suas vantagens técnicas, em particular do ponto de vista do poeta. A razão de essa sugestão parecer à primeira vista irrealizável é que poucos conseguem imaginar o rádio sendo usado para a disseminação de outra coisa senão lixo. As pessoas escutam o que sai pelos alto-falantes do mundo e concluem que é para isso que o rádio existe e nada mais. Com efeito, a própria palavra "rádio" evoca a figura de ditadores vociferantes ou de vozes refinadas anunciando que três de nossos aviões deixaram de retornar. Poesia nas ondas do rádio lembram Musas em calças listradas. No entanto, não devemos confundir a capacidade de um instrumento com seu uso efetivo. O rádio é o que é não porque exista algo inerentemente vulgar, imbecil ou desonesto em todo o aparato de microfones e transmissores, mas porque todas as transmissões de rádio atuais em todo o mundo estão sob o controle dos governos ou de grandes companhias monopolistas que têm interesse ativo em manter a condição reinante e, portanto, em impedir que o homem comum fique muito inteligente. Algo do mesmo tipo aconteceu ao cinema, que, tal como o rádio, fez sua aparição durante o estágio monopolista do capitalismo e é fantasticamente caro para fazer. Em todas as artes, a tendência é semelhante. Cada vez mais, os canais de produção estão sob o controle de burocratas, cujo objetivo é destruir o artista ou, ao menos, castrá-lo. Isso seria uma perspectiva sombria se o totalitarismo que avança agora em todos os países do mundo — e por certo continuará a avançar — não fosse mitigado por outro processo que não era fácil prever mesmo em período tão recente como há cinco anos.

Ou seja, que as enormes máquinas burocráticas das quais todos fazemos parte começam a ranger devido simplesmente ao seu tamanho e seu constante crescimento. A tendência do Estado moderno é liquidar com a liberdade do intelecto, mas ao mesmo tempo cada Estado, especialmente sob a pressão da guerra, vê-se cada vez mais carente de uma *intelligentsia* que faça sua propaganda. O Estado moderno precisa, por exemplo, de redatores de panfletos, fazedores de cartazes, ilustradores, locutores de rádio, palestrantes, produtores de filmes, atores, compositores de canções, até de pintores e escultores, para não mencionar os psicólogos, sociólogos, bioquímicos, matemáticos e sei lá mais o quê. O governo britânico começou a guerra atual com a intenção mais ou menos declarada abertamente de manter a *intelligentsia* literária fora dela; contudo, após três anos de conflito, quase todos os escritores, por mais indesejáveis que sejam suas histórias políticas ou suas opiniões, foram sugados para vários ministérios ou para a BBC, e até mesmo os que entram nas forças armadas tendem a se ver, depois de um tempo, nas Relações Públicas ou em alguma outra função essencialmente literária. O governo absorveu essas pessoas, com muita relutância, porque se descobriu incapaz de continuar sem elas. O ideal, do ponto de vista oficial, teria sido pôr toda a propaganda nas mãos de gente "segura", como A. P. Herbert ou Ian Hay;[2] mas, como não havia um número suficiente deles disponível, a *intelligentsia* existente teve de ser utilizada, e o tom, assim como até, em certa medida, o conteúdo da propaganda oficial, foi em consequência modificado. Ninguém familiarizado com os panfletos governamentais, palestras do Army Bureau of Current Affairs (ABCA), filmes documentários e programas de rádio para países ocupados que foram emitidos nos dois últimos anos imagina que nossos governantes patrocinariam esse tipo de coisa se pudessem evitá-lo.

O problema é que, quanto maior se torna a máquina do governo, mais pontas soltas e cantos esquecidos aparecem nela. Trata-se, talvez, de um consolo pequeno, mas não desprezível. Significa que em países onde já existe uma tradição liberal forte, a tirania burocrática talvez nunca chegue a ser completa. Os homens de calças listradas mandarão, mas, enquanto forem forçados a manter uma *intelligentsia*, esta terá certo grau de autonomia. Se o governo precisa, por exemplo, de documentários, tem de empregar gente interessada em técnica de cinema e precisa lhes dar o mínimo necessário de liberdade; em consequência, filmes completamente errados do ponto de vista burocrático terão sempre tendência a aparecer. O mesmo com a pintura, fotografia, redação de textos, reportagem, palestras e todas as outras artes e semiartes das quais um Estado moderno complexo precisa.

A aplicação disso ao rádio é óbvia. No momento, o alto-falante é o inimigo do escritor criativo, o que não precisa necessariamente continuar a ser verdade quando o volume e o alcance da transmissão radiofônica aumentarem. Do modo como estão as coisas, embora a BBC mantenha um interesse ainda que fraco pela literatura contemporânea, é mais difícil obter cinco minutos no ar para transmitir um poema do que doze horas para disseminar propaganda mentirosa, música enlatada, piadas velhas, "discussões" fingidas ou o que mais você quiser. Mas esse estado de coisas pode alterar-se do modo como indiquei, e quando esse momento chegar, serão possíveis experiências sérias na transmissão de versos, com desconsideração completa pelas várias influências hostis que hoje impedem isso. Não afirmo que esse tipo de experimento venha a ter grandes resultados. O rádio foi burocratizado tão cedo em sua carreira que a relação entre ele e a literatura nunca foi pensada a sério. Não estamos certos de que o microfone seja o instrumento pelo qual a poesia poderia ser levada ao homem comum nem é garantido que a poesia ganharia sendo uma coisa mais falada e menos escrita. Mas insisto que essas possibilidades existem, e que aqueles que se importam com a literatura poderiam voltar suas mentes com mais frequência para esse meio tão desprezado, cujos poderes para o bem foram talvez obscurecidos pelas vozes do professor Joad[3] e do dr. Goebbels.

*

Propaganda e discurso popular
Persuasion, verão, 1944, 2, nº 2

No final de 1938, quando eu estava indo da Inglaterra para o Marrocos, algumas pessoas de minha aldeia (a menos de oitenta quilômetros de Londres)[1] queriam saber se seria necessário atravessar o mar para chegar lá. Em 1940, durante a campanha africana do general Wavell, descobri que a mulher de quem eu comprava minhas rações achava que Cyrenaica era na Itália. Há um ou dois anos, um amigo meu que dera uma palestra do ABCA para alguns ATS[2] tentou a experiência de lhes fazer algumas perguntas de conhecimento geral. Entre as respostas que obteve estavam: (a) existem apenas seis membros do Parlamento e (b) Cingapura é a capital da Índia. Se houvesse algum sentido nisso, eu poderia dar muitos outros exemplos desse tipo de coisa. Menciono esses três simplesmente como lembrete preliminar da ignorância que qualquer discurso ou texto destinado a um grande público precisa levar em conta.

Porém, quando se examinam os folhetos e os informes oficiais do governo, ou os principais artigos dos jornais, ou os discursos e falas de políticos pelo rádio, ou os panfletos e manifestos de qualquer partido político, a coisa que quase sempre chama atenção é a distância que mostram do homem comum. Não se trata apenas de que pressuponham um conhecimento inexistente: com frequência, é certo e necessário fazer isso. Acontece também que a linguagem cotidiana, popular, parece ser instintivamente evitada. O dialeto exangue dos porta-vozes do governo (são expressões características: no devido tempo, tentar todos os meios, aproveitar a primeira oportunidade, a resposta é afirmativa) é demasiado conhecido para valer a pena examinar. Os editoriais de jornais são escritos no mesmo dialeto ou num estilo inflado e bombástico, com uma tendência a recorrer a palavras arcaicas (*peril* [risco], *valour* [bravura], *might* [vigor], *foe* [adversário], *succour* [socorro], *vengeance* [vingança], *dastardly* [pusilanimemente], *rampart* [baluarte], *bulwark* [sustentáculo], *bastion* [bastião]) que nenhuma pessoa normal jamais pensaria em usar. Os partidos políticos de esquerda se especializam num vocabulário espúrio composto de expressões russas e alemãs traduzidas com o máximo de inépcia. E até cartazes, folhetos e programas de rádio cujo objetivo é dar instruções, dizer ao povo o que fazer em determinadas circunstâncias, caem muitas vezes nessa armadilha. Durante os primeiros ataques aéreos a Londres, por exemplo, descobriu-se que muitas pessoas não sabiam qual sinal de sirene significava alerta e qual indicava o fim do ataque. Isso depois de meses ou anos olhando os cartazes da Air Raid Precautions (ARP). Esses cartazes descreviam o alerta como uma "nota gorjeante", uma definição que não impressionava, uma vez que as sirenes de ataque aéreo não gorjeiam, e poucas pessoas vinculam algum significado específico à palavra.

Quando sir Richard Acland, nos primeiros meses da guerra, preparava um manifesto a ser apresentado ao governo, ele recrutou um esquadrão de Observadores da Massa para descobrir qual o significado que o homem comum atribui às palavras abstratas altissonantes que são atiradas de um lado para o outro na política. Vieram à luz os mais fantásticos mal-entendidos. Descobriram, por exemplo, que a maioria das pessoas não sabia que "imoralidade" significava algo mais que imoralidade sexual.[3] Um homem achou que "movimento" tinha algo a ver com constipação. E é uma experiência de todas as noites em qualquer pub ver que discursos e noticiários transmitidos pelo rádio não impressionam em absoluto o ouvinte médio, porque são feitos em linguagem livresca empolada e, por falar nisso, com sotaque de classe alta. Na época de Dunquerque, observei um grupo de operários comendo seu pão com queijo num pub enquanto o rádio transmitia as notícias do início da tarde. Nada foi registrado: eles simplesmente continuaram comendo, impassíveis. Então, por um instante, ao registrar as palavras de um soldado que fora puxado para dentro de um barco, o locutor caiu no inglês falado com a frase: "Bem, pelo menos eu aprendi a nadar nesta viagem!". De imediato, as orelhas se levantaram: era linguagem comum e, portanto, foi entendida. Poucas semanas depois, no dia em que a Itália entrou na guerra, Duff-Cooper anunciou que o ato temerário de Mussolini iria "contribuir para as ruínas pelas quais a Itália é famosa". Era uma bela frase, e uma verdadeira profecia, mas que impressão esse tipo de linguagem causa em nove entre dez pessoas? A versão coloquial dela seria: "A Itália sempre foi famosa pelas ruínas. Bem, vai ter mais um monte delas agora". Mas essa não é, em hipótese alguma, a maneira como ministros de Estado falam em público.

Exemplos de slogans inúteis, obviamente incapazes de provocar sentimentos fortes ou de circular de boca em boca, são: "Faça jus à vitória", "A liberdade está em risco. Defenda-a com todas as suas forças", "Socialismo, a única solução", "Expropriem os expropriadores", "Austeridade", "Evolução não revolução" "A paz é indivisível". Exemplos de slogans escritos em inglês falado são: "Tirem as mãos da Rússia", "Façam a Alemanha pagar", "Parem Hitler", "Barriga não paga imposto", "Compre um Spitfire", "Voto para as mulheres". Exemplos a meio caminho entre essas duas classes são: "Vamos em frente", "Cave a vitória", "Tudo depende de MIM" e algumas das expressões de Churchill, como "o fim do começo", "o baixo-ventre mole do Eixo", "sangue, trabalho duro, lágrimas e suor", "nunca tantos deveram tanto a tão poucos" (é significativo que esta última frase, ao ser repetida boca a boca, perdeu seu início livresco *no campo dos conflitos humanos*). Precisamos levar em conta o fato de que quase todo o povo inglês não gosta de coisas que soem bombásticas e jactanciosas. Slogans como "Eles não passarão", ou "Melhor morrer de pé do que viver ajoelhado", que emocionaram nações do continente europeu, parecem levemente constrangedoras para um inglês, em especial para um trabalhador. Mas a principal debilidade dos propagandistas e divulgadores é sua incapacidade de notar que o inglês falado e o escrito são duas coisas diferentes.

Recentemente, quando protestei na imprensa contra o dialeto marxista que faz uso de frases como "desviacionismo esquerdista objetivamente contrarrevolucionário", ou "liquidação drástica de elementos pequeno-burgueses", recebi cartas indignadas de perpétuos socialistas dizendo que eu estava "insultando a linguagem do proletariado". Mais ou menos no mesmo espírito, o professor Harold Laski dedica um longo trecho de seu último livro, *Faith, reason and civilisation*, a um ataque a T. S. Eliot, a quem acusa de "escrever somente para alguns". Ora, acontece que Eliot é um dos poucos escritores de nosso tempo que tentaram seriamente escrever em inglês tal como é falado. Versos como "E ninguém veio, e ninguém foi,/ Mas ele pegou o leite e pagou o aluguel"[4] estão tão próximos do inglês falado quanto a língua impressa pode chegar. Por outro lado, eis uma frase totalmente típica de Laski:

> Como um todo, nosso sistema era um compromisso entre a democracia na esfera política — em si mesma, um desdobramento muito recente em nossa história — e um poder econômico

organizado oligarquicamente que, por sua vez, se relacionava com certos resquícios aristocráticos capazes ainda de influenciar em profundidade os hábitos de nossa sociedade.

A propósito, essa frase vem de uma palestra depois impressa; portanto, devemos supor que o professor Laski subiu de fato numa tribuna e a pronunciou, com travessões e tudo. É óbvio que pessoas capazes de falar ou escrever dessa maneira simplesmente esqueceram como é a língua cotidiana. Mas isso não é nada diante de certos trechos que eu poderia desencavar dos escritos do professor Laski, ou, melhor ainda, da literatura comunista, ou, o melhor de tudo, dos panfletos trotskistas. Com efeito, a leitura da imprensa de esquerda dá a impressão de que, quanto mais alto tagarelam sobre o proletariado, mais desprezam sua língua.

Eu já disse que o inglês falado e o escrito são duas coisas diferentes. Essa variação existe em todos os idiomas, mas provavelmente é maior no inglês do que na maioria deles. O inglês falado está cheio de gírias, é abreviado sempre que possível e as pessoas de todas as classes sociais tratam a gramática e a sintaxe de forma desleixada. Um número extremamente pequeno de ingleses fecha a frase se está falando de improviso. Sobretudo, o vasto vocabulário inglês contém milhares de palavras que todo mundo usa quando escreve, mas que não têm verdadeira vigência na fala; e contém também outras tantas realmente obsoletas, mas que são ressuscitadas por quem quer parecer inteligente ou edificante. Se não esquecermos disso, podemos pensar em modos de fazer que a propaganda, falada ou escrita, possa atingir o público ao qual se destina.

No que diz respeito à escrita, tudo que podemos tentar é um processo de simplificação. O primeiro passo — e qualquer instituição de pesquisa social poderia fazer isso por algumas centenas ou poucos milhares de libras — é descobrir que palavras abstratas habitualmente usadas pelos políticos são realmente compreendidas por um grande número de pessoas. Se frases como "violação inescrupulosa de promessas declaradas" ou "ameaça insidiosa aos princípios básicos da democracia" nada significam para o homem comum, então é estúpido usá-las. Em segundo lugar, ao escrever, pode-se ter sempre em mente a palavra falada. Pôr um inglês falado genuíno no papel é uma coisa complicada, como mostrarei em seguida. Mas se perguntarmos habitualmente para nós mesmos: "É possível simplificar isso? É possível ficar mais parecido com a fala?", é provável que não produzamos frases como a que citamos do professor Laski. Tampouco é provável que digamos "eliminar" quando queremos dizer "matar", ou "água estática" quando queremos dizer "caminhão-tanque".

A propaganda falada, no entanto, oferece maiores possibilidades de melhoria. É nela que na verdade surge o problema de escrever em inglês falado.

Discursos, programas de rádio, palestras e até sermões são normalmente escritos com antecedência. Os oradores mais eficazes, como Hitler e Lloyd George, costumavam falar de improviso, mas são raridades. Em regra — pode-se testar isso frequentando o Hyde Park Corner — o suposto orador de improviso só se mantém emendando um clichê no outro sem parar. Ao menos ele está fazendo um discurso que já fez dezenas de vezes. Só alguns oradores excepcionalmente dotados podem alcançar a simplicidade e a inteligibilidade que até a pessoa de língua mais presa consegue na conversa comum. No rádio, a fala improvisada é muito rara. Com exceção de poucos programas, como o *Brains Trust* — que não deixa de ser ensaiado cuidadosamente antes —, cada palavra que sai da BBC foi escrita e é dita tal como foi escrita. Isso não ocorre apenas por causa da censura, mas também porque muitos locutores estão sujeitos a ficar mudos se não tiverem um script na mão. O resultado é um jargão pesado, chato, livresco que faz a maioria dos ouvintes de rádio desligar assim que anunciam uma conversa. Pode-se pensar que é possível chegar mais perto do discurso coloquial ditando, em vez de escrevendo, mas na verdade é o oposto. Ditar para um ser humano é sempre um pouco constrangedor. Nosso impulso é evitar pausas longas, e fazemos isso apelando necessariamente para frases feitas e metáforas mortas e podres (trocar seis por meia dúzia, tratar a pontapés, terçar espadas com, assumir as dores de) das quais a língua inglesa está cheia. Um script ditado é, em geral, menos parecido com a vida do que o escrito. O que se precisa, evidentemente, é de uma maneira de pôr o inglês coloquial, comum, desleixado, no papel.

Mas isso é possível? Penso que sim, e por um método bastante simples que, tanto quanto eu saiba, nunca foi tentado. É o seguinte: ponha um orador razoavelmente preparado diante de um microfone e deixe-o falar, de forma contínua ou intermitente, sobre qualquer tema de sua escolha. Faça isso com uma dezena de diferentes oradores, sempre gravando tudo. Diversifique com alguns diálogos ou conversas entre três ou quatro pessoas. Depois toque o que foi gravado e faça uma estenógrafa reduzir o que foi dito para a escrita, não na versão encurtada e racionalizada que as estenógrafas costumam produzir, mas palavra por palavra, com a pontuação que parecer apropriada. Você teria então no papel — creio que pela primeira vez — algumas autênticas amostras do inglês falado. É provável que não ficassem legíveis, como um livro ou um artigo de jornal são legíveis, mas também o inglês falado não se destina a ser lido, mas ouvido. A partir dessas amostras, creio eu, seria possível formular as regras do inglês falado e descobrir como ele difere da língua escrita. E quando escrever em inglês falado se tornar praticável, o orador ou palestrante médio que tem de pôr no papel de antemão seu material poderia aproximá-lo muito mais de sua dicção natural, torná-lo mais essencialmente dizível do que é no momento.

O discurso popular, é claro, não é apenas uma questão de ser coloquial e evitar palavras mal compreendidas. Há também a questão do sotaque. Parece certo que na Inglaterra de hoje o sotaque de classe média "educada" é mortal para quem pretenda atingir uma grande audiência. Em tempos recentes, todos os oradores eficazes tinham sotaque *cockney* ou provinciano. O sucesso dos programas de rádio de Priestley em 1940 se deveu, em larga medida, ao seu sotaque de Yorkshire, que ele provavelmente aumentou um pouco para a ocasião. Churchill é apenas uma exceção aparente a essa regra. Velho demais para ter adquirido o sotaque "educado" moderno, ele fala num tom nasal eduardiano de classe alta que, aos ouvidos do homem comum, soa parecido com *cockney*. O sotaque "educado", do qual o sotaque dos locutores da BBC é uma espécie de paródia, não tem nenhuma vantagem, exceto a inteligibilidade para os estrangeiros que falam inglês. Na Inglaterra, a minoria para a qual ele é natural não gosta particularmente dele, enquanto nos outros três quartos da população ele provoca um antagonismo imediato de classe. Note-se também que quando há uma dúvida sobre a pronúncia de um nome, os oradores bem-sucedidos ficam com a pronúncia da classe trabalhadora, mesmo quando sabem que está errada. Churchill, por exemplo, pronunciava mal "nazi" e "Gestapo", já que a gente comum continuva a fazê-lo. Na última guerra, Lloyd George, em vez de dizer "Kaiser" dizia "Kêiser", que era a versão popular da palavra.

Nos primeiros dias da guerra, o governo teve a maior dificuldade para induzir as pessoas a pegar seus carnês de racionamento. Nas eleições parlamentares, mesmo quando há um registro atualizado, acontece com frequência que menos da metade do eleitorado vote. Fatos como esses são sintomas do abismo intelectual entre governantes e governados. Mas o mesmo abismo existe entre a *intelligentsia* e o homem comum. Os jornalistas, como podemos ver por suas previsões eleitorais, nunca sabem o que o público está pensando. A propaganda revolucionária é incrivelmente ineficaz. As igrejas estão vazias em todo o país. A ideia toda de tentar descobrir o que o homem médio pensa, em vez de pressupor que ele pensa o que deveria pensar, é nova e mal recebida. As pesquisas sociais são atacadas violentamente tanto pela direita como pela esquerda. No entanto, algum mecanismo para testar a opinião pública é uma necessidade óbvia do governo moderno, e mais ainda num país democrático do que num totalitário. Seu complemento é a capacidade de falar para o homem comum em palavras que ele compreenda e reaja a elas.

No momento, a propaganda parece ter sucesso somente quando coincide com o que o povo está inclinado a fazer de qualquer modo. Durante a guerra atual, por exemplo, o governo fez extraordinariamente pouco para preservar o moral: não fez mais que utilizar as reservas existentes de boa vontade. E todos os partidos políticos não conseguiram fazer o público se interessar por questões de importância vital — pelo problema da Índia, para citar apenas um. Mas um dia talvez tenhamos um governo genuinamente democrático, um governo disposto a contar ao povo o que está acontecendo, o que deve ser feito em seguida, quais os sacrifícios necessários e por que fazê-los. Ele então precisará de mecanismos para fazer isso, dos quais o primeiro são as palavras certas, o tom certo de voz. O fato de que quando se sugere descobrir como é o homem comum, e abordá-lo de forma apropriada, logo se é acusado de ser um esnobe intelectual que quer "falar" para as massas, ou então se é suspeito de tramar a criação de uma Gestapo inglesa, mostra como nossa noção de democracia continua a ser mesma do século XIX.

*

A política e a língua inglesa
Payments Book, 11 de outubro de 1945; Horizon, abril de 1946

A maioria dos que se preocupam um pouco com a questão admitiria que a língua inglesa está num estado ruim, mas em geral se supõe que não podemos fazer nada de forma consciente em relação a isso. Nossa civilização está em decadência e nossa língua — assim reza o argumento — deve participar inevitavelmente do colapso geral. Por conseguinte, qualquer luta contra o insulto à língua é um arcaísmo sentimental, como preferir velas à luz elétrica ou fiacres a aviões. Por trás disso está a crença semiconsciente de que a língua é um produto natural e não um instrumento que moldamos para nossos propósitos.

Ora, está claro que o declínio da língua deve ter, em última análise, causas políticas e econômicas: não se deve simplesmente à má influência desse ou daquele escritor em particular. Mas um efeito pode transformar-se em causa, reforçando a causa original e produzindo o mesmo efeito de forma intensificada, e assim por diante, indefinidamente. Um homem pode passar a beber porque se julga um fracasso e depois fracassa ainda mais porque bebe. É mais ou menos o que acontece com a língua inglesa. Ela se torna feia e imprecisa porque nossos pensamentos são tolos, mas seu desmazelo torna mais fácil para nós termos pensamentos tolos. A questão é que esse processo é reversível. O inglês moderno, em especial o escrito, está cheio de maus hábitos que se difundem por imitação e que podem ser evitados se estivermos dispostos a nos dar o necessário trabalho para isso. Ao nos livrarmos desses hábitos, podemos pensar com mais clareza, e pensar com clareza é o primeiro passo necessário em direção à regeneração política, de tal modo que a luta contra o mau inglês não é frívola nem de interesse exclusivo dos escritores profissionais. Voltarei a isso depois e espero que então o sentido do que estou dizendo tenha se tornado mais claro. Enquanto isso, eis aqui cinco amostras da língua inglesa como é habitualmente escrita agora.

Estes cinco trechos não foram escolhidos por serem especialmente ruins — eu poderia citar coisas muito piores se quisesse —, mas porque ilustram vários dos vícios mentais de que padecemos hoje. Estão um pouco abaixo da média, mas são exemplos bastante representativos. Vou numerá-los para que possa me referir a eles quando necessário.

1. Não estou certo, de fato, de que não é verdadeiro dizer que o Milton que outrora não parecia distinto de um Shelley do século XVII não se havia tornado, a partir de uma experiência sempre mais amarga a cada ano, mais alheio (sic) ao fundador daquela seita jesuíta que nada poderia induzi-lo a tolerar.

Professor Harold Laski (ensaio em *Freedom of expression*)

2. Não podemos, sobretudo, abusar de uma bateria nativa de expressões idiomáticas que prescreve utilizações obviamente ruins de vocábulos como o inglês básico *put up with* por *tolerate* [tolerar], ou *put at loss* por *bewilder* [desnortear].

Professor Lancelot Hogben (*Interglossa*)

3. De um lado temos a personalidade livre: por definição, ela não é neurótica, pois não tem conflito nem sonho. Seus desejos, tal como são, são transparentes, pois são apenas o que a aprovação institucional mantém no primeiro plano da consciência; outro padrão institucional alteraria sua quantidade e intensidade; há pouco neles que seja natural, irredutível ou culturalmente perigoso. Mas, *por outro lado*, o vínculo social em si mesmo não passa do reflexo mútuo dessas integridades autoconfiantes. Lembrem a definição de amor. Não é esse o retrato exato de um acadêmico pequeno? Onde há um lugar nesse salão de espelhos para personalidade ou fraternidade?

Ensaio sobre psicologia em *Politics* (Nova York)

4. Todas as "melhores pessoas" dos clubes de cavalheiros e todos os desvairados capitães fascistas, unidos no ódio comum ao socialismo e horror bestial da onda crescente do movimento de massa revolucionário, apelaram a atos de provocação, ao incendiarismo torpe, às lendas medievais de poços envenenados para legitimar a destruição das organizações proletárias e incitar a pequena burguesia agitada ao fervor chauvinista em nome da luta contra a saída revolucionária da crise.

Panfleto comunista

5. Se queremos *realmente* infundir um novo espírito neste velho país, há uma reforma espinhosa e controversa que deve ser enfrentada, e essa é a da humanização e galvanização da BBC. Aqui, a timidez indicará câncer e atrofia da alma. O coração da Grã-Bretanha pode ser saudável e bater forte, por exemplo, mas o rugido da Grã-Bretanha no momento é como aquele de Bottom em *Sonho de uma noite de verão* de Shakespeare — tão suave quanto qualquer pombo novato. Uma nova Grã-Bretanha viril não pode continuar para sempre a ser traduzida aos olhos,

ou antes, aos ouvidos do mundo pelos langores combalidos de Langham Place, impudentemente disfarçados de "inglês padrão". Quando a voz da Grã-Bretanha é ouvida às nove horas, muito melhor e infinitamente menos ridículo seria ouvir agás honestamente pronunciados do que o atual zurro pedantesco, inflado, inibido, brejeiro, de escola elementar de donzelas miantes irrepreensíveis, acanhadas!

Carta em *Tribune*

Cada um desses trechos tem defeitos próprios, mas longe da feiura evitável, duas características são comuns a todos. A primeira é o ranço das imagens; a outra, a falta de precisão. O escritor ou tem um significado e não consegue expressá-lo, ou inadvertidamente diz outra coisa, ou é quase indiferente quanto a suas palavras significarem alguma coisa ou não. Essa mistura de imprecisão e pura incompetência é a característica mais marcante da prosa inglesa moderna e, em especial, de qualquer tipo de escrito político. Assim que certos temas são levantados, o concreto se funde no abstrato e ninguém parece capaz de pensar em formas de elocução que não sejam banais; a prosa consiste cada vez menos em *palavras* e mais em *expressões* coladas umas às outras como as seções de um galinheiro pré-fabricado. A seguir apresento, com notas e exemplos, vários dos truques por meio dos quais o trabalho de construção da prosa é habitualmente evitado.

Metáforas moribundas. Uma metáfora recém-inventada ajuda o pensamento ao evocar uma imagem visual, ao passo que uma metáfora que está tecnicamente "morta" (por exemplo, *resolução férrea*) se transforma numa palavra comum e pode ser usada sem perda de vivacidade. Mas entre esses dois tipos há um enorme depósito de metáforas gastas que perderam todo o poder de evocação e só são usadas porque economizam para as pessoas o trabalho de inventar expressões. Os exemplos são: *trocar seis por meia dúzia, assumir as dores de, entrar na linha, tratar a pontapés, ficar ombro a ombro com, ser um joguete nas mãos de, pisar nos calos de, misturar alhos com bugalhos, caiu na rede é peixe, pescar em águas turvas, maçã podre do cesto, na ordem do dia, calcanhar de Aquiles, canto do cisne, viveiro*. Muitas dessas expressões são usadas sem conhecimento de seu sentido (o que são "bugalhos", por exemplo?), e metáforas incompatíveis são misturadas com frequência, sinal certo de que o escritor não está interessado no que está dizendo. Algumas metáforas comuns atualmente tiveram seu sentido original deturpado sem que aqueles que as utilizam tivessem consciência disso. Por exemplo, *toe the line* [entrar na linha] às vezes é escrito *tow the line*. Outro exemplo é a expressão *o martelo e a bigorna*, agora usada sempre com a implicação de que a bigorna leva a pior. Na vida real, é sempre a bigorna que quebra o martelo, nunca o oposto; um escritor que parasse para pensar no que está dizendo saberia disso e evitaria deturpar a expressão original.

Operadores, ou *muletas verbais*. Estes economizam o trabalho de escolher verbos e substantivos apropriados e, ao mesmo tempo, recheiam cada frase com sílabas extras que lhe dão uma aparência de simetria. Eis algumas expressões características: *tornar inoperante, militar contra, mostrar-se inaceitável, fazer contato com, estar sujeito a, dar margem a, dar motivo para, ter o efeito de, desempenhar um papel central em, fazer-se sentir, entrar em vigor, exibir uma tendência a, servir ao propósito de* etc. etc. A ideia é eliminar os verbos simples. Em vez de ser uma única palavra, como *romper, parar, estragar, consertar, matar*, o verbo se transforma numa *locução*, composta de um substantivo ou adjetivo anexado a alguns verbos de uso geral como *mostrar-se, servir, formar, jogar, tornar*. Além disso, sempre que possível dá-se preferência à voz passiva em detrimento da ativa e usam-se construções com substantivos em vez do gerúndio (*pelo exame de*, em vez de *examinando*). A gama de verbos é cortada ainda mais por meio das desinências — *izar* e *de-*, e declarações banais ganham ares de profundidade por meio do uso da fórmula *não in-*. Substituem-se simples conjunções e preposições por expressões como *no que diz respeito a, levando em consideração, o fato de que, à força de, tendo em vista, no interesse de, na hipótese de que*; e os finais das frases são salvos do anticlímax por lugares-comuns retumbantes como *é de desejar-se muito, não se pode deixar de levar em conta, um desdobramento a ser esperado no futuro próximo, merecedor de séria consideração, levado a uma conclusão satisfatória*, e assim por diante.

Dicção pretensiosa. Palavras como *fenômeno, elemento, indivíduo, objetivo, categórico, efetivo, virtual, básico, principal, promover, constituir, exibir, explorar, utilizar, eliminar, liquidar* são usadas para enfeitar declarações simples e dar um ar de imparcialidade científica a juízos tendenciosos. Adjetivos como *memorável, épico, histórico, inesquecível, triunfante, antiquíssimo, inevitável, inexorável, verdadeiro* são usados para dignificar os processos sórdidos da política internacional, enquanto os textos cujo objetivo é glorificar a guerra assumem geralmente cores arcaicas e suas palavras características são: *reino, trono, carruagem, punho de ferro, tridente, espada, escudo, estandarte, clarim, tacão*. Usam-se palavras e expressões estrangeiras como *cul de sac, ancien régime, deus ex machina, mutatis mutandis, status quo, Gleichschaltung, Weltanschauung* para dar um ar de cultura e elegância. A não ser pelas abreviações úteis i. e., e. g. e etc., não há necessidade de nenhuma das centenas de expressões estrangeiras usadas atualmente em inglês. Os maus escritores e, em especial, os que escrevem sobre temas científicos, políticos e sociológicos são quase sempre perseguidos pela ideia de que palavras gregas ou latinas são mais ilustres do que as saxônicas, e palavras desnecessárias como *expedite, ameliorate, predict, extraneous, deracinated, clandestine, sub-acqueous* e centenas de outras ganham constantemente terreno de suas oponentes anglo-saxônicas.[1] O jargão peculiar dos textos marxistas (*hiena, carrasco, canibal, pequeno-burguês, essa pequena nobreza, lacaio, cão raivoso, Guarda Branca* etc.) consiste, em grande medida, em palavras e expressões traduzidas do russo, alemão ou francês, mas a maneira normal de cunhar uma palavra nova é usar a raiz latina ou grega com o afixo apropriado e, quando necessário, a formação *-izar*. Com frequência, é mais fácil criar palavras desse tipo (*desregionalizar, impermissível, extramarital, não fragmentário* e assim por diante) do que lembrar as palavras inglesas que transmitirão o sentido desejado. O resultado, em geral, é um aumento do desmazelo e da imprecisão.

Palavras sem sentido. Em certos tipos de texto, em particular na crítica literária e de arte, é normal encontrar longos trechos que carecem quase completamente de sentido.[2] Palavras como *romântico, plástico, valores, humano, morto, sentimental, natural, vitalidade*, tal como usadas na crítica de arte, não dizem rigorosamente nada, no sentido de que não apenas não apontam para nenhum objeto determinável, como dificilmente o leitor espera isso delas. Quando um crítico escreve que "a característica marcante da obra do sr. X é sua natureza estimulante [*living*]", enquanto outro escreve que "o fato imediatamente notável na obra do sr. X é sua peculiar apatia [*deadness*]", o leitor aceita isso como uma simples diferença de opinião. Se palavras como *branco* e *preto* estivessem envolvidas, em vez dos jargões *dead* e *living*, ele veria de imediato que a língua está sendo usada de maneira imprópria. Muitas palavras políticas sofrem abusos semelhantes. A palavra *fascismo* perdeu seu sentido, exceto na medida em que significa "alguma coisa não desejável".

As palavras *democracia, socialismo, liberdade, patriótico, realista, justiça* têm cada uma delas vários sentidos diferentes que não podem ser conciliados uns com os outros. No caso de uma palavra como *democracia*, além de não existir uma definição com que todos concordem, a tentativa de criá-la sofre resistência de todos os lados. É um sentimento quase universal: quando dizemos que um país é democrático, nós o estamos elogiando; em consequência, os defensores de todo tipo de regime alegam que ele é democrático e temem que tenham de deixar de usar a palavra se esta for atrelada a algum significado. As palavras desse tipo são muitas vezes usadas de maneira conscientemente desonesta. Ou seja, a pessoa que as utiliza tem sua própria definição particular, mas permite que o ouvinte pense que ela quer dizer algo bem distinto. Declarações como *o marechal Pétain era um verdadeiro patriota, a imprensa soviética é a mais livre do mundo, a Igreja Católica se opõe à perseguição* são quase sempre feitas com a intenção de enganar. Outras palavras usadas com sentidos variáveis, na maioria dos casos de forma mais ou menos desonesta, são: *classe, totalitário, ciência, progressista, reacionário, burguês, igualdade.*

Agora que fiz esse catálogo de falcatruas e perversões, darei outro exemplo do tipo de texto a que elas levam. Dessa vez, deve ser um exemplo de natureza literária. Vou traduzir um trecho escrito em bom inglês para o inglês moderno do pior tipo. Eis um verso muito conhecido do Eclesiastes:

Voltei-me para outra direção e vi, debaixo do sol, que a corrida não é dos velozes, nem, dos fortes, a guerra; nem, dos sábios, o pão, nem, dos instruídos, a riqueza, nem, dos prudentes, a graça, pois todos dependem do tempo e do acaso.

Eis o mesmo trecho em inglês moderno:

A consideração objetiva dos fenômenos contemporâneos obriga a conclusão de que o sucesso ou o fracasso em atividades competitivas não exibe nenhuma tendência a ser proporcional à capacidade inata, mas que um considerável elemento de imprevisibilidade deve invariavelmente ser levado em conta.

Trata-se de uma paródia, mas não muito grosseira. O exemplo 3 citado no início, por exemplo, contém vários trechos desse tipo de inglês. Vê-se que não fiz uma tradução completa. O começo e o fim da frase seguem o sentido original bem de perto, mas, no meio, as ilustrações concretas — corrida, guerra, pão — se dissolvem na frase vaga "o sucesso ou o fracasso em atividades competitivas". Tinha de ser assim, porque nenhum escritor moderno do tipo que estou discutindo — ninguém capaz de usar frases como "consideração objetiva dos fenômenos contemporâneos" — jamais tabularia seus pensamentos daquela forma precisa e detalhada. Toda a tendência da prosa moderna é se afastar da concretude. Agora, analisemos essas duas frases um pouco mais de perto. Em inglês, a primeira contém 49 palavras, mas somente sessenta sílabas, e todas as suas palavras são da vida cotidiana. A segunda contém 38 palavras de noventa sílabas, dezoito das quais têm raiz latina e uma, grega. A primeira frase contém seis imagens vívidas e somente uma expressão ("do tempo e do acaso") que poderia ser chamada de vaga. A segunda não contém uma única expressão fresca, chamativa, e apesar de suas noventa sílabas, dá apenas uma versão resumida do significado contido na primeira. Contudo, é sem dúvida o segundo tipo de frase que está ganhando terreno no inglês moderno. Não quero exagerar. Esse tipo de escrita ainda não é universal e afloramentos de simplicidade ocorrerão aqui e ali na pior página publicada. Ainda assim, se mandassem você ou a mim escrever algumas linhas sobre a incerteza da sorte humana, chegaríamos provavelmente muito mais perto de minha frase imaginária que da frase do Eclesiastes.

Como tentei mostrar, a escrita moderna, em seu pior aspecto, não consiste em escolher palavras por seu sentido e inventar imagens para tornar o sentido mais claro. Consiste em colar longas tiras de palavras que já foram postas em ordem por outra pessoa e tornar os resultados apresentáveis por pura mistificação. A atração desse tipo de texto está em sua facilidade. É mais fácil — e até mais rápido, uma vez adquirido o hábito — dizer *em minha opinião, não é uma suposição injustificável* do que dizer *penso que*. Se você usa expressões prontas, além de não precisar procurar palavras, não tem de se preocupar com o ritmo de suas frases, uma vez que essas expressões são geralmente organizadas de modo a ser mais ou menos eufônicas. Quando se está escrevendo com pressa — ditando para uma estenógrafa, por exemplo, ou fazendo um discurso público —, é natural cair num estilo latinizado pretensioso. Chavões como *uma consideração que deveríamos ter em mente* ou *uma conclusão com a qual todos concordaríamos facilmente* salvarão muitas frases de acabar de um golpe. Ao usar metáforas, símiles e expressões idiomáticas cediças, economiza-se muito esforço mental, ao custo de deixar o sentido vago, não somente para o leitor, mas para o próprio autor. Esse é o significado das metáforas misturadas. O único objetivo de uma metáfora é evocar uma imagem visual. Quando essas imagens entram em choque — como em *o polvo fascista teve seu canto de cisne, o tacão cai sobre o cadinho* —, pode-se ter certeza de que o escritor não está vendo uma imagem mental dos objetos que está nomeando; em outras palavras, não está realmente pensando. Observemos de novo os exemplos que dei no início deste ensaio. O professor Laski (1) usa cinco negativas em 53 palavras. Uma delas é supérflua, deixando sem sentido todo o trecho, e, além disso, há o lapso de escrever *alien* [alheio] em vez de *akin* [afim], tornando a coisa ainda mais absurda, e várias expressões canhestras que aumentam a imprecisão geral. O professor Hogben (2) abusa de uma bateria que é capaz de escrever receitas e, ao mesmo tempo que desaprova a expressão cotidiana *put up with*, não está disposto a procurar *egregious* [obviamente ruim, chocante] no dicionário e ver o que significa. Quanto ao exemplo (3), se tomarmos uma atitude não caridosa, ele simplesmente não faz sentido; é provável que conseguíssemos descobrir seu pretenso significado lendo o artigo inteiro em que aparece. Em (4), o escritor sabe mais ou menos o que quer dizer, mas uma acumulação de expressões gastas o sufoca como folhas de chá entupindo um ralo de pia. Em (5), palavras e significados quase entram em choque. Os indivíduos que escrevem dessa maneira costumam ter um sentimento emocional geral — não gostam de uma coisa e querem expressar solidariedade com outra —, mas não estão interessados nos detalhes do que estão dizendo. Um escritor escrupuloso, em cada frase que escreve, fará a si mesmo ao menos quatro perguntas: o que estou tentando dizer? Que palavras o expressarão? Que imagem ou expressão idiomática o deixará mais claro? Essa imagem é estimulante o bastante para causar um efeito? E fará provavelmente outras duas perguntas para si mesmo: posso dizer isso de maneira mais curta? Eu disse alguma coisa de uma feiura evitável? Mas você não é obrigado a passar por tudo isso. Para evitá-lo, basta abrir sua cabeça e deixar que as expressões prontas a preencham. Elas construirão as frases para você — de certa maneira, pensarão por você — e quando necessário, executarão o importante serviço de esconder parcialmente seu sentido até de você mesmo. É nesse ponto que a conexão especial entre a política e a degradação da língua fica clara.

Em nosso tempo, é amplamente verdade que os textos políticos são mal escritos. Quando isso não é verdade, descobrimos que o escritor é algum tipo de rebelde que expressa suas opiniões particulares e não uma "linha do partido". A ortodoxia, de qualquer cor, parece exigir um estilo imitativo e sem vida. Os dialetos políticos que encontramos em panfletos, artigos de fundo, manifestos, informes oficiais e discursos de subsecretários variam é claro de partido para partido, mas são todos parecidos porque raramente encontramos neles um fraseado fresco, vivo, feito em casa. Quando observamos algum político de segunda na tribuna repetindo de modo mecânico os chavões familiares — *atrocidades bestiais, sob o tacão, tirania manchada de sangue, povos livres do mundo, ficar ombro a ombro* —, temos muitas vezes a curiosa sensação de que não estamos vendo um ser humano, mas algum tipo de simulacro, sensação que subitamente se torna mais forte quando a luz bate nos óculos do palestrante e os transforma em discos vazios que parecem não ter olhos por trás deles. E isso não é de forma alguma uma fantasia: o orador que usa esse tipo de fraseologia já avançou muito no sentido de se transformar numa máquina. Os ruídos apropriados saem de sua laringe, mas seu cérebro não está envolvido como estaria se ele escolhesse as palavras por si mesmo. Se o discurso que faz é do tipo que está acostumado a repetir sem cessar, ele talvez quase não tenha consciência do que diz, como acontece quando repetimos respostas numa igreja. E esse estado reduzido de consciência é, senão indispensável, ao menos favorável à conformidade política.

Em nosso tempo, o discurso e a escrita política são, em grande medida, a defesa do indefensável. Podem-se defender coisas como a continuação do domínio britânico na Índia, os expurgos e as deportações russas, as bombas atômicas jogadas sobre o Japão, mas somente com argumentos que são brutais demais para a maioria das pessoas e que não estão de acordo com os objetivos declarados dos partidos políticos. Desse modo, a linguagem política precisa consistir, em larga medida, em eufemismos, argumentos circulares e pura imprecisão nebulosa. Aldeias indefesas são bombardeadas por aviões, os habitantes são expulsos para o campo, o gado é metralhado, as cabanas incendiadas por bombas incendiárias: isso se chama *pacificação*. Milhões de camponeses têm suas fazendas roubadas e são mandados para a estrada com não mais do que aquilo que podem carregar consigo: isso se chama *transferência da população* ou *retificação de fronteiras*. Pessoas ficam presas durante anos, sem julgamento, ou são fuziladas na nuca, ou são mandadas para morrer de escorbuto em acampamentos de lenhadores no Ártico: isso se chama *eliminação de elementos não confiáveis*. Essa fraseologia é necessária se quisermos nomear coisas sem evocar imagens mentais delas. Pensemos, por exemplo, num tranquilo professor inglês que defende o totalitarismo russo. Ele não pode dizer sem rodeios que "eu acho certo matar nossos oponentes quando se podem obter bons resultados com isso". É provável, portanto, que ele diga algo parecido com isto:

> Ao mesmo tempo que permitimos voluntariamente que o regime soviético exiba certos traços que o humanitário talvez esteja inclinado a deplorar, penso que devemos concordar que certa restrição do direito à oposição política é uma circunstância concomitante inevitável de períodos de transição, e que os rigores que o povo russo foi instado a sofrer foram amplamente justificados na esfera da realização concreta.

O estilo inflado é em si mesmo uma espécie de eufemismo. Uma massa de palavras latinas cai sobre os fatos como flocos de neve, apagando os contornos e recobrindo todos os detalhes. A insinceridade é a grande inimiga da linguagem clara. Quando há um abismo entre nossos objetivos declarados e os reais, quase instintivamente apelamos para palavras longas e expressões gastas, como uma sépia que esguicha tinta. Em nossa época, não existe algo como "ficar fora da política". Todas as questões são políticas e a própria política é uma massa de mentiras, evasivas, loucura, ódio e esquizofrenia. Quando a atmosfera geral é ruim, a linguagem sofre. Seria de esperar — trata-se de um palpite que não tenho conhecimento suficiente para confirmar — que as línguas alemã, russa e italiana se tenham deteriorado nos últimos dez ou quinze anos em consequência da ditadura.

Mas, se o pensamento corrompe a linguagem, a linguagem também pode corromper o pensamento. Um mau uso pode se disseminar por tradição e imitação, até mesmo entre pessoas que deveriam saber melhor e sabem. A linguagem degradada que venho discutindo é, de certa forma, muito conveniente. Expressões como *um pressuposto não injustificável, deixa muito a desejar, não serviria a nenhum bom propósito, uma consideração que não deveríamos esquecer* são uma tentação contínua, uma cartela de aspirinas sempre à mão. Releia este ensaio e, com certeza, você verá que repeti os mesmos erros contra os quais estou protestando. Hoje de manhã recebi pelo correio um panfleto que trata das condições de vida na Alemanha. O autor me conta que "se sentiu impelido" a escrevê-lo. Abro-o ao acaso e eis que praticamente a primeira frase que vejo é esta: "[Os aliados] têm uma oportunidade de não somente realizar uma transformação radical da estrutura social e política da Alemanha, de modo a evitar uma reação nacionalista na própria Alemanha, como, ao mesmo tempo, lançar os alicerces de uma Europa cooperativa e unificada". Veja, ele "se sente impelido" a escrever — acha pelo jeito que tem algo novo a dizer —, mas suas palavras, como cavalos da cavalaria respondendo ao toque da corneta, se agrupam automaticamente no monótono padrão familiar. Essa invasão de nossa mente por expressões prontas (*lançar os alicerces, realizar uma transformação radical*) só pode ser evitada se estivermos constantemente em guarda contra elas, e cada expressão dessas anestesia uma parte de nosso cérebro.

Eu disse antes que a decadência de nossa linguagem provavelmente tem cura. Aqueles que negam isso argumentariam — se é que apresentariam algum argumento — que a língua apenas reflete as condições sociais existentes e que não podemos influenciar seu desenvolvimento fazendo algum remendo direto com palavras e construções verbais. No que diz respeito ao tom ou espírito geral da língua, isso pode ser verdade, mas não o é no detalhe. Palavras e expressões tolas já desapareceram, não por meio de um processo evolutivo, mas graças à ação consciente de uma minoria. Dois exemplos recentes são *explorar todas as possibilidades* e *mover céus e terras*, que foram mortos pela zombaria de alguns jornalistas. Há uma longa lista de metáforas apodrecidas que poderiam ser igualmente enterradas se um número suficiente de pessoas se dedicasse a isso; seria também possível liquidar com o riso a expressão *não in-*,[3] para reduzir a quantidade de latim ou grego na frase média, banir as locuções estrangeiras e palavras científicas extraviadas e, em geral, tirar a afetação da moda. Mas tudo isso são coisas menores. A defesa da língua inglesa implica mais do que isso e talvez seja melhor começar dizendo o que ela *não* implica.

Para começo de conversa, ela não tem nada a ver com arcaísmo, com o resgate de palavras e fraseados obsoletos, ou com o estabelecimento de um "inglês padrão" do qual nunca deveríamos nos afastar. Ao contrário, diz respeito especialmente a jogar no lixo todas as palavras e expressões que esgotaram sua utilidade. Não tem nada a ver com gramática e sintaxe corretas, que não têm importância desde que deixemos claro o sentido do que queremos dizer, ou com evitar americanismos, ou com ter o que se chama de "bom estilo de prosa". Por outro lado, não diz respeito à falsa simplicidade e à tentativa de tornar o inglês escrito coloquial. Tampouco implica preferir sempre palavras saxônicas às latinas, embora implique sim usar menos palavras e as mais curtas que transmitam o sentido. O que precisamos, sobretudo, é deixar que o sentido escolha a palavra, e não o contrário. Na prosa, a pior coisa que podemos fazer com as palavras é render-se a elas. Quando pensamos em um objeto concreto, pensamos sem palavras e depois, se quisermos descrevê-lo, provavelmente saímos em busca das palavras exatas que pareçam dar conta do recado. Quando pensamos em algo abstrato, estamos mais inclinados a usar palavras desde o início, e se não fizermos um esforço consciente para evitá-lo, o dialeto existente virá correndo e fará o serviço por nós, à custa de ofuscar ou mesmo mudar nosso sentido. É provavelmente melhor protelar o uso de palavras pelo máximo tempo possível e deixar claro o que queremos dizer, na medida do possível, por meio de imagens e sensações. Depois, podemos escolher — não apenas *aceitar* — as expressões que melhor darão conta do sentido, e então trocar de lado e verificar que impressão nossas palavras podem provocar em outra pessoa. Esse último esforço mental elimina todas as imagens gastas ou misturadas, todas as expressões pré-fabricadas, as repetições inúteis e as mistificações e imprecisões em geral. Mas muitas vezes podemos ter dúvidas sobre o efeito de uma palavra ou expressão, e precisamos de regras em que possamos confiar quando o instinto falha. Penso que as regras seguintes cobrem a maioria dos casos:

1. Nunca use uma metáfora, símile ou outra figura de linguagem que está acostumado a ver impressa.
2. Nunca use uma palavra longa quando uma curta dará conta do recado.
3. Se é possível cortar uma palavra, corte-a sempre.
4. Nunca use a voz passiva quando pode usar a ativa.
5. Nunca use uma expressão estrangeira, uma palavra científica ou um jargão se puder pensar num equivalente do inglês cotidiano.
6. Infrinja qualquer uma destas regras antes de dizer alguma coisa totalmente bárbara.

Essas regras parecem elementares, e são mesmo, mas exigem uma profunda mudança de atitude de quem se acostumou a escrever no estilo agora em moda. É possível obedecer a todas elas e ainda assim escrever em mau inglês, mas elas impediriam que se escrevesse o tipo de coisa que citei naquelas cinco amostras do início deste artigo.

Não levei em consideração aqui o uso literário da língua, mas apenas a língua como instrumento para expressar e não para esconder ou impedir o pensamento. Stuart Chase e outros chegaram perto de afirmar que todas as palavras abstratas não fazem sentido, e utilizaram o argumento como pretexto para defender uma espécie de inércia política. Uma vez que você não sabe o que é fascismo, como pode lutar contra o fascismo? Não precisamos engolir esses absurdos, mas precisamos reconhecer que o atual caos político está ligado à decadência da linguagem e que podemos provocar alguma melhora começando pelo lado verbal. Se simplificarmos nosso inglês, estaremos livres das piores loucuras da ortodoxia. Não devemos falar em nenhum dos dialetos necessários, e quando fizermos uma observação estúpida, nossa estupidez ficará óbvia, até para nós mesmos. A linguagem política — e, com variações, isso é válido para todos os partidos políticos, de conservadores a anarquistas — é projetada para fazer que as mentiras soem verdadeiras e o assassinato seja respeitável, e para dar uma aparência de solidez ao puro vento. Não podemos mudar isso de uma hora para outra, mas podemos ao menos mudar nossos hábitos e, de vez em quando, podemos até, se zombarmos bastante alto, mandar alguma expressão gasta e inútil — algum *tacão, calcanhar de Aquiles, viveiro, cadinho, prova dos nove, verdadeiro inferno* ou outro monte de refugo verbal — para a lata de lixo a que pertence.

1946

*

3 | A covardia intelectual é o pior inimigo

A liberdade de expressão e de imprensa, a honestidade intelectual e a coragem de se expor eram algumas das principais razões da combatividade política de George Orwell. Ele foi colecionador de panfletos e leitor dedicado de publicações baratas.

Jornal por um vintém
G.K.'s Weekly, 29 de dezembro de 1928

O *Ami du Peuple* é um jornal de Paris. Foi fundado há seis meses e conseguiu uma coisa realmente estranha e notável no mundo onde tudo é uma "sensação", ao ser vendido a dez centavos, ou seja, menos de um quarto de penny o exemplar. É um jornal saudável, de tamanho normal, com notícias, artigos e cartuns, bem dentro do padrão comum, e com uma inclinação para esportes, assassinatos, sentimento nacionalista e propaganda antigermânica. Nada nele é anormal, exceto o preço.

Tampouco há a menor necessidade de ficar surpreso diante desse fenômeno, porque os proprietários do *Ami du Peuple* explicaram tudo num enorme manifesto que está colado em todos os muros de Paris onde não é proibido colar cartazes. Ao ler esse manifesto, ficamos sabendo com agradável surpresa que o *Ami du Peuple* não é como os outros jornais, que foi o espírito público mais puro, não contaminado por nenhuma ideia mesquinha de ganho, que o levou a nascer. Os proprietários, que escondem sua modéstia no anonimato, estão esvaziando seus bolsos pelo mero prazer de fazer o bem em segredo. Seus objetivos, ficamos sabendo, são lutar contra os grandes trustes, defender um custo de vida mais baixo e, sobretudo, combater os jornais poderosos que estão estrangulando a liberdade de manifestação na França. Apesar das tentativas sinistras desses outros jornais para pôr o *Ami du Peuple* fora de combate, ele lutará até o fim. Em suma, ele é tudo que seu nome significa.

Aplaudiríamos esse último bastião da democracia muito mais, é claro, se não soubéssemos que o proprietário do *Ami du Peuple* é Monsieur Coty, um grande capitalista industrial e também proprietário do *Figaro* e do *Gaulois*. Também veríamos com menos suspeição o *Ami du Peuple* se sua posição política não fosse antirradical e antissocialista, do tipo boa vontade na indústria, apertem as mãos e façam as pazes. Mas tudo isso é irrelevante neste momento. As questões importantes são obviamente: o *Ami du Peuple* se sustenta por si mesmo? E se o faz, como?

A segunda pergunta é a que realmente importa. Uma vez que a marcha do progresso está indo na direção de trustes sempre maiores e piores, vale a pena notar qualquer desvio do caminho que nos leva cada vez mais perto do dia em que um jornal será apenas uma folha de anúncio e propaganda, com um pouco de notícia bem censurada para adoçar a pílula. É bem possível que o *Ami du Peuple* deva sua subsistência aos anúncios, mas é igualmente possível que obtenha apenas um lucro indireto fazendo o tipo de propaganda desejado pelo senhor Coty e seus sócios. O manifesto mencionado acima declara que os proprietários talvez cheguem a uma altura ainda mais estonteante de filantropia, distribuindo o *Ami du Peuple* de graça. Isso não é tão impossível quanto pode parecer. Conheci um jornal diário (na Índia) que foi distribuído gratuitamente durante algum tempo com aparente lucro para seus patrocinadores, uma rede de anunciantes que descobriram que um jornal gratuito era um meio barato e satisfatório de difundir sua propaganda. O jornal deles estava acima da média indiana e oferecia, evidentemente, as notícias que eles aprovavam, e nenhuma outra. Esse obscuro jornal indiano prenunciava o objetivo lógico do jornalismo moderno; o *Ami du Peuple* deve ser visto como um passo na mesma direção.

Mas, sejam seus lucros diretos ou indiretos, o certo é que o *Ami du Peuple* está prosperando. Sua circulação já é muito grande, e embora tenha começado como um mero matutino, já tem agora uma edição vespertina. Seus proprietários dizem a pura verdade quando declaram que alguns dos outros jornais fizeram de tudo para esmagar esse novo campeão da liberdade de expressão. Esses outros (eles também, é claro, agindo pelos motivos mais altruístas) fizeram uma bela tentativa de excluí-lo das revistarias e até conseguiram isso em relação às bancas de esquina. Em algumas lojas também, cujos donos são socialistas, vê-se até a placa de "*Ici on ne vend pas l'Ami du Peuple*" na vitrine. Mas o *Ami du Peuple* não está preocupado. É vendido nas ruas e cafés com grande vigor, e está em barbearias e tabacarias e todos os tipos de negócios que nunca venderam jornais antes. Às vezes, é simplesmente deixado no bulevar em grandes pilhas, junto com uma lata para recolher as moedas, sem ninguém para vender. Pode-se perceber que os donos estão decididos, custe o que custar, a transformá-lo no jornal mais lido de Paris.

E suponhamos que eles consigam — e então? Obviamente, o *Ami du Peuple* vai acabar como um ou mais dos jornais menos prósperos — vários já estão sentindo o aperto. No fim, eles serão presumivelmente destruídos ou sobreviverão imitando a tática do *Ami du Peuple*. Daí que todos os jornais desse tipo, a despeito de suas intenções, são inimigos da liberdade de expressão. No momento, a França é o centro dessa liberdade, na imprensa, se não em outros lugares. Paris tem jornais diários às dezenas, nacionalistas, socialistas e comunistas, clericais e anticlericais, militaristas e antimilitaristas, pró-semitas e antissemitas. Há o *Action Fran-*

çaise, um jornal monarquista e ainda um dos principais diários, e tem L'Humanité, o jornal mais comunista fora da União Soviética. Existe La Libertà, que é escrito em italiano e talvez nem seja vendido na Itália, muito menos publicado lá. Em Paris, imprimem-se jornais em francês, inglês, italiano, ídiche, alemão, russo, polonês e línguas cujos próprios alfabetos são irreconhecíveis por um europeu ocidental. As bancas estão lotadas de jornais, todos diferentes. O cartel da imprensa, sobre o qual os jornalistas franceses já estão resmungando, ainda não existe realmente na França. Mas de qualquer modo o Ami du Peuple está fazendo o melhor que pode para torná-lo uma realidade.

E supondo que esse tipo de coisa se mostre compensador na França, por que não deveria ser tentado em outros lugares? Por que não deveríamos ter nosso jornal de vintém, ou pelo menos de meio penny, em Londres? Enquanto o jornalista existe apenas como agente de publicidade do big business, uma grande circulação, obtida por meios justos ou sujos, é o primeiro e único objetivo de um jornal. Até recentemente, vários de nossos jornais alcançavam o nível desejado de "vendas líquidas" pelo simples método de oferecer alguns milhares de libras em prêmios de competições futebolísticas. Agora, as competições de futebol foram proibidas por lei e, sem dúvida, a circulação de alguns jornais caiu com um baque muito feio. Eis aqui, portanto, um exemplo valioso para nossos magnatas da imprensa inglesa. Imitem o Ami du Peuple e vendam seus jornais por um vintém. Mesmo que isso não cause nenhum outro bem, ao menos os pobres-diabos do público sentirão que estão obtendo o valor correto por seu dinheiro.

*

Semanários para meninos
11 de março de 1940

 É impossível andar por um bairro pobre de qualquer cidade grande sem topar com uma pequena loja de jornaleiro. A aparência geral dessas lojas é sempre mais ou menos a mesma: alguns cartazes do *Daily Mail* e do *News of the World* do lado de fora, uma vitrine pequena e estreita com frascos de doces e maços de Players e um interior escuro que cheira a balas sortidas de alcaçuz, enfeitado do chão ao teto com jornais baratos de péssima impressão, a maioria com ilustrações de capa sensacionalistas em três cores.

 Com exceção dos jornais matutinos e vespertinos, o estoque dessas lojas dificilmente coincide com o das grandes bancas de jornais. Sua principal linha de produtos é a dos semanários de dois pence e a quantidade e variedade deles é quase inacreditável. Todos os hobbies e passatempos — passarinhos de gaiola, arabescos, carpintaria, abelhas, pombos-correios, prestidigitação caseira, filatelia, xadrez — têm ao menos um semanário dedicado a eles e, em geral, vários. Jardinagem e criação de animais devem ter pelo menos uns vinte. Depois há os jornais de esportes, os jornais sobre rádio, as histórias em quadrinhos para crianças, os vários jornais de recortes, como Tit-bits, a grande gama de jornais dedicados ao cinema, todos explorando mais ou menos as pernas das mulheres, as várias publicações profissionais, as de histórias femininas (Oracle, Secrets, Peg's Paper etc. etc.), as de costura e bordado — essas são tão numerosas que encheriam uma vitrine — e, além disso, a longa série de "Yank Mags" (Fight Stories, Action Stories, Western Short Stories e outras), revistas um pouco gastas importadas dos Estados Unidos e vendidas a dois pence e meio ou três pence. E os periódicos propriamente ditos se misturam com os romancetes de quatro pence, o Aldine Boxing Novels, o Boys' Friend Library, o Schoolgirls' Own Library e muitos outros.

É provável que o conteúdo dessas lojas seja a melhor indicação disponível do que a massa do povo inglês realmente sente e pensa. Não existe nada tão revelador em forma de documentário. Os romances best-sellers, por exemplo, nos contam muito, mas o alvo dos romances é composto quase exclusivamente de pessoas acima do nível de quatro libras por semana. O cinema é provavelmente um guia muito incerto para o gosto popular, porque a indústria cinematográfica é quase um monopólio, o que significa que não está obrigada a estudar seu público de forma mais detalhada. O mesmo vale, em certa medida, para os jornais diários e, sobretudo, para o rádio. Mas não se aplica ao jornal semanal com uma circulação pequena e um tema especializado. Jornais como o Exchange and Mart, por exemplo, ou Cage-Birds, ou o Oracle, ou Prediction, ou Matrimonial Times só existem porque há uma demanda específica por eles, e essas publicações refletem a mente de seus leitores de uma forma que um grande diário nacional com circulação de milhões não pode refletir.

Tratarei aqui de um único conjunto de jornais, os semanários de dois pence para meninos, com frequência descritos erroneamente como *penny dreadfuls* [de pavor barato]. No momento, pertencem estritamente a essa classe dez jornais: Gem, Magnet, Modern Boy,

Triumph e *Champion*, todos de propriedade da Amalgamated Press, e *Wizard*, *Rover*, *Skipper*, *Hotspur* e *Adventure*, todos de propriedade de D. C. Thomson & Co. Qual a circulação dessas publicações, eu não sei. Os editores e proprietários se recusam a divulgar números e, de qualquer modo, a circulação de um jornal que publica folhetins está fadada a flutuar bastante. Mas não há dúvida de que o público somado dos dez jornais é muito grande. Estão à venda em todas as cidades da Inglaterra, e quase todo menino que sabe ler passa por uma fase de leitura de um ou mais deles. *Gem* e *Magnet*, os mais antigos, são de um tipo um tanto diferente do resto e perderam evidentemente um pouco de sua popularidade nos últimos anos. Muitos meninos os consideram agora antiquados e "devagar". Não obstante, quero discuti-los em primeiro lugar porque são mais interessantes do ponto de vista psicológico do que os outros, e também porque sua mera sobrevivência em plena década de 1930 é um fenômeno surpreendente.

O *Gem* e o *Magnet* são jornais irmãos (personagens de um aparecem com frequência no outro), e ambos foram criados há mais de trinta anos. Naquela época, junto com *Chums* e o antigo *Boys's Own Paper*, eram os principais jornais para meninos, e continuaram dominantes até recentemente. Cada um trazia toda semana uma história escolar de 15 ou 20 mil palavras, completa, mas de certa forma ligada à história da semana anterior. O *Gem*, além disso, publica um ou mais folhetins de aventuras. Afora isso, os dois jornais são tão parecidos que podem ser tratados como um só, embora o *Magnet* sempre tenha sido o mais conhecido dos dois, ao que parece porque tem um personagem realmente de primeira linha, o menino gordo Billy Bunter.

Os textos são histórias do que pretende ser a vida numa escola de elite, e as escolas (Greyfriars, no *Magnet*, e St. Jim's, no *Gem*) são representadas como fundações antigas e elegantes do tipo de Eton ou Winchester. Todos os personagens principais são meninos de quarta série, de catorze ou quinze anos; meninos mais moços ou mais velhos só aparecem em papéis muito menores. Tal como Sexton Blake e Nelson Lee, esses meninos permanecem iguais semana após semana, ano após ano, sem jamais crescer. Muito ocasionalmente chega um menino novo ou um personagem secundário sai da escola, mas, ao menos nos últimos 25 anos, o pessoal alterou pouquíssimo. Todos os principais personagens dos dois jornais — Bob Cherry, Tom Merry, Harry Wharton, Johnny Bull, Billy Bunter e o resto deles — estavam em Greyfriars ou St. Jim's muito antes da Grande Guerra, exatamente com a mesma idade de agora, vivendo aventuras muito parecidas e falando quase o mesmo dialeto. E não somente os personagens, mas toda a atmosfera dos dois jornais foi preservada sem mudanças, em parte por meio de uma estilização muito detalhada. As histórias do *Magnet* levam a assinatura de "Frank Richards" e as do *Gem*, de "Martin Clifford", mas um folhetim que dura trinta anos dificilmente poderia ser obra da mesma pessoa todas as semanas. Em consequência, precisa ser escrito num estilo que seja imitado com facilidade — um estilo extraordinário, artificial, repetitivo, bem diferente de qualquer coisa existente hoje na literatura inglesa. Dois trechos extraídos dessas publicações servirão de ilustração. Eis um do *Magnet*:

> Gemido!
> "Cala a boca, Bunter!"
> Gemido!
> Calar a boca não era de fato o forte de Billy Bunter. Ele raramente se calava, embora lhe solicitassem com frequência que o fizesse. Na terrível ocasião atual, o gordo Coruja de Greyfriars estava menos inclinado do que nunca a se calar. E ele não se calou! Ele gemeu, e gemeu, e continuou gemendo.
> Até mesmo gemer não expressava plenamente os senti-

mentos de Bunter. Seus sentimentos, na verdade, eram inexprimíveis.

Eram seis deles em apuros! Apenas um dos seis emitia sons de infortúnio e lamentação. Mas esse único, William George Bunter, emitia o suficiente para todo o grupo e um pouco mais.

Harry Wharton & Cia. formavam um grupo furibundo e aflito. Eles estavam derrubados e entalados, embrulhados, liquidados e acabados! etc. etc. etc.

E aqui, um do *Gem*:

"Caramba!"
"Minha nossa!"
"Uugh!"
"Arrggh!"
Arthur Augustus sentou-se aturdido. Pegou o lenço e o pressionou contra seu nariz ferido. Tom Merry sentou-se, ofegando em busca de ar. Olharam um para o outro.
"Por Júpiter! Isto é que é briga, meu camarada!", gorgolejou Arthur Augustus. "Em que confusão me meti! Ugh! Os patifes! Os rufiões! Os terríveis intrusos! Uau!" etc. etc. etc.[1]

Ambos os trechos são inteiramente típicos: encontra-se algo semelhante em quase todos os capítulos de cada número, hoje ou há vinte anos. A primeira coisa que se nota é a extraordinária quantidade de tautologia (o primeiro dos dois trechos contém 125 palavras e poderia ser comprimido em cerca de trinta), aparentemente planejada para esticar a história, mas que na verdade desempenha seu papel na criação da atmosfera. Pela mesma razão, várias expressões jocosas são repetidas sem cessar; "furibundo", por exemplo, é um grande preferido, assim como "embrulhados, liquidados e acabados". "Uuugh!", "Gruuu!" e "Yau!" (gritos estilizados de dor) são recorrentes, e o mesmo acontece com "Ha! Ha! Ha!". A gíria ("*Go and eat coke!*", "*What the thump!*", "*You frabjous ass!*" etc. etc.)[2] nunca foi alterada, de tal modo que os meninos usam agora palavras que estão há pelo menos trinta anos fora de moda. Além disso, os vários apelidos são ressaltados em todas as ocasiões possíveis. A cada meia dúzia de linhas somos lembrados de que Harry Wharton & Cia. são "os Cinco Famosos", Bunter é sempre "o Coruja gordo", ou "o Coruja da Classe Intermediária", Vernon-Smith é sempre "o Mal-educado de Greyfriars", Gussy (o Nobre Arthur Augustus D'Arcy) é sempre "o grã-fino de St. Jim's", e assim por diante. Há um esforço constante e incansável para manter a atmosfera intacta e assegurar-se de que cada novo leitor aprenda imediatamente quem é quem. O resultado foi a transformação de Greyfriars e St. Jim's num extraordinário pequeno mundo, um mundo que não pode ser levado a sério por ninguém com mais de quinze anos, mas que não é facilmente esquecido. Mediante uma degradação da técnica de Dickens, compôs-se uma série de "personagens" estereotipados, em alguns casos com muito sucesso. Billy Bunter, por exemplo, deve ser uma das figuras mais conhecidas da ficção inglesa; pelo simples número de pessoas que o conhecem, ele está ao lado de Sexton Blake, Tarzan, Sherlock Holmes e um punhado de personagens de Dickens.

Não é preciso dizer que essas histórias são fantasiosamente diferentes da vida numa verdadeira escola de elite. Decorrem em ciclos de tipos um tanto diversos, mas em geral são do tipo comédia de pancadaria com humor inocente em que o interesse está centrado em brincadeiras rudes, trotes, professores esbravejantes, brigas, surras de vara, futebol, críquete e comida. Uma história recorrente é aquela em que um menino é acusado de uma má ação cometida por outro e é cavalheiro o suficiente para não revelar a verdade. Os "bons" meninos são "bons" na tradição do inglês de vida limpa — fazem treinamento duro, limpam atrás das orelhas, nunca atacam abaixo da cintura etc. etc. — e, para contrastar, há uma série de meninos "maus", Racke, Crooke, Loder e outros, cuja maldade consiste em apostar, fumar cigarros e frequentar pubs. Todos esses meninos estão sempre à beira da expulsão, mas, como isso significaria mudança de elenco, ninguém nunca é apanhado cometendo um delito realmente grave. Roubar, por exemplo, mal entra como motivo. O sexo é tabu absoluto, em especial na forma como surge efetivamente nas escolas públicas. Às vezes meninas entram nas histórias, e muito raramente acontece algo que se aproxime de um leve flerte, mas é sempre dentro do espírito da diversão limpa. Um menino e uma menina se deleitam em andar de bicicleta juntos — e nunca passam disso. Beijar, por exemplo, seria considerado "piegas". Até os maus meninos são completamente assexuados. Quando *Gem* e *Magnet* surgiram, é provável que houvesse uma intenção deliberada de se afastar da atmosfera cheia de sexo culpado que permeava grande parte da literatura antiga para meninos. No final do século xix, o *Boy's Own Paper*, por exemplo, em sua coluna de correspondência, costumava estar cheio de advertências terríveis contra a masturbação, e livros como *St. Winifred's* e *Tom Brown's schooldays* eram carregados de sentimento homossexual, embora os autores, sem dúvida, não tivessem plena consciência disso. No *Gem* e no *Magnet*, o sexo simplesmente não existe como problema. A religião também é tabu; em toda a história de trinta anos dos dois jornais, a palavra "Deus" provavelmente não ocorre, exceto em "Deus salve o rei". Por outro lado, sempre houve forte tendência de defesa da abstinência alcoólica. Beber e, por associação, fumar são considerados atos vergonhosos até mesmo para adultos (de reputação duvidosa, é a expressão), mas ao mesmo tempo uma coisa irresistivelmente fascinante, uma espécie de substituto para o sexo. Em sua atmosfera moral, *Gem* e *Magnet* têm muito em comum com o movimento do escotismo, que começou mais ou menos na mesma época.

Toda a literatura desse tipo é, em parte, plágio. Sexton Blake, por exemplo, começou como imitação óbvia de Sherlock Holmes e ainda se parece muito com ele: tem feições de falcão, mora na Baker Street, fuma muitíssimo e veste um robe quando quer pensar. É provável que *Gem* e *Magnet* devam algo à escola de escritores que florescia quando foram fundados, gente como Gunby Hadath, Desmond Coke e o resto, mas devem mais aos modelos do século XIX. Na medida em que Greyfriars e St. Jim's se parecem com escolas reais, elas são muito mais parecidas com a Rugby de Tom Brown[3] do que com uma escola de elite moderna. Nenhuma tem um OTC,[4] por exemplo, os jogos não são compulsórios e os meninos têm até permissão para usar as roupas que quiserem. Mas, sem dúvida, a principal fonte desses jornais é *Stalky & Co.*[5] Este livro exerceu uma influência imensa sobre a literatura para meninos, e é uma daquelas obras que têm uma espécie de reputação tradicional entre pessoas que nunca viram um exemplar dela. Mais de uma vez me deparei nos jornais semanais para meninos com uma referência a *Stalky & Co.* na qual a palavra estava grafada "*Storky*". Até o nome do principal professor cômico de Greyfriars, sr. Prout, é tirado do livro de Kipling, assim como grande parte da gíria: "*jape*" [troça], "*merry*" [ligeiramente bêbado], "*giddy*" [doidivanas], "*bizney*" (business), "*frabjous*", "*don't*" em lugar de "*doesn't*" — todas fora de moda até mesmo quando *Gem* e *Magnet* começaram a sair. Há também traços de origens mais antigas. O nome "Greyfriars" foi provavelmente tirado de Thackeray, e Gosling, o porteiro da escola no *Magnet*, fala numa imitação do dialeto de Dickens.

Com tudo isso, o suposto "glamour" da vida na escola de elite é posto em jogo sem reservas. Temos toda a parafernália usual — portas trancadas, chamadas, jogos internos, calouros servos de veteranos, bedéis, chás aconchegantes em torno da lareira, e por aí vai — e referências constantes à "velha escola", às "velhas pedras cinzentas" (ambas as escolas foram fundadas no início do século xvi), ao "espírito de equipe" dos "homens de Greyfriars". Quanto ao apelo ao esnobismo, é completamente descarado. Cada escola tem um ou dois meninos cujos títulos de nobreza são jogados a toda hora na cara do leitor; outros meninos têm nomes de famílias aristocráticas bem conhecidas, como Talbot, Manners, Lowther. Somos sempre lembrados que Gussy é o Nobre Arthur A. D'Arcy, filho de lorde Eastwood, que Jack Blake é herdeiro de "amplos acres", que Hurree Jamset Ram Singh (apelidado de Inky) é o nababo de Bhanipur, que o pai de Vernon-Smith é um milionário. Até recentemente, as ilustrações nos dois jornais sempre retratavam os meninos vestidos com roupas que imitavam as de Eton; nos últimos anos, Greyfriars mudou para blazers e calças de flanela, mas St. Jim's ainda se mantém fiel à jaqueta de Eton, e Gussy, à sua cartola. Na revista da escola, que aparece todas as semanas no *Magnet*, Harry Wharton escreve um artigo que discute a semanada recebida pelos "colegas da série intermediária", e revela que alguns deles ganham até cinco libras! Esse tipo de coisa é um incitamento perfeitamente deliberado às fantasias de riqueza. E, nesse sentido, vale a pena observar um fato bastante curioso: as histórias de escolas são algo peculiar da Inglaterra. Até onde sei, há pouquíssimas histórias desse tipo em outras línguas. O motivo, obviamente, é que na Inglaterra a educação é sobretudo uma questão de posição social. A linha divisória mais definida entre a pequena burguesia e a classe trabalhadora é que a primeira paga por sua educação; e dentro da burguesia há outro abismo intransponível entre a escola "de elite", a de custo mais alto, e a "particular". Está bastante claro que há milhares de pessoas para quem cada detalhe da vida numa escola de elite é extremamente emocionante e romântico. Acontece que elas estão fora desse mundo místico de pátios e cores das residências estudantis, mas anseiam por ele, sonham acordada com ele, vivem mentalmente nele por horas a fio. A questão é: quem são essas pessoas? Quem lê *Gem* e *Magnet*?

É óbvio que não podemos ter certeza sobre esse tipo de coisa. Tudo o que posso dizer a partir de minha observação pessoal é o seguinte: os meninos que provavelmente irão para escolas públicas costumam ler os dois jornais, mas quase sempre deixam de lê-los quando chegam perto dos doze anos de idade; podem continuar por mais um ano pela força do hábito, mas já então deixaram de levá-los a sério. Por outro lado, os meninos das escolas particulares muito baratas, aquelas destinadas aos que não podem arcar com as despesas de uma escola de elite, mas consideram as escolas municipais "baixas", continuam a ler *Gem* e *Magnet* por muitos anos ainda. Há poucos anos, fui professor em duas dessas escolas. Descobri que não somente quase todos os meninos liam os dois jornais, como os levavam bastante a sério quando já estavam com quinze ou dezesseis anos de idade. Esses meninos eram filhos de lojistas, de funcionários de escritórios e pequenos comerciantes ou de profissionais e, obviamente, o alvo de *Gem* e *Magnet* é essa classe. Mas eles certamente são lidos também por meninos da classe operária. Em geral, estão à venda nos bairros mais pobres das grandes cidades, e sei que são lidos por meninos que se poderia esperar que fossem completamente imunes ao "glamour" da escola de elite. Vi um jovem mineiro, por exemplo, um rapaz que já havia trabalhado um ou dois anos no fundo da terra, lendo *Gem* com avidez. Recentemente ofereci uma pilha de jornais ingleses a alguns britânicos da Legião Estrangeira francesa no norte da África; eles escolheram *Gem* e *Magnet* em primeiro lugar. Ambos são muito lidos por meninas,[6] e o departamento de correspondentes do *Gem* mostra que ele é lido em todos os cantos do Império Britânico, por australianos, canadenses, judeus palestinos, malaios, árabes, chineses do Estreito[7] etc. etc. Os editores esperam evidentemente que seus leitores tenham em torno de catorze anos e os anúncios (chocolate com leite, selos, pistolas de água, cura para o rubor, truques de mágica, pó de mico, o Anel de Phine Phun que atravessa uma agulha na mão de seu amigo etc. etc.) indicam mais ou menos a mesma idade; porém, encontram-se também anúncios do Almirantado, que convocam jovens entre dezessete e 22 anos. E não há dúvida de que esses jornais também são lidos por adultos. É bastante comum que pessoas escrevam ao editor e digam que leram todos os números de *Gem* ou *Magnet* dos últimos trinta anos. Eis, por exemplo, uma carta de uma senhora de Salisbury:

> Posso dizer de suas esplêndidas histórias de Harry Wharton & Cia., da Greyfriars, que elas jamais deixam de alcançar um alto padrão. Sem dúvida, são as melhores histórias de seu tipo no mercado de hoje, o que é dizer muito. Parecem nos botar cara a cara com a natureza. Comprei *Magnet* desde o início, e segui as aventuras de Harry Wharton & Cia. com interesse arrebatado. Não tenho filhos, apenas duas filhas, e há sempre uma corrida para ver quem será a primeira a ler o grande e velho jornal. Meu marido também era um leitor fiel do *Magnet*, até ser subitamente tirado de nós.

Vale a pena pegar alguns exemplares de *Gem* e *Magnet*, especialmente do primeiro, e dar uma olhada nas colunas de correspondência. O que realmente surpreende é o interesse intenso com que os menores detalhes da vida em Greyfriars e St. Jim's são acompanhados. Eis, por exemplo, algumas perguntas enviadas por leitores:

> "Que idade tem Dick Roylance?" "Quantos anos tem St. Jim's?" "Vocês podem me dar uma lista do Shell [classe intermediária] e seus estúdios?" "Quanto custou o monóculo de D'Arcy?" Como é que camaradas como Crooke estão no Shell e camaradas decentes como vocês estão somente no Quarto?" "Quais são os principais deveres do capitão da classe?" "Quem é o pro-

fessor de química da St. Jim's?" (De uma menina) "Onde fica St. Jim's?" "Vocês podem me dizer como chegar lá, pois eu adoraria ver o prédio?" "Vocês meninos são apenas "impostores", como penso que são?"

Está claro que muitos dos meninos e meninas que escrevem essas cartas estão vivendo num mundo de fantasia. Às vezes um menino escreve, por exemplo, dando sua idade, altura, peso, medidas do peito e do bíceps, e pergunta com qual membro do Shell ou do Quarto Ano ele se parece mais. É muito comum o pedido de uma lista das salas de estudo da classe intermediária, com uma lista exata de quem vive em cada uma delas. Os editores, é claro, fazem de tudo ao seu alcance para manter a ilusão. No *Gem*, é Jack Blake quem supostamente escreve as respostas aos leitores; no *Magnet*, duas páginas são sempre reservadas para a revista da escola (a *Greyfriars Herald*, editada por Harry Wharton), e há outra página em que um ou outro personagem é descrito a cada semana. As histórias decorrem em ciclos, com dois ou três personagens ocupando o primeiro plano por várias semanas de cada vez. Primeiro, há uma série de aventuras brincalhonas, protagonizadas pelos Cinco Famosos e Billy Bunter; depois, uma sequência de histórias que giram em torno de identidade trocada, com Wibley (o mestre da maquiagem) no papel principal; depois, outras histórias sérias em que Vernon-Smith está à beira de ser expulso. E aqui chegamos ao verdadeiro segredo de *Gem* e *Magnet* e o provável motivo de continuarem a ser lidos apesar de sua óbvia defasagem no tempo.

É que os personagens são cuidadosamente calibrados para dar a quase todos os tipos de leitores um personagem com que podem se identificar. A maioria dos jornais para meninos procura fazer isso, daí o menino-assistente (o Tinker de Sexton Blake, o Nipper de Nelson Lee e outros) que em geral acompanha o explorador, o detetive ou sei lá o quê mais em suas aventuras. Mas nesses casos há somente um menino que, em geral, é quase sempre do mesmo tipo. Em *Gem* e *Magnet*, há um modelo para quase todo mundo. Há o menino normal, atlético, corajoso (Tom Merry, Jack Blake, Frank Nugent), uma versão levemente desordeira desse tipo (Bob Cherry), uma versão mais aristocrática (Talbot, Manners), uma versão mais séria e calma (Harry Wharton) e uma versão "buldogue" impassível (Johnny Bull). Temos depois o tipo de menino atrevido e afoito (Vernon-Smith), o indiscutivelmente estudioso e "inteligente" (Mark Linley, Dick Penfold) e o excêntrico que não é bom em jogos, mas tem algum talento especial (Skinner, Wibley). E há o menino da bolsa de estudos (Tom Redwing), figura importante nesse tipo de história porque permite que meninos de lares muito pobres se projetem na atmosfera da escola de elite. Além desses, temos meninos australianos, irlandeses, escoceses, de Manx, Yorkshire e Lancashire para explorar o patriotismo local. Mas a sutileza da caracterização vai mais fundo que isso. Se estudarmos as colunas de cartas, veremos que pelo jeito não existe *nenhum* personagem em *Gem* e *Magnet* com quem algum leitor não se identifique, exceto os totalmente cômicos Coker, Billy Bunter, Fisher T. Fish (o americano avarento) e, como seria de esperar, os professores. Embora na origem Bunter deva alguma coisa ao menino gordo de *Pickwick*, é uma criação verdadeira. Suas calças apertadas em que botas e varas estão constantemente batendo, sua astúcia para procurar comida, seu vale postal que nunca aparece, o tornaram famoso onde quer que a bandeira britânica tremule. Mas ele não é um motivador de fantasias. Por outro lado, outra possível figura motivo de troça, Gussy (o Nobre Arthur A. D'Arcy, o "grã-fino de St. Jim's") é evidentemente muito admirado. Tal como tudo em *Gem* e *Magnet*, Gussy está pelo menos trinta anos atrasado no tempo. Ele é o "janota" do início do século xx, ou até o "peralvilho" do final do século anterior ("Por Júpiter, meu camarada!" e "Realmente, sentir-me-ei obrigado a aplicar-lhe uma terrível lambada!"), o idiota de monóculo que resistiu nos campos de batalha de Mons e Le Cateau. E sua evidente popularidade mostra como é profunda a atração esnobe por esse tipo. O povo inglês adora um asno com título de nobreza (cf. lorde Peter Wimsey)[8] que sempre aparece com um trunfo na mão em situações de emergência. Eis uma carta de uma das admiradoras de Gussy:

> Acho que vocês são muito duros com Gussy. Pergunto-me se ele ainda está vivo, do jeito como vocês o tratam. Ele é meu herói. Vocês sabiam que escrevo letras de canções? Que tal esta — ao som de "Goody Goody"?

Vou pegar minha máscara de gás, entrar para a ARP.[9]
'Tou sabendo de todas as bombas que vocês jogam em mim.
    Vou cavar uma trincheira
    Dentro dos muros do jardim;
Vou selar minhas janelas com zinco
Pro gás lacrimogêneo não entrar;
Vou pôr meu canhão no meio da calçada
Com uma nota para Adolf Hitler: "Não perturbe!".
    E se eu nunca cair nas mãos dos nazistas
    Ainda assim será cedo demais para mim
    Vou pegar minha máscara de gás, entrar para a ARP.

P.S. Vocês se dão bem com meninas?

Faço essa longa citação porque (datada de abril de 1939) é interessante por ser provavelmente a menção mais antiga a Hitler no *Gem*. Nesse jornal há também um menino gordo heroico, Fatty Wynn, como um contrapeso a Bunter. Vernon-Smith, um personagem byroniano, sempre à beira da expulsão, é outro grande preferido. E até mesmo alguns dos sem-vergonha têm provavelmente seus fãs. Loder, por exemplo, "o pulha da Sexta", é um cafajeste, mas é também culto e dado a dizer coisas sarcásticas sobre futebol e o espírito de equipe. Os meninos da Intermediária o consideram ainda mais cafajeste por isso, mas certo tipo de menino provavelmente se identifica com ele. É provável que até mesmo Racke, Crooke e Cia. sejam admirados por garotinhos que julgam ser diabolicamente perverso fumar cigarros. (Uma pergunta frequente na coluna de cartas: "Que marca de cigarro Racke fuma?".)

Naturalmente, *Gem* e *Magnet* são conservadores em política, mas num estilo pré-1914, sem matiz fascista. Na realidade, seus pressupostos políticos básicos são dois: nada muda jamais e os estrangeiros são engraçados. No *Gem* de 1939, os franceses ainda são "Froggies" [rãs] e os italianos "Dagoes". Mossoo, o professor de francês de Greyfriars, é o Frog costumeiro dos jornais cômicos, com barba pontuda, calça em forma de pião etc. Inky, o menino indiano, embora seja um rajá e, portanto, tenha um atrativo esnobe, é também o babu cômico da tradição da revista *Punch*. ("A assuada não é a traquinagem apropriada, meu estimado Bob", diz Inky. "Deixe que os cães se deliciem com ladridos e mordeduras, melhor a reação branda, pois, como diz o provérbio, cão que late não morde.") Fisher T. Fish é o ianque de ribalta do velho estilo ("Waal, imagino" etc.) que data de um período de ciúme anglo-americano. Wun Lung, o menino chinês (ele anda sumido ultimamente, sem dúvida porque alguns dos leitores de *Magnet* são chineses do Estreito), é um chinês de pantomima do século XIX, com chapéu em forma de pires, trança e inglês *pidgin*. O pressuposto é não somente que os estrangeiros são cômicos postos ali para rirmos deles, mas que podem ser classificados mais ou menos como os insetos. É por isso que em todos os jornais para meninos, não somente no *Gem* e no *Magnet*, um chinês é invariavelmente retratado com uma trança. É aquilo que faz que o reconheçamos, como a barbicha do francês ou o realejo do italiano. Em jornais desse tipo, acontece às vezes de, ao situar uma história num país estrangeiro, fazerem um esforço para descrever os nativos como seres humanos individuais, mas em regra se supõe que os estrangeiros de qualquer raça são parecidos uns com os outros e se enquadrarão com mais ou menos exatidão aos padrões seguintes:

FRANCÊS: excitável; usa barba, gesticula loucamente.
ESPANHOL, MEXICANO etc.: sinistro, traiçoeiro.
ÁRABE, AFEGÃO etc.: sinistro, traiçoeiro.
CHINÊS: sinistro, traiçoeiro; usa trança.
ITALIANO: excitável; toca realejo ou carrega estilete.
SUECO, DINAMARQUÊS etc.: bondoso, estúpido.
NEGRO: cômico, muito fiel.

As classes trabalhadoras só entram em *Gem* e *Magnet* como comediantes ou semivilões (informante de barbadas no hipódromo etc.). Quanto à luta de classes, sindicalismo, greves, crise econômica, desemprego, fascismo e guerra civil, nenhuma menção. Nos trinta anos de publicação dos dois jornais talvez se encontre aqui ou ali a palavra "socialismo", mas seria preciso procurar muito. Se houver alguma referência à Revolução Russa, será de forma indireta, na palavra "*bolshy*" (significando pessoa de hábitos desagradáveis e violentos). Hitler e os nazistas estão apenas começando a aparecer, no tipo de referência que citei acima. A crise de guerra de setembro de 1938 causou impressão suficiente para produzir uma história em que o sr. Vernon-Smith, o pai milionário do Mal--educado, aproveitou o pânico geral para comprar casas de campo a fim de vendê-las aos "fugitivos da crise". Mas isso é provavelmente o máximo que *Gem* e *Magnet* chegarão perto de noticiar a situação europeia, até que a guerra comece de fato. Isso não significa que sejam antipatrióticos — muito ao contrário! Durante toda a Grande Guerra, *Gem* e *Magnet* foram talvez os mais coerentes e alegremente patriotas dos jornais da Inglaterra. Quase todas as semanas os meninos capturavam um espião ou empurravam um refratário para o Exército, e no período de racionamento todas as páginas traziam impresso em letras grandes "COMA MENOS PÃO". Mas o patriotismo deles não tem nada a ver com a política do poder ou a guerra "ideológica". Está mais para lealdade familiar e, na verdade, nos dá uma valiosa chave para entender a atitude das pessoas comuns, em especial do imenso bloco intocado da classe média e da classe operária mais bem de vida. Essas pessoas são patrióticas até os ossos, mas não acham que aquilo que acontece nos países estrangeiros é da sua conta. Quando a Inglaterra está em perigo, eles acorrem em sua defesa como coisa natural, mas não estão interessados nos intervalos. Afinal, a Inglaterra sempre tem razão e a Inglaterra sempre vence, então por que se preocupar? Trata-se de uma atitude que foi abalada nos últimos vinte anos, mas não tão profundamente como às vezes se supõe. O fato de não compreender isso é um dos motivos de os partidos de esquerda raramente serem capazes de produzir uma política externa aceitável.

O mundo mental de *Gem* e *Magnet*, portanto, é algo parecido com o que segue.

O ano é 1910 — ou 1940, dá na mesma. Você está em Greyfriars, um menino de faces coradas de catorze anos, com elegantes roupas feitas sob medida, sentado tomando chá em sua sala de estudos da classe intermediária depois de um excitante jogo de futebol vencido por um a zero no último meio minuto. Há uma lareira aconchegante na sala, e lá fora o vento assobia. A hera espessa envolve as velhas pedras cinzentas. O rei está em seu trono e a libra vale uma libra. Lá na Europa, os estrangeiros engraçados tagarelam e gesticulam, mas os navios cinzentos e intimidadores da Marinha Britânica percorrem o canal da Mancha, e nos postos avançados do Império, ingleses de monóculos mantêm os negros na linha. Lorde Mauleverer acabou de receber outra nota de cinco libras e estamos todos diante de um tremendo chá com linguiças, sardinhas, *crumpets*, carne enlatada, geleia e pãezinhos. Depois do chá, sentaremos ao redor da lareira para dar boas risadas de Billy Bunter e discutir o time para o jogo da semana que vem contra Rookwood. Tudo é seguro, sólido e inquestionável. Tudo será igual para sempre. Essa é aproximadamente a atmosfera.

Mas agora passemos de *Gem* e *Magnet* para as publicações mais recentes lançadas desde a Grande Guerra. O aspecto realmente significativo é que elas têm mais pontos de semelhança que de diferença com *Gem* e *Magnet*. Mas é melhor examinar primeiro as diferenças.

Há oito desses jornais novos: *Modern Boy*, *Triumph*, *Champion*, *Wizard*, *Rover*, *Skipper*, *Hotspur* e *Adventure*. Todos surgiram depois da Grande Guerra, mas, com exceção de *Modern Boy*, nenhum tem menos de cinco anos de existência. Dois jornais que também devem ter breve menção aqui, embora não se encaixem rigorosamente no mesmo tipo que os outros, são *Detective Weekly* e *Thriller*, ambos de propriedade da Amalgamated Press. *Detective Weekly* assumiu Sexton Blake. Ambos admitem certo interesse por sexo em suas histórias, e embora sejam por certo lidos por meninos, não os têm como alvo exclusivo. Todos os outros são pura e simplesmente jornais para meninos e são parecidos o suficiente para serem examinados juntos. Não parece haver nenhuma diferença notável entre as publicações da Thomson e da Almagamated Press.

Assim que olhamos para eles, vemos sua superioridade técnica em relação a *Gem* e *Magnet*. Para começar, eles têm a grande vantagem de não serem escritos por uma única pessoa. Em vez de uma história longa e completa, um número de *Wizard* ou *Hotspur* consiste em meia dúzia ou mais de folhetins, nenhum dos quais continua para sempre. Em consequência, há muito mais variedade e muito menos enchimento, e nada da estilização e da jocosidade cansativas de *Gem* e *Magnet*. Vejam estes dois trechos, por exemplo:

Billy Bunter gemeu.

Um quarto de hora havia passado das duas horas de aula de francês extra que Bunter tinha de assistir.

Num quarto de hora havia somente quinze minutos! Mas cada um desses minutos parecia excessivamente longo para Bunter. Eles pareciam se arrastar como lesmas cansadas.

Olhando para o relógio da sala de aula nº 10, o gordo Coruja mal podia acreditar que haviam passado somente quinze minutos. Mais pareciam quinze horas, senão quinze dias!

Outros colegas também estavam no francês extra, além de Bunter. Eles não importavam. Bunter sim! (*Magnet*).

Depois de uma terrível escalada, fazendo entalhes para as mãos no gelo liso a cada passo da subida, o sargento Lionheart Logan da Polícia Montada estava agora agarrado como uma mosca humana na face de um penhasco gelado, tão liso e traiçoeiro quanto uma vidraça gigantesca.

Uma nevasca ártica, em toda a sua fúria, açoitava seu corpo, jogava a neve cegante em seu rosto, tentava arrancar seus dedos da reentrância e jogá-lo para a morte sobre as rochas pontudas que estavam no sopé do penhasco, trinta metros abaixo.

Agachados entre essas rochas estavam onze caçadores de peles que haviam feito de tudo para abater a tiros Lionheart e seu companheiro, o guarda Jim Rogers, até que a nevasca escondesse os dois policiais de seus perseguidores (*Wizard*).

O segundo trecho faz a história avançar, enquanto o primeiro usa cem palavras para dizer que Bunter está na aula de recuperação. Além disso, ao não se concentrar em histórias escolares (em termos numéricos, a história escolar predomina levemente em todos esses jornais, exceto em *Thriller* e *Detective Weekly*), *Wizard*, *Hotspur* e outros têm muito mais oportunidades para o sensacionalismo. Um simples olhar para as ilustrações de capa dos jornais que estão diante de mim sobre a mesa, e eis algumas coisas que vejo. Em uma delas, um caubói está agarrado pelos dedos dos pés na asa de um avião, em pleno ar, e atira em outro avião com seu revólver. Em outra, um chinês nada por um esgoto para escapar de um bando de ratos de aparência faminta que nadam atrás dele. Em outra, um engenheiro acende uma banana de dinamite enquanto um robô de aço se aproxima com suas garras. Em outra, um homem em trajes de aviador luta sem armas contra um rato pouco maior que um burro. Em outra, um homem quase nu de desenvolvimento muscular incrível acabou de pegar um leão pela cauda e o jogou por cima do muro da arena com as palavras: "Tome esta, maldito leão!". É óbvio que nenhuma história escolar pode competir com esse tipo de coisa. De tempos em tempos, o prédio da escola pode pegar fogo, ou pode-se descobrir que o professor de francês é o chefe de uma gangue internacional anarquista, mas de modo geral o interesse precisa girar em torno de críquete, rivalidades escolares, trotes etc. Não há muito espaço para bombas, raios da morte, metralhadoras, aviões, cavalos selvagens, polvos, ursos-pardos ou gângsteres.

O exame de um grande número desses jornais mostra que, afora as histórias escolares, os temas preferidos são o Oeste Selvagem, o Norte Congelado, a Legião Estrangeira, crimes (sempre do ponto de vista do detetive), a Grande Guerra (Força Aérea ou Serviço Secreto, não a Infantaria), o tema do Tarzan em formas variadas, futebol profissional, explorações tropicais, romance histórico (Robin Hood, realistas e partidários de Cromwell e outros) e invenções científicas. O Oeste Selvagem ainda lidera, ao menos como cenário, mas parece que os peles-vermelhas estão sumindo. O tema realmente novo é o científico. Raios mortíferos, marcianos, homens invisíveis, robôs, helicópteros e foguetes interplanetários são frequentes; aqui e ali, correm até rumores remotos de psicoterapia e glândulas endócrinas. Enquanto *Gem* e *Magnet* derivam de Dickens e Kipling, *Wizard*, *Champion*, *Modern Boy* e outros devem muito a H. G. Wells que, mais do que Jules Verne, é o pai da ficção científica. Naturalmente, o aspecto mais explorado da ciência é o mágico, marciano, mas um ou dois jornais trazem artigos sérios sobre temas científicos, além de uma quantidade de fragmentos informativos. (Exemplos: "Uma árvore *kauri* de Queensland, Austrália, tem mais de 12 mil anos de idade"; "Quase 50 mil tempestades com raios ocorrem todos os dias"; "O gás hélio custa uma libra por cem metros cúbicos"; "Existem mais de quinhentas variedades de aranhas na Grã-Bretanha"; "Os bombeiros de Londres usam 14 milhões de galões de água por ano" etc. etc.). Há um aumento marcante da curiosidade intelectual e, no conjunto, da exigência feita à atenção do leitor. Na prática, *Gem* e *Magnet* e os jornais do pós-guerra são lidos mais ou menos pelo mesmo público, mas a idade mental alvo parece ter aumentado em um ou dois anos — um avanço que corresponde provavelmente à melhoria da educação elementar desde 1909.

O outro elemento surgido nos jornais para meninos do pós-guerra, embora não no grau que se poderia esperar, é o culto ao valentão e à violência.

Se compararmos *Gem* e *Magnet* com um jornal genuinamente moderno, o que chama a atenção de imediato é a ausência do princípio do líder. Não há um personagem central dominante; ao contrário, há quinze ou vinte personagens, todos mais ou menos em pé de igualdade, com quem os diferentes tipos de leitores podem se identificar. Nos jornais mais modernos, esse não costuma ser o caso. Em vez de se identificar com um estudante mais ou menos de sua idade, o leitor de *Skipper*, *Hotspur* e outros é levado a se identificar com um agente do FBI, um membro da Legião Estrangeira, alguma variante de Tarzan, um ás da aviação, um grande espião, um explorador, um pugilista — ou seja, com um único personagem todo-poderoso que domina todos a sua volta e cujo método usual de resolver qualquer problema é com um soco no queixo. Esse personagem é projetado para ser um super-homem, e como a força física é a forma de poder que os meninos podem entender melhor, ele é geralmente uma espécie de gorila humano; na história do tipo Tarzan, às vezes ele é realmente um gigante, com 2,5 ou 3 metros de altura. Ao mesmo tempo, em quase todas essas histórias as cenas de violência são incrivelmente inofensivas e implausíveis. Há uma grande diferença de tom entre um jornal inglês até dos mais sangrentos e as "Yank Mags" de três pence como *Fight Stories*, *Action Stories* etc. (que não são estritamente para meninos, mas lidas em larga medida por eles). Nas revistas americanas há de fato sede de sangue, descrições violentas do estilo de luta vale-tudo e chute nos testículos, escritas num jargão aperfeiçoado por gente que rumina longamente a violência. Uma revista como *Fight Stories*, por exemplo, teria muito poucos atrativos, exceto para sádicos e masoquistas. Pode-se perceber a comparativa brandura da civilização inglesa na maneira amadora como as lutas são sempre descritas nos semanários para meninos. Não há um vocabulário especializado. Vejamos quatro trechos, dois ingleses e dois americanos:

> Quando o gongo soou, ambos os homens respiravam pesadamente e cada um deles tinha grandes marcas vermelhas no peito. O queixo de Bill estava sangrando e Ben tinha um corte acima do olho direito.
> Despencaram em seus cantos, mas, quando o gongo tocou de novo, levantaram-se depressa e se atiraram como tigres um contra o outro (*Rover*).

> Ele entrou obstinadamente e aplicou uma direita que parecia um porrete na minha cara. O sangue espirrou e recuei sobre os calcanhares, mas reagi e enfiei minha direita no coração.

Outro direto acertou em cheio a boca já castigada de Sven e, cuspindo fora fragmentos de um dente, ele acertou uma esquerda desarticulada em meu peito (Fight Stories).

Era espantoso observar o Pantera Negra em atividade. Seus músculos se encrespavam e deslizavam sob sua pele escura. Ali estava todo o poder e graça de um gigantesco felino em sua investida rápida e terrível.

Ele lançava rajadas de golpes com uma velocidade alucinante para um sujeito tão grande. Logo Ben estava simplesmente bloqueando com suas luvas o melhor que podia. Ben era de fato um perito em defesa. Ele tinha muitas excelentes vitórias no passado. Mas as direitas e esquerdas do negro penetravam por aberturas que dificilmente outro lutador poderia encontrar (Wizard).

Socos violentos que acumulavam o peso dos troncos de monarcas da floresta despencando sob o machado atingiam os corpos dos dois pesos-pesados enquanto trocavam murros (Fight Stories).

Observe-se como os trechos americanos parecem mais versados no tema. Eles são escritos para os devotos do ringue, os outros não. Devemos também enfatizar que, em seu nível, o código moral dos jornais ingleses é decente. O crime e a desonestidade jamais são apresentados para serem admirados, não há nada da desfaçatez e da perversão das histórias de gângster americanas. A enorme venda das "Yank Mags" na Inglaterra mostra que há uma demanda por esse tipo de assunto, mas muito poucos escritores ingleses parecem capazes de produzi-la. Quando o ódio por Hitler se tornou uma emoção importante nos Estados Unidos, foi interessante ver como o "antifascismo" foi prontamente adaptado a objetivos pornográficos pelos editores das "Yank Mags". Uma revista que tenho diante de mim é dedicada a uma história longa e completa, "Quando o inferno chegou aos Estados Unidos", na qual agentes de um "ditador europeu louco por sangue" tentam conquistar os Estados Unidos com raios mortíferos e aviões invisíveis. Ela apela abertamente ao sadismo, cenas em que os nazistas amarram bombas nas costas de mulheres e as jogam das alturas para vê-las explodir em pedacinhos em pleno ar, outras em que amarram garotas nuas juntas por seus cabelos e as espetam com facas para fazê-las dançar etc. etc. O editor tece comentários solenes sobre tudo isso e utiliza a história como apelo para apertar as restrições contra imigrantes. Em outra página da mesma revista: "A VIDA DAS CORISTAS HOTCHA. Revela todos os segredos íntimos e passatempos fascinantes das famosas coristas Hotcha da Broadway. NADA É OMITIDO. Preço 10c.". "COMO AMAR. 10c." "CÍRCULO DA FOTOGRAFIA FRANCESA. 25c." DECALCOMANIAS DE NUS MALICIOSOS. Do lado de fora do vidro você vê uma garota linda, inocentemente vestida. Vire do outro lado e olhe através do vidro e oh! Que diferença! Conjunto de três decalcomanias 25 c." etc. etc. etc. Não há nada parecido com isso em nenhuma publicação inglesa que tenha probabilidade de ser lida por meninos. Mas o processo de americanização continua assim mesmo. O ideal americano, o "machão", o "durão", o gorila que acerta tudo dando socos no queixo de todo mundo figura agora provavelmente na maioria das publicações para meninos. Em um folhetim que está em andamento no *Skipper*, ele é sempre retratado girando ameaçadoramente um cassetete de borracha.

O desenvolvimento de *Wizard*, *Hotspur* e outros, em comparação com os primeiros jornais para meninos, se resume a isto: técnica melhor, mais interesse científico, mais derramamento de sangue, mais culto ao líder. Mas, no fim das contas, é a *falta* de desenvolvimento que é realmente notável.

Para começar, não há nenhum desdobramento político. O mundo de *Skipper* e de *Champion* é ainda o mundo pré-1914 de *Gem* e *Magnet*. A história do Oeste Selvagem, por exemplo, com seus ladrões de gado, leis do linchamento e outras tralhas pertencentes ao século xix, é uma coisa curiosamente arcaica. Vale a pena notar que, em publicações desse tipo, se supõe sempre que aventuras só acontecem nos confins da terra, em florestas tropicais, nas vastidões do Ártico, em desertos africanos, nas pradarias do Oeste americano, em antros de ópio chineses — na verdade, em qualquer lugar, exceto onde as coisas de fato acontecem. Trata-se de uma crença em voga há trinta ou quarenta anos, quando os novos continentes estavam em processo de abertura. Hoje, é claro, se você quiser realmente aventuras, o lugar para buscá-las é a Europa. Mas afora o pitoresco da Grande Guerra, a história contemporânea é cuidadosamente excluída. E a não ser pelo fato de os americanos serem agora admirados, em vez de objeto de riso, os estrangeiros são exatamente as mesmas figuras ridículas que sempre foram. Se aparece um personagem chinês, ele ainda é o sinistro traficante de ópio que usa trança dos romances de Sax Rohmer; não há nenhuma indicação dos fatos ocorridos na China desde 1912 — nenhum sinal de que há uma guerra em andamento lá, por exemplo. Se aparece um espanhol, ele ainda é um "*dago*" ou "*greaser*" que enrola cigarros e apunhala gente pelas costas; nenhum indício dos fatos ocorridos na Espanha. Hitler e os nazistas ainda não apareceram, ou mal estão aparecendo. Haverá muita coisa sobre eles em breve, mas será de um ângulo estritamente patriótico (Grã-Bretanha contra Alemanha), enquanto o verdadeiro sentido da luta será mantido fora da vista tanto quanto possível. No que diz respeito à Revolução Russa, é extremamente difícil encontrar alguma referência a ela em qualquer uma dessas publicações. Quando a Rússia é mencionada, geralmente é num fragmento informativo (exemplo: "Há 29 mil centenários na União Soviética"), e qualquer referência à revolução é indireta e vinte anos atrasada. Em uma história publicada em *Rover*, por exemplo, alguém tem um urso domesticado, e como é um urso russo, seu apelido é Trótski — obviamente, um eco do período 1917-23 e não das controvérsias recentes. O relógio parou em 1910. Britânia domina as ondas e ninguém ouviu falar de quedas e *booms* econômicos, desemprego, ditaduras, expurgos ou campos de concentração.

E no aspecto social, praticamente não houve progresso. O esnobismo é um pouco menos franco do que em *Gem* e *Magnet* — é o máximo que se pode dizer. Para começar, a história escolar, sempre parcialmente dependente do atrativo do esnobismo, não foi de forma alguma eliminada. Cada número de um semanário juvenil inclui ao menos uma história desse tipo, as quais são levemente mais numerosas do que as do Oeste Selvagem. A vida de fantasia muito detalhada de *Gem* e *Magnet* não é imitada e há mais ênfase em aventuras arriscadas, mas a atmosfera social (velhas pedras cinzentas) é praticamente a mesma. Quando uma nova escola é apresentada no início de uma história, com frequência nos é dito com as mesmas palavras que "era uma escola muito fina". De vez em quando aparece uma história que é ostensivamente dirigida *contra* o esnobismo. O menino da bolsa de estudos (por exemplo, Tom Redwing no *Magnet*) faz aparições bastante frequentes, e o que é essencialmente o mesmo tema é apresentado às vezes desta forma: há uma grande rivalidade entre duas escolas, uma das quais se considera mais "fina" que a outra, e acontecem brigas, trotes, partidas de futebol etc. que sempre terminam em derrota dos esnobes. Se olharmos de modo muito superficial para algumas dessas histórias, é possível imaginar que um espírito democrático penetrou nos semanários juvenis, mas, quando se olha mais de perto, vê-se que elas só fazem refletir o ciúme encarniçado existente dentro da classe abastada. A verdadeira função delas é permitir que o menino que frequenta uma escola particular barata (*não* uma escola municipal) sinta que sua escola é tão "fina" aos olhos de Deus quanto Winchester ou Eton. O sentimento de lealdade à escola ("Nós somos melhores do que os caras lá de baixo"), algo quase desconhecido da verdadeira classe operária, ainda é mantido. Como essas histórias são escritas por mãos diferentes, por certo variam muito de tom. Algumas são razoavelmente isentas de esnobismo, em outras, dinheiro e linhagem são explorados até mesmo de forma mais descarada do que em *Gem* e *Magnet*. Em uma das que li, a *maioria* dos meninos mencionados tinha título de nobreza.

Quando aparece um personagem de classe trabalhadora, costuma ser cômico (piadas sobre vagabundos, condenados etc.) ou boxeador, acrobata, caubói, jogador de futebol profissional e soldado da Legião Estrangeira — em outras palavras, aventureiro. Essas publicações não encaram os fatos da vida da classe operária ou, na verdade, da vida de *trabalho* de qualquer tipo. Muito ocasionalmente encontramos uma descrição realista, digamos, do trabalho numa mina de carvão, mas, com toda a probabilidade, só estará ali como pano de fundo de alguma aventura sinistra. De qualquer modo, é improvável que o personagem central seja um mineiro. Quase todo o tempo, o menino que lê esses jornais — em nove entre dez casos, um menino que vai passar sua vida trabalhando numa loja, numa fábrica ou em alguma função subordinada num escritório — é levado a se identificar com pessoas em posições de comando, sobretudo com gente que jamais será perturbada pela escassez de dinheiro. A figura do lorde Peter Wimsey, o aparente idiota que fala arrastado e usa monóculo, mas que está sempre em primeiro plano nos momentos de perigo, aparece e reaparece sem parar. (Esse personagem é um grande preferido nas histórias do serviço secreto.) E, como de costume, os personagens heroicos falam como a BBC: eles podem falar escocês, irlandês ou americano, mas ninguém num papel principal tem permissão para deixar de pronunciar um agá. Nesse ponto, vale a pena comparar a atmosfera social dos semanários para meninos com aqueles para meninas, como *Oracle*, *Family Star*, *Peg's Paper* e outros.

As publicações para mulheres estão voltadas para um público mais velho e são lidas, em geral, por garotas que trabalham para viver. Em consequência, são mais realistas, na superfície. Presumem, por exemplo, que quase todo mundo tem de viver numa cidade grande e ter um emprego mais ou menos enfadonho. O sexo, longe de ser tabu, é o assunto. As histórias curtas e completas que constituem a parte especial desses jornais são geralmente do tipo "raiou o dia": a heroína escapa por pouco de perder seu "rapaz" para uma rival, ou o "rapaz" perde o emprego e tem de adiar o casamento, mas acaba por conseguir um emprego melhor. A fantasia da criança trocada ao nascer (uma menina criada num lar pobre é, "na realidade", filha de pais ricos) é outro tema predileto. Quando entra em cena o sensacionalismo, em geral nos folhetins, este surge do tipo mais doméstico de crime, como bigamia, falsificação ou, às vezes, assassinato; nada de marcianos, raios mortíferos ou gangues internacionais de anarquistas. Essas publicações buscam ao menos a credibilidade e têm uma conexão com a vida real em suas colunas de cartas, em que problemas genuínos são discutidos. A coluna de conselhos de Ruby M. Ayres no *Oracle*, por exemplo, é extremamente sensível e bem escrita. E, no entanto, o mundo de *Oracle* e *Peg's Paper* é de pura fantasia. É a mesma fantasia o tempo inteiro: fingir ser mais rico do que se é. A principal impressão que se tem de quase todas as histórias publicadas nesses jornais é a de um "refinamento" terrível, avassalador. Na aparência, as personagens são de classe trabalhadora, mas seus hábitos, o interior de suas casas, suas roupas, seu ponto de vista e, sobretudo, sua fala são totalmente de classe média. Todos vivem com várias libras por semana acima de suas rendas. E não é preciso dizer que é justamente essa a impressão que querem causar. A ideia é dar à garota entediada da fábrica ou à mãe exausta de cinco filhos uma vida de sonho em que ela se vê não como uma duquesa (essa convenção acabou), mas como, digamos, a esposa de um gerente de banco. Não somente se estabelece como ideal um padrão de vida de cinco a seis libras por semana, como se pressupõe tacitamente que é assim que as pessoas da classe operária *de fato* vivem. Os fatos importantes simplesmente não são encarados. Admite-se, por exemplo, que as pessoas às vezes percam seus empregos; mas depois as nuvens negras se afastam e elas conseguem empregos melhores. Não há menção ao desemprego como algo permanente e inevitável, nenhuma menção ao subsídio do governo ou ao sindicalismo. Não se encontra nenhuma sugestão de que possa haver algo de errado com o sistema *enquanto sistema*; há apenas infortúnios individuais que se devem em geral à perversidade de alguém e podem, ao menos, ser corrigidos no último capítulo. As nuvens negras sempre se afastam, o patrão bondoso aumenta o salário de Alfred e há emprego para todos, com exceção dos bêbados. Ainda é o mundo de Wizard e Gem, mas temos flores de laranjeira em vez de metralhadoras.

A atitude inculcada por todas essas publicações é a de um membro excepcionalmente estúpido da Liga Naval no ano de 1910. Sim, talvez se diga, mas isso tem importância? E, de qualquer modo, que outra coisa você espera?

Evidentemente, ninguém em plena consciência quereria transformar o chamado *"penny dreadful"* num romance realista ou num panfleto socialista. Uma história de aventuras deve, por natureza, ser mais ou menos distante da vida real. Mas, como tentei deixar claro, a irrealidade de Wizard e Gem não é tão ingênua quanto parece. Esses jornais existem devido a uma demanda especializada, porque os meninos de certa idade acham necessário ler sobre marcianos, raios mortíferos, ursos-pardos e gângsteres. Eles ganham o que procuram, mas isso vem embrulhado nas ilusões que seus futuros patrões julgam apropriadas para eles. Em que medida as pessoas tiram suas ideias da ficção é uma questão controvertida. Pessoalmente, creio que a maioria das pessoas é muito mais influenciada do que gostariam de admitir por romances, folhetins, filmes, e assim por diante, e que desse ponto de vista os piores livros são, com frequência, os mais importantes, porque costumam ser os que são lidos mais cedo na vida. É provável que muita gente que se consideraria extremamente sofisticada e "avançada" esteja, na verdade, carregando pela vida um pano de fundo imaginário que adquiriu na infância de (por exemplo) Sapper e Ian Hay.[10] Se isso é verdade, os semanários juvenis de dois pence são da maior importância. Trata-se daquilo que é lido entre as idades de doze e dezoito anos por uma grande proporção, talvez a maioria, dos meninos ingleses, inclusive muitos que jamais lerão outra coisa exceto jornais; e, junto com isso, eles estão absorvendo um conjunto de crenças que seria considerado irremediavelmente antiquado na sede do Partido Conservador. Tanto melhor por ser feito de modo indireto, enculca-se neles a convicção de que os grandes problemas de nosso tempo não existem, que não há nada de errado com o capitalismo *laissez-faire*, que os estrangeiros são cômicos sem importância e que o Império Britânico é uma espécie de firma de caridade que durará para sempre. Levando-se em conta quem são os donos desses jornais, é difícil acreditar que isso não seja intencional. Dos doze jornais que estou analisando (ou seja, doze incluindo *Thriller* e *Detective Weekly*), sete são de propriedade da Amalgamated Press, um dos maiores conglomerados da imprensa no mundo, que controla mais de cem diferentes jornais. O *Gem* e o *Magnet*, portanto, estão intimamente ligados ao *Daily Telegraph* e ao *Financial Times*. Isso em si seria suficiente para levantar certas suspeitas, mesmo que não fosse óbvio que as histórias dos semanários juvenis são politicamente escrutinadas. Assim, ao que tudo indica, se você está carente de uma vida de fantasia em que viaja até Marte e enfrenta leões a unha (e que menino não está?), você só pode ter isso se entregando mentalmente para gente como lorde Camrose,[11] pois não há concorrência. Em todo o conjunto de jornais, as diferenças são insignificantes e nesse nível não existem outros. Isso levanta a questão: por que não existe um jornal de esquerda para meninos?

À primeira vista, essa ideia nos deixa apenas levemente nauseados. É facílimo imaginar como seria um jornal de esquerda juvenil, se ele existisse. Lembro que, em 1920 ou 1921, uma pessoa otimista andou distribuindo panfletos comunistas para meninos de escola de elite. O panfleto que recebi era do tipo pergunta e resposta:

P. Um menino comunista pode ser escoteiro, camarada?
R. Não, camarada.
P. Por quê, camarada?
R. Porque, camarada, um escoteiro deve saudar o pavilhão do Reino Unido, que é o símbolo da tirania e da opressão.
Etc. etc.

Ora, suponha que neste momento alguém lance um jornal de esquerda dirigido deliberadamente para meninos de doze ou catorze anos. Não estou sugerindo que todo o seu conteúdo seria como o panfleto que citei acima, mas alguém duvida que seria *parecido*? É inevitável que esse jornal teria um ânimo lúgubre ou estaria sob influência comunista e seria dado à adulação da Rússia soviética; em ambos os casos, nenhum menino normal jamais olharia para eles. Com exceção da literatura culta, toda a imprensa de esquerda, na medida em que é vigorosamente "esquerdista", é um longo panfleto. O único jornal socialista da Inglaterra que poderia viver uma semana por seus méritos *enquanto jornal* é o *Daily Herald*, e quanto socialismo existe no *Daily Herald*? Neste momento, portanto, um jornal com inclinação "esquerdista" e, ao mesmo tempo, capaz de atrair adolescentes comuns é algo quase fora de cogitação.

Mas não impossível. Não há nenhuma razão para que as histórias de aventuras sejam sempre misturadas com esnobismo e patriotismo de sarjeta. Afinal, as histórias publicadas em Hotspur e Modern Boy não são panfletos conservadores: são apenas histórias de aventuras com viés conservador. É razoavelmente fácil imaginar uma reversão do processo. É possível, por exemplo, imaginar um jornal tão emocionante e animado como o Hotspur, mas com um tema e uma "ideologia" um pouco mais atualizados. É até possível (embora isso levante outras dificuldades) imaginar um jornal feminino do mesmo nível literário do Oracle, que tratasse do mesmo tipo de história, mas que levasse mais em conta as realidades da vida operária. Coisas assim já foram feitas antes, embora não na Inglaterra. Nos últimos anos da monarquia espanhola, houve uma grande produção de romancetes de esquerda, alguns de origem obviamente anarquista. Por azar, na época em que foram publicados eu não percebi seu significado social e perdi a coleção que tinha, mas sem dúvida seria possível encontrar exemplares deles. Esses textos espanhóis, em composição e estilo de história, eram muito parecidos com o romancete inglês de quatro pence, mas sua inspiração era de "esquerda". Se, por exemplo, a história descrevia a polícia perseguindo anarquistas pelas montanhas, era escrita do ponto de vista dos anarquistas, e não da polícia. Um exemplo mais à mão é o filme soviético Tchapáiev, que foi exibido várias vezes em Londres. Em termos técnicos, pelos padrões da época em que foi feito, Tchapáiev é um filme excelente, mas mentalmente, apesar do pano de fundo russo pouco conhecido, não está tão distante de Hollywood. O que o eleva acima do comum é o notável desempenho do ator que faz o papel do oficial branco (o gordo) — um desempenho muito semelhante a uma improvisação inspirada.

Afora isso, a atmosfera é familiar. Toda a parafernália usual está presente — luta heroica em condição de inferioridade, fuga no último momento, cenas de cavalos galopando, interesse amoroso, alívio cômico. Na verdade, trata-se de um filme bastante comum, mas sua tendência é de "esquerda". Num filme de Hollywood da guerra civil russa, os brancos seriam provavelmente anjos e os vermelhos, demônios. Na versão russa, os vermelhos são anjos e os brancos, demônios. Isso também é uma mentira, mas a longo prazo é uma mentira menos perniciosa do que a outra.

Nesse ponto, apresentam-se vários problemas difíceis. Sua natureza geral é bastante óbvia, e não quero discuti-los. Estou apenas apontando para o fato de que, na Inglaterra, a literatura de ficção popular é um campo em que o pensamento de esquerda jamais entrou. *Toda* a ficção, dos romances das bibliotecas populares para baixo, é censurada pelo interesse da classe dominante. E a ficção juvenil, sobretudo o material excitante e violento que quase todos os meninos devoram em algum momento da vida, está embebida das piores ilusões de 1910. Esse fato só não é importante se acreditarmos que aquilo que é lido na infância não deixa nenhuma marca. Lorde Camrose e seus colegas evidentemente não acreditam em nada desse tipo e, afinal, lorde Camrose deve saber.

*

A liberdade do parque
Tribune, 7 de dezembro de 1945

Há algumas semanas, cinco indivíduos que vendiam jornais na frente do Hyde Park foram presos pela polícia por obstrução de via pública. Levados ao tribunal, foram todos considerados culpados pelos juízes; quatro deles foram detidos por seis meses e o outro, sentenciado a quarenta xelins de multa ou um mês de prisão. Ele preferiu ir para a cadeia, onde suponho que esteja até agora.

Os jornais que essas pessoas estavam vendendo eram *Peace News*, *Forward* e *Freedom*, além de literatura similar. *Peace News* é o órgão da União de Compromisso pela Paz, *Freedom* (chamado até recentemente *War Commentary*) é o dos anarquistas; quanto ao *Forward*, sua linha política desafia uma definição, mas é, sem dúvida, de esquerda radical. O juiz, ao emitir a sentença, declarou que não foi influenciado pela natureza da literatura que estava sendo vendida: só estava preocupado com o fato da obstrução, e que esse delito havia sido tecnicamente cometido.

Isso levanta várias questões importantes. Para começar, o que diz a lei a esse respeito? Tanto quanto posso descobrir, vender jornais na rua é tecnicamente uma obstrução, ao menos se a pessoa não vai embora quando a polícia manda. Então, em termos legais, seria possível para qualquer policial que assim decidisse prender um jornaleiro por vender o *Evening News*. Obviamente isso não acontece, pois a aplicação da lei depende do arbítrio da polícia. E o que faz a polícia prender um homem em vez de outro? A despeito do que possa dizer o juiz, acho difícil acreditar que, nesse caso, a polícia não foi influenciada por considerações políticas. É coincidência demais que os policiais tenham escolhido pessoas que vendiam justamente aqueles jornais. Se tivessem detido alguém que estivesse vendendo *Truth*, ou o *Tablet*, ou o *Spectator*, ou até mesmo o *Church Times*, seria mais fácil crer na imparcialidade deles.

A polícia britânica não é como a *gendarmerie* ou a Gestapo da Europa continental, mas não acho que seja uma calúnia dizer que, no passado, ela foi hostil às atividades esquerdistas. Em geral, ela mostrou uma tendência a se alinhar com os que considera defensores da propriedade privada. Houve alguns casos escandalosos na época dos distúrbios de Mosley.[1] No único grande comício de Mosley a que compareci, a polícia colaborou com os camisas-negras na "manutenção da ordem", de uma maneira em que certamente não teria colaborado com socialistas ou comunistas. Até recentemente, "vermelho" e "ilegal" eram quase sinônimos, e era sempre o vendedor do, digamos, *Daily Worker* e nunca o do, digamos, *Daily Telegraph* que recebia ordens de ir andando, e em geral sofria intimidações. Parece que pode acontecer a mesma coisa, ao menos em alguns momentos, sob um governo trabalhista.

Uma coisa que eu gostaria de saber — e sobre a qual ouvimos muito pouco — é que mudanças são feitas no pessoal administrativo quando há mudança de governo. O policial que tem uma vaga noção de que "socialismo" significa uma coisa contra a lei continua a agir da mesma forma quando o próprio governo é socialista? Manda um princípio saudável que o funcionário não tenha filiação partidária, sirva fielmente a sucessivos governos e não deva ser perseguido por suas opiniões políticas. Mesmo assim, nenhum governo pode se dar ao luxo de deixar os inimigos em postos-chave, e quando o Partido Trabalhista está no poder legítimo pela primeira vez — e, portanto, quando está assumindo uma administração composta por conservadores —, ele deve claramente fazer mudanças suficientes para evitar sabotagem. O funcionário, mesmo quando é amigo do governo no poder, tem demasiada consciência de que é permanente e pode frustrar os ministros de vida curta a quem supostamente deve servir.

Quando um governo trabalhista assume, eu me pergunto: o que acontece com a Divisão Especial da Scotland Yard? Com a Inteligência Militar? Com o Serviço Consular? Com as várias administrações coloniais — e assim por diante? Não nos contam, mas os sintomas que percebemos não sugerem que alguma reorganização muito grande esteja em andamento. Ainda somos representados no exterior pelos mesmos embaixadores, e a censura da BBC parece ter o mesmo matiz sutilmente reacionário de sempre. A BBC afirma, é claro, ser independente e não política. Disseram-me certa vez que sua "linha", se é que existe alguma, era representar a esquerda do governo no poder. Mas isso foi no tempo do governo Churchill. Se ela representa a esquerda do governo atual, eu não notei.

Porém, o principal ponto desse episódio é que não deveria haver interferência na atividade dos vendedores de jornais e panfletos. É secundário saber qual a minoria atingida, sejam pacifistas, comunistas, anarquistas, Testemunhas de Jeová ou a Legião dos Reformadores Cristãos, que declarou recentemente que Hitler era Jesus Cristo. É sintomático o fato de aquelas pessoas terem sido presas naquele lugar específico. Não se pode vender literatura dentro do Hyde Park, mas há muitos anos é comum que os vendedores de jornais fiquem do lado de fora dos portões e distribuam literatura relacionada com as reuniões realizadas ao ar livre cem metros adiante. Todo tipo de publicação era vendida ali sem interferência.

Quanto aos comícios dentro do parque, eles são uma das pequenas maravilhas do mundo. Ali, em diferentes momentos, ouvi nacionalistas indianos, defensores da abstinência alcoólica, comunistas, trotskistas, o SPGB,[2] a Sociedade da Evidência Católica, livre-pensadores, vegetarianos, mórmons, o Exército da Salvação, o Exército da Igreja e uma grande variedade de simples malucos, todos se revezando na tribuna de forma ordenada e sendo ouvidos por uma plateia bem-humorada. Admitindo-se que o Hyde Park é uma área especial, uma espécie de Alsácia em que opiniões proibidas têm permissão para passear, mesmo assim, em poucos países do mundo se pode ver um espetáculo similar. Muito antes de Hitler tomar o poder, conheci europeus continentais que saíram do parque espantados e até perturbados pelas coisas que ouviram nacionalistas indianos ou irlandeses dizer sobre o Império Britânico.

O grau de liberdade de imprensa existente neste país é com frequência superestimado. Tecnicamente, há uma grande liberdade, mas o fato é que a maior parte da imprensa é de propriedade de algumas pessoas que agem de forma muito parecida com a de uma censura estatal. Por outro lado, a liberdade de manifestação oral é verdadeira. No palanque ou em certos espaços ao ar livre reconhecidos, como o Hyde Park, pode-se dizer quase tudo; e o mais significativo talvez seja que ninguém tem medo de manifestar suas verdadeiras opiniões em pubs, em cima de ônibus, e assim por diante.

O problema é que a relativa liberdade de que desfrutamos depende da opinião pública. A lei não é nenhuma proteção. Os governos fazem as leis, mas se são executadas, e como a polícia se comporta, tudo isso depende do humor geral do país. Se um grande número de pessoas estiver interessado na liberdade de manifestação oral, haverá liberdade de manifestação oral, mesmo que a lei a proíba; se a opinião pública for apática, minorias inconvenientes serão perseguidas, ainda que existam leis para protegê-las. O declínio do desejo de liberdade intelectual não foi tão agudo quanto eu teria previsto há seis anos, quando a guerra estava começando, mas mesmo assim houve um declínio. A noção de que não se pode permitir a manifestação de certas opiniões está crescendo. É moeda corrente entre intelectuais que confundem a questão ao não distinguir entre oposição democrática e rebelião aberta, e se reflete em nossa crescente indiferença à tirania e à injustiça no resto do mundo. E até mesmo os que se declaram favoráveis à liberdade de opinião geralmente ficam quietos quando são seus adversários que estão sendo perseguidos.

Não estou sugerindo que a prisão de cinco pessoas por vender jornais inofensivos é uma grande calamidade. Quando vemos o que está acontecendo no mundo hoje, não parece valer a pena bradar por um incidente tão pequeno. Ainda assim, não é um bom sintoma que esse tipo de coisa aconteça quando a guerra já terminou há um bom tempo, e eu me sentiria mais feliz se isso e a longa série de episódios que o precederam conseguissem levantar um clamor popular genuíno, e não apenas um leve alvoroço em seções da imprensa minoritária.

*

A prevenção contra a literatura
Polemic, nº 2, janeiro de 1946

Há cerca de um ano, fui a uma reunião do PEN Club cujo motivo era o terceiro centenário de *Areopagitica*, de Milton — um panfleto, é bom lembrar, em defesa da liberdade de imprensa. A famosa frase de Milton sobre o pecado de "matar" um livro estava impressa nos folhetos que anunciavam a reunião e que foram distribuídos de antemão.

Havia quatro palestrantes na tribuna. Um deles fez um discurso que tratou realmente da liberdade da imprensa, mas só em relação à Índia; outro disse, com hesitação, em termos muito gerais, que a liberdade era uma coisa boa; um terceiro fez um ataque às leis relacionadas com a obscenidade na literatura. O quarto dedicou a maior parte de seu discurso a uma defesa dos expurgos na Rússia. Entre as pessoas da plateia que falaram, algumas voltaram à questão da obscenidade e das leis que tratam dela, outros simplesmente fizeram elogios à Rússia soviética. A liberdade moral — a liberdade de discutir questões sexuais com franqueza em textos impressos — parecia contar com a aprovação geral, mas a liberdade política não foi mencionada. Naquela reunião de várias centenas de pessoas, das quais talvez metade estivesse diretamente ligada à atividade da escrita, não houve uma única capaz de dizer que a liberdade de imprensa, se é que significa alguma coisa, significa a liberdade de criticar e se opor. Por uma ou outra razão, ninguém citou o panfleto cujo aniversário estava sendo comemorado. Tampouco houve menção aos vários livros que foram "mortos" neste país e nos Estados Unidos durante a guerra. Em seu resultado final, a reunião foi uma manifestação em favor da censura.[1]

Não há nada de muito surpreendente nisso. Em nossa época, a ideia de liberdade intelectual está sob ataque de duas direções. De um lado estão seus inimigos teóricos, os apologistas do totalitarismo, e, do outro, seus inimigos práticos imediatos, o monopólio e a burocracia. Qualquer escritor ou jornalista que deseje manter sua integridade se vê mais contrariado pelo curso geral da sociedade do que por perseguição ativa. Os tipos de coisas que trabalham contra ele são a concentração da imprensa nas mãos de alguns homens ricos, o controle do monopólio sobre o rádio e o cinema, a falta de disposição do público para gastar dinheiro em livros, fazendo que quase todos os escritores tenham de ganhar parte de seu sustento como assalariados ou escrevendo por encomenda, a intrusão de órgãos oficiais, como o Ministério da Informação e o Conselho Britânico, que ajudam o escritor a se manter vivo, mas também desperdiçam seu tempo e ditam suas opiniões, e a contínua atmosfera de guerra dos últimos dez anos, de cujos efeitos deformadores ninguém conseguiu escapar. Tudo em nossa época conspira para transformar o escritor, assim como todos os outros tipos de artistas, num funcionário menor que trabalha sobre temas que lhe são passados de cima e ao qual nunca contam toda a verdade. Mas, na luta contra esse destino, ele não recebe ajuda de seu próprio lado, ou seja, não existe um grande corpo de opinião que lhe garanta que ele tem razão. No passado, ao menos ao longo dos séculos protestantes, as ideias de rebelião e de integridade intelectual estavam misturadas. Um herege — político, moral, religioso ou estético — era alguém que se recusava a insultar sua consciência. Seu ponto de vista estava resumido nas palavras do hino evangélico:

> *Ousa ser um Daniel,*
> *Ousa erguer-te sozinho;*
> *Ousa ter um propósito firme,*
> *Ousa torná-lo conhecido.*

Para atualizar esse hino, seria preciso acrescentar um "Não" no início de cada verso, pois a peculiaridade de nossa época é que os rebeldes contra a ordem existente, ao menos os mais numerosos e característicos deles, se rebelam também contra a ideia de integridade individual. A independência do escritor e do artista é corroída por vagas forças econômicas, e ao mesmo tempo é solapada pelos que deveriam ser seus defensores. É desse segundo processo que estou tratando aqui.

A liberdade de pensamento e de imprensa é geralmente atacada com argumentos com os quais não vale a pena se preocupar. Quem tem experiência em palestras e debates os conhece de cor. Aqui, não estou tentando tratar da alegação familiar de que a liberdade é uma ilusão, ou da afirmação de que existe mais liberdade em países totalitários que nos democráticos, mas da proposição muito mais defensável e perigosa de que a liberdade é indesejável e que a honestidade intelectual é uma forma de egoísmo antissocial. Embora outros aspectos da questão costumem ocupar o primeiro plano, a controvérsia sobre a liberdade de expressão e de imprensa é, no fundo, uma controvérsia sobre a desejabilidade ou não de contar mentiras. O que está de fato em questão é o direito de narrar os eventos contemporâneos honestamente, ou tão honestamente quanto é compatível com a ignorância, o preconceito e o autoengano de que todo observador necessariamente sofre. Ao dizer isso, pode parecer que estou afirmando que a "reportagem" direta é o único ramo da literatura que importa, mas tentarei mostrar mais adiante que em todos os níveis literários — e talvez em todas as artes — a mesma questão surge em formas mais ou menos sutis. Enquanto isso, é preciso despir essa controvérsia das irrelevâncias em que normalmente está envolta.

Os inimigos da liberdade intelectual sempre tentam apresentar sua defesa em termos de um apelo à disciplina, contra o individualismo. A questão verdade versus inverdade é, na medida do possível, mantida afastada. Embora o ponto de ênfase possa variar, o escritor que se recusa a vender suas opiniões é sempre rotulado de mero egoísta. Ele é acusado de querer se trancar numa torre de marfim, ou de fazer um alarde exibicionista de sua personalidade, ou de resistir à corrente inevitável da história, numa tentativa de se agarrar a privilégios injustificáveis. O católico e o comunista são parecidos na presunção de que um oponente não pode ser honesto e inteligente. Ambos alegam tacitamente que a "verdade" já foi revelada e que o herege, se não é um simples idiota, no íntimo está consciente da "verdade" e apenas resiste a ela por motivos egoístas. Na literatura comunista, o ataque à liberdade intelectual costuma ser disfarçado pela oratória sobre o "individualismo pequeno-burguês", "a ilusão do liberalismo do século xix" etc., e apoiado por palavras ofensivas como "romântico" e "sentimental", as quais, uma vez que não têm nenhum significado aceito por todos, são difíceis de responder. Desse modo, a controvérsia é manobrada para se afastar da verdadeira questão. Pode-se aceitar — e a maioria das pessoas esclarecidas aceitaria — a tese comunista de que a liberdade pura só existirá numa sociedade sem classes, e que se é mais livre quando se trabalha para chegar a essa sociedade. Mas junto com isso vem a alegação bastante infundada de que o Partido Comunista busca o estabelecimento de uma sociedade sem classes, e que na União Soviética esse objetivo está em vias de ser alcançado. Se permitirmos que a primeira alegação implique a segunda, não há quase nenhum ataque ao bom senso e à decência pública que não possa ser justificado. Mas, enquanto isso, a verdadeira questão foi evitada. Liberdade do intelecto significa liberdade de contar o que se viu, ouviu ou sentiu, e não ser obrigado a fabricar fatos e sentimentos imaginários. Os ataques familiares contra o "escapismo", o "individualismo", o "romantismo" e assim por diante são meros estratagemas forenses cujo objetivo é fazer a perversão da história parecer respeitável.

Há quinze anos, quando alguém defendia a liberdade do intelecto, era preciso defendê-la contra os conservadores, os católicos e, em certa medida — pois não eram de grande importância na Inglaterra —, os fascistas. Hoje, é preciso defendê-la contra os comunistas e simpatizantes. Não devemos exagerar a influência direta do pequeno Partido Comunista Inglês, mas não pode haver dúvida quanto ao efeito venenoso do mito russo sobre a vida intelectual inglesa. Graças a ele, fatos são suprimidos e distorcidos em tal grau que se torna duvidoso que uma história verdadeira de nosso tempo possa vir a ser escrita. Darei apenas um exemplo entre as centenas que poderiam ser citados. Quando a Alemanha caiu, descobriu-se que um grande número de russos soviéticos — a maioria, sem dúvida, por motivos não políticos — havia trocado de lado e lutava pelos alemães. Sabemos também que uma proporção pequena, mas não insignificante, dos prisioneiros russos e das pessoas deslocadas se recusou a voltar para a União Soviética, e pelo menos alguns foram repatriados contra a vontade. Esses fatos, conhecidos de muitos jornalistas que estavam lá, quase não foram mencionados na imprensa britânica, ao mesmo tempo que os publicistas russófilos na Inglaterra continuavam a justificar os expurgos e as deportações de 1936-8 com a alegação de que a União Soviética "não tinha colaboracionistas". A névoa de mentiras e desinformação que cerca assuntos como a fome na Ucrânia, a Guerra Civil Espanhola, a política russa na Polônia, e assim por diante, não se deve de todo à desonestidade consciente, mas qualquer jornalista ou escritor que seja totalmente simpático à União Soviética — ou seja, do modo como os russos gostariam que ele fosse — é obrigado a concordar com a falsificação deliberada de questões importantes. Tenho diante de mim o que deve ser um panfleto muito raro, escrito por Maksim Litvínov em 1918, que delineia os eventos recentes da Revolução Russa. Ele não menciona Stálin, mas faz altos elogios a Trótski, bem como a Zinóviev, Kámenev e outros. Qual poderia ser a atitude do comunista mais intelectualmente escrupuloso em relação a esse panfleto? Na melhor das hipóteses, a atitude obscurantista de dizer que se trata de um documento indesejável que é melhor eliminar. E se por algum motivo decidissem publicar uma versão truncada do panfleto, denegrindo Trótski e inserindo referências a Stálin, nenhum comunista que permanecesse fiel ao Partido poderia protestar. Falsificações quase tão grosseiras como essa foram cometidas em anos recentes. Mas o importante não é que tenham acontecido, mas que mesmo quando são conhecidas não provocam reação da *intelligentsia* como um todo. O argumento de que contar a verdade seria "inoportuno", ou "favorecer o jogo" de alguém, é considerado irresponsível, e poucos se importam com a perspectiva de que as mentiras que toleram sairão dos jornais e entrarão nos livros de história.

A mentira organizada praticada pelos Estados totalitários não é, como se alega às vezes, um expediente temporário da mesma natureza que o ardil militar. Trata-se de algo inerente ao totalitarismo, que continuaria mesmo que os campos de concentração e as forças da polícia secreta deixassem de ser necessários. Entre os comunistas inteligentes corre uma lenda clandestina segundo a qual, embora seja obrigado agora a fazer propaganda mentirosa, julgamentos forjados e assim por diante, o governo russo está registrando em segredo os fatos verdadeiros e os publicará em algum momento no futuro. Creio que podemos ter certeza de que esse não é o caso, porque a mentalidade implícita numa ação desse tipo é a do historiador liberal que acredita que o passado não pode ser alterado e que um conhecimento correto da história é naturalmente valioso. Do ponto de vista totalitário, a história é algo a ser criado, em vez de aprendido. Um Estado totalitário é, na realidade, uma teocracia, e sua casta dominante, para manter sua posição, deve ser considerada infalível. Mas como na prática ninguém é infalível, muitas vezes é necessário rearranjar os eventos do passado a fim de mostrar que este ou aquele erro não foi cometido, ou que este ou aquele triunfo imaginário aconteceu de fato. Daí que cada mudança importante na política exige uma mudança correspondente de doutrina e uma reavaliação de figuras históricas de proa. Esse tipo de coisa acontece em todos os lugares, mas é mais provável que leve a falsificações completas em sociedades nas quais se permite somente uma opinião a qualquer momento. O totalitarismo exige, na realidade, a alteração contínua do passado, e a longo prazo requer provavelmente uma descrença na própria existência da verdade objetiva. Os simpatizantes do totalitarismo em nosso país tendem a argumentar que, uma vez que a verdade absoluta é inatingível, uma grande mentira não é pior do que uma pequena. Afirma-se que todos os registros históricos são tendenciosos e inexatos, ou, por outro lado, que a física moderna provou que aquilo que parece ser o mundo real é uma ilusão, de tal modo que acreditar nas provas de nossos sentidos não passa de filisteísmo vulgar. Uma sociedade totalitária que conseguisse se perpetuar provavelmente estabeleceria um sistema de pensamento esquizofrênico no qual as leis do senso comum seriam consideradas boas na vida cotidiana e em certas ciências exatas, mas poderiam ser desconsideradas pelo político, pelo historiador e pelo sociólogo. Já existem muitas pessoas que considerariam escandaloso falsificar um manual científico, mas não veriam nada de errado na falsificação de um fato histórico. É nesse ponto em que literatura e política se cruzam que o totalitarismo exerce sua maior pressão sobre o intelectual. Até agora as ciências exatas não estão ameaçadas por nada parecido. Isso explica por que em todos os países é mais fácil para os cientistas do que para os escritores se alinhar com seus respectivos governos.

Para manter a questão em perspectiva, repito o que disse no início deste ensaio: na Inglaterra, os inimigos imediatos da honestidade, e portanto da liberdade de pensamento, são os barões da imprensa, os magnatas do cinema e os burocratas, mas, numa visão de longo prazo, o enfraquecimento do desejo de liberdade entre os próprios intelectuais é o sintoma mais grave de todos. Pode parecer que estive falando todo esse tempo sobre os efeitos da censura, não sobre literatura como um todo, mas apenas sobre um departamento do jornalismo político. Admitindo-se que a União Soviética constitui uma espécie de área proibida na imprensa britânica, admitindo-se que questões como a Polônia, a Guerra Civil Espanhola, o Pacto Nazi-Soviético e outras similares estão excluídas de discussão séria, e que, se você tem informações que estão em conflito com a ortodoxia predominante, espera-se que as distorça ou fique calado a respeito — admitindo-se tudo isso, por que a literatura no sentido amplo deveria ser afetada? Todo escritor é um político e todo livro é necessariamente uma obra de reportagem direta? Até mesmo sob a ditadura mais rigorosa o escritor não pode permanecer livre dentro de sua mente e destilar ou disfarçar suas ideias heterodoxas de uma maneira que as autoridades serão estúpidas demais para reconhecer? E, de qualquer modo, se o escritor está de acordo com a ortodoxia predominante, por que esta teria um efeito inibidor sobre ele? Não é mais provável que a literatura e as artes floresçam em sociedades em que não existem grandes conflitos de opinião e nenhuma distinção aguda entre o artista e sua plateia? Devemos supor que todo escritor é um rebelde, ou mesmo que um escritor é em si uma pessoa excepcional?

Sempre que tentamos defender a liberdade intelectual contra as alegações do totalitarismo, encontramos de uma forma ou de outra esses argumentos. Eles se baseiam numa compreensão totalmente errada do que seja a literatura e como — talvez devêssemos dizer por que — ela existe. Eles pressupõem que o escritor produz apenas divertimento, ou que seja uma pena de aluguel que pode mudar de uma linha de propaganda para outra tão facilmente quanto um tocador de realejo muda de melodia. Mas, afinal, como os livros chegam a ser escritos? Acima de um nível bem baixo, a literatura é uma tentativa de influenciar o ponto de vista de seus contemporâneos pela narração da experiência. E no que tange à liberdade de expressão, não há muita diferença entre um mero jornalista e o mais apolítico escritor de ficção. O jornalista não é livre, e tem consciência disso quando é forçado a escrever mentiras ou suprimir o que lhe parece uma notícia importante; o escritor de ficção não é livre quando tem de falsificar seus sentimentos subjetivos, que do seu ponto de vista são fatos. Ele pode deformar e fazer caricatura da realidade a fim de tornar seu sentido mais claro, mas não pode falsear o cenário de sua mente: não pode dizer com convicção que gosta do que odeia, ou acredita no que não crê. Se é forçado a fazer isso, o único resultado é que suas faculdades criativas secam. Tampouco pode resolver o problema mantendo-se distante de temas controversos. Não existe literatura não política de verdade, muito menos numa época como a nossa, em que temores, ódios e lealdades de um tipo diretamente político estão próximos da superfície da consciência de todos. Até mesmo um único tabu pode causar um efeito totalmente paralisante na mente, porque há sempre o perigo de que qualquer pensamento seguido com liberdade possa levar à ideia proibida. Em consequência, a atmosfera do totalitarismo é mortal para qualquer tipo de prosador, embora um poeta, ao menos um poeta lírico, possa talvez julgá-lo respirável. E em qualquer sociedade totalitária que sobreviva por mais de duas gerações, é provável que a literatura de prosa, do tipo que existiu nos últimos quatrocentos anos, chegue ao fim.

Algumas vezes, a literatura floresceu sob regimes despóticos, mas, como já foi dito, os despotismos do passado não eram totalitários. Seus aparelhos de repressão eram sempre ineficazes, suas classes dirigentes eram em geral corruptas, apáticas ou meio liberais, e as doutrinas religiosas predominantes costumavam trabalhar contra o perfeccionismo e a noção de infalibilidade humana. Mesmo assim, é amplamente verdade que a literatura de prosa atingiu seus níveis mais altos em períodos de democracia e especulação livre. O que é novo no totalitarismo é que suas doutrinas não são apenas incontestáveis, mas também instáveis. Elas têm de ser aceitas sob pena de danação, mas, por outro lado, estão sempre sujeitas à alteração sem aviso prévio. Consideremos, por exemplo, as várias atitudes, completamente incompatíveis entre si, que um comunista inglês ou simpatizante teve de adotar perto do fim da guerra entre Grã-Bretanha e Alemanha. Antes de setembro de 1939, durante anos ele teve de viver numa aflição contínua em relação aos "horrores do nazismo" e transformar tudo o que escrevia em uma denúncia de Hitler; depois de setembro de 1939, durante vinte meses, ele precisou acreditar que a Alemanha era mais vítima do que agressora e a palavra "nazista", ao menos no que dizia respeito à imprensa, teve de cair fora de seu vocabulário. Imediatamente após ouvir o noticiário das oito da manhã de 22 de junho de 1941, ele teve de começar a crer de novo que o nazismo era o mal mais hediondo que o mundo já vira. Ora, é fácil para um político fazer essas mudanças; para um escritor, o caso é um pouco diferente. Se quiser trocar de lealdade exatamente no momento certo, ele precisa mentir sobre seus sentimentos ou suprimi-los por completo. Em ambos os casos, ele destrói seu dínamo. Não somente as ideias se recusarão a vir ao seu encontro, como as próprias palavras que usa parecerão enrijecer-se ao seu toque. Os escritos políticos de nosso tempo consistem quase totalmente em frases pré-fabricadas aparafusadas umas às outras como peças de um brinquedo de metal para montar. É o resultado inevitável da autocensura. Para escrever com uma linguagem simples e vigorosa, é preciso pensar sem medo, e se pensamos sem medo, não podemos ser politicamente ortodoxos. Poderia ser diferente numa "idade da fé", quando a ortodoxia predominante já está estabelecida há muito tempo e não é levada muito a sério. Nesse caso seria possível, ou poderia ser possível, para grandes áreas da nossa mente permanecer não afetadas pelo que se acredita oficialmente. Ainda assim, vale a pena notar que a literatura de prosa quase desapareceu durante a única idade da fé de que a Europa já desfrutou. Durante toda a Idade Média, quase não houve literatura de prosa imaginativa e muito pouco de escritos de história, e os líderes intelectuais da sociedade expressavam seus pensamentos mais sérios numa língua morta que mal se alterou durante mil anos.

O totalitarismo, no entanto, promete mais uma era de esquizofrenia que de fé. Uma sociedade se torna totalitária quando sua estrutura se torna fragrantemente artificial, ou seja, quando sua classe dominante perdeu a função, mas consegue se manter no poder pela força ou pela fraude. Uma sociedade assim, por mais que perdure, jamais pode se permitir ser tolerante ou intelectualmente estável. Jamais pode permitir o registro honesto dos fatos, ou a sinceridade emocional que a criação literária requer. Mas, para ser corrompido pelo totalitarismo, não é necessário viver num país totalitário. A mera predominância de certas ideias pode disseminar uma espécie de veneno que torna um tema após o outro impossível para propósitos literários. Sempre que há uma ortodoxia imposta — ou mesmo duas ortodoxias, como costuma acontecer —, a boa literatura acaba. Isso foi bem ilustrado pela guerra civil na Espanha. Para muitos intelectuais ingleses, a guerra foi uma experiência muito comovente, mas não uma experiência sobre a qual pudessem escrever com sinceridade. Só duas coisas podiam ser ditas, e ambas eram mentiras palpáveis; em consequência, a guerra produziu quilômetros de textos impressos, mas quase nada que valesse a pena ler.

Não se sabe se os efeitos do totalitarismo sobre a poesia devam ser tão mortais quanto sobre a prosa. Há toda uma série de razões convergentes para que seja um pouco mais fácil para um poeta do que para um prosador sentir-se em casa numa sociedade autoritária. Para começar, os burocratas e outros homens "práticos" costumam desprezar tanto o poeta que não se interessam pelo que ele está dizendo. Em segundo lugar, o que o poeta diz — isto é, o que seu poema "significa" se traduzido em prosa — tem pouca importância relativa até para ele mesmo. A ideia contida num poema é sempre simples e é seu objetivo principal tanto quanto a diversão é o propósito principal de um quadro. Um poema é um arranjo de sons e associações, assim como uma pintura é um arranjo de pinceladas. Com efeito, em segmentos curtos, como no refrão de uma canção, a poesia pode até dispensar completamente o sentido. Portanto, é bastante fácil para um poeta manter-se longe de temas perigosos e evitar heresias; e mesmo quando as pronuncia, elas podem passar despercebidas. Mas sobretudo a boa poesia, ao contrário da boa prosa, não é necessariamente um produto individual. Certos tipos de poemas, como as baladas, ou, por outro lado, formas de verso muito artificiais, podem ser compostos de modo cooperativo por grupos de pessoas. Discute-se se as antigas baladas inglesas e escocesas são na origem obras de indivíduos ou de muitas pessoas, mas de qualquer modo são não individuais no sentido de que mudam constantemente ao passar de boca em boca. Até mesmo impressas, não há duas versões exatamente iguais de uma balada.

Em muitos povos primitivos os versos são obras comunais. Alguém começa a improvisar, talvez acompanhado de um instrumento musical, outra pessoa entra com um verso ou uma rima quando o primeiro cantor para, e assim o processo continua até que exista uma canção ou balada inteira sem autor identificável.

Na prosa, esse tipo de colaboração íntima é quase impossível. A prosa séria, em todo caso, tem de ser escrita em solidão, enquanto a excitação de fazer parte de um grupo é, na verdade, uma ajuda para certos tipos de versificação. A poesia — e talvez uma boa poesia, embora não a melhor — pode sobreviver sob o regime mais inquisitorial. Até mesmo numa sociedade em que liberdade e individualidade tivessem sido extintas, ainda haveria necessidade de canções patrióticas e baladas heroicas para celebrar vitórias, ou para rebuscados exercícios de bajulação: são tipos de poemas que podem ser escritos por encomenda, ou escritos em conjunto, sem necessariamente carecer de valor artístico. A prosa é algo diferente, pois o escritor não pode estreitar o alcance de seus pensamentos sem matar sua inventividade. Mas a história das sociedades totalitárias, ou de grupos de pessoas que adotaram a visão totalitária, sugere que a perda da liberdade é inimiga de todas as formas de literatura. A literatura alemã quase desapareceu durante o regime de Hitler, e as coisas não foram muito melhores na Itália. A literatura russa, tanto quanto se pode julgar a partir de traduções, se deteriorou bastante desde os primeiros dias da Revolução, embora uma parte da poesia pareça estar em melhor situação do que a prosa. Poucos romances russos — se tanto — que podem ser levados a sério foram traduzidos nos últimos quinze anos. Na Europa ocidental e nos Estados Unidos, grandes setores da *intelligentsia* literária passaram pelo Partido Comunista ou simpatizaram muito com ele, mas todo esse movimento para a esquerda produziu extraordinariamente poucos livros que valem a pena ler. O catolicismo ortodoxo, de novo, parece ter um efeito esmagador sobre certas formas literárias, em especial o romance. Durante um período de trezentos anos, quantos indivíduos foram ao mesmo tempo bons romancistas e bons católicos? O fato é que certos temas não podem ser celebrados em palavras, e a tirania é um deles. Ninguém jamais escreveu um bom livro elogiando a Inquisição. A poesia talvez sobreviva numa era totalitária, e certas artes, ou quase artes, como a arquitetura, talvez até julguem a tirania benéfica, mas o prosador não teria escolha entre o silêncio e a morte. A literatura de prosa tal como a conhecemos é produto do racionalismo, dos séculos protestantes, do indivíduo autônomo. E a destruição da liberdade intelectual mutila o jornalista, o sociólogo, o historiador, o romancista, o crítico e o poeta, nessa ordem decrescente. No futuro, é possível que possa surgir um novo tipo de literatura que não envolva o sentimento individual ou a observação honesta, mas no presente uma coisa assim é inimaginável. Parece muito mais provável que, se a cultura liberal em que vivemos desde o Renascimento acabar, a arte literária perecerá com ela.

Por certo a impressão continuará a ser usada, e é interessante especular que tipos de matérias de leitura sobreviveriam numa sociedade rigidamente totalitária. Os jornais pelo jeito continuarão até que a técnica da televisão atinja um nível mais elevado, mas, com exceção dos jornais, é duvidoso já agora se a grande massa do povo nos países industrializados sente necessidade de qualquer tipo de literatura. De qualquer forma, ela não está disposta a gastar em material de leitura nem um pouco do que gasta em vários outros tipos de recreação. É provável que romances e contos sejam completamente superados pelo cinema e pelo rádio. Ou talvez algum tipo de ficção sensacionalista de baixo nível venha a sobreviver, produzido por uma espécie de linha de montagem que reduza a iniciativa humana ao mínimo.

É provável que escrever livros por processo mecânico não esteja além da engenhosidade humana. Um processo desse tipo já pode ser visto em funcionamento no cinema e no rádio, na publicidade e na propaganda e nas camadas mais baixas do jornalismo. Os filmes da Disney, por exemplo, são produzidos por um processo quase industrial: o trabalho é feito em parte mecanicamente e em parte por equipes de artistas que têm de abrir mão de seu estilo individual. Os programas de rádio costumam ser escritos por escritores assalariados aos quais o tema e seu tratamento são ditados de antemão; mesmo assim, o que escrevem é apenas uma espécie de matéria-prima que é retalhada por produtores e censores. O mesmo acontece com os inumeráveis livros e folhetos encomendados por órgãos governamentais. Mais parecida ainda com o processo mecânico é a produção de contos, folhetins e poemas para as revistas muito baratas. Publicações como a *Writer* estão cheias de anúncios de instituições literárias, todas oferecendo tramas prontas a pouco xelins de cada vez. Algumas, junto com a trama, oferecem frases de abertura e de encerramento de cada capítulo. Outras fornecem uma espécie de fórmula algébrica para que você conceba seus próprios enredos. Outras ainda oferecem baralhos em que as cartas representam personagens e situações: basta embaralhá-las e distribuí-las para produzir histórias automaticamente. É provável que a literatura de uma sociedade totalitária venha a ser produzida de forma parecida, se é que a literatura ainda será considerada necessária. A imaginação — e até a consciência, na medida do possível — seria eliminada do processo da escrita. Os livros seriam planejados em suas linhas gerais por burocratas e passariam por tantas mãos que, quando terminados, seriam um produto tão individual quanto um carro da Ford no fim da linha de montagem. Não é preciso dizer que qualquer coisa assim produzida seria um lixo; mas qualquer coisa que não fosse lixo poria em perigo a estrutura do Estado. Quanto à literatura sobrevivente do passado, seria suprimida ou, ao menos, cuidadosamente reescrita.

Por enquanto, o triunfo do totalitarismo não é total no mundo inteiro. Nossa própria sociedade ainda é, em termos gerais, liberal. Para exercer seu direito de livre manifestação, você tem de lutar contra a pressão econômica e contra setores fortes da opinião pública, mas não — ainda — contra uma polícia secreta. Você pode dizer ou imprimir quase tudo, desde que esteja disposto a fazê-lo de maneira meio clandestina. Mas o sinistro, como eu disse no início deste ensaio, é que os inimigos conscientes da liberdade são aqueles para quem a liberdade deveria significar o máximo. O grande público, de uma maneira ou de outra, não se importa com isso. Ele não é a favor de perseguir o herege, mas não vai se empenhar em defendê-lo. Ele é ao mesmo tempo sensato demais e estúpido demais para assumir uma perspectiva totalitária. O ataque direto, consciente, à decência intelectual vem dos próprios intelectuais.

É possível que a *intelligentsia* russófila, se não tivesse sucumbido àquele mito em particular, viesse a sucumbir a outro do mesmo tipo. Mas ao menos o mito russo está aí, e a corrupção que ele causa fede. Quando vemos homens cultos olhando com indiferença para a opressão e a perseguição, ficamos em dúvida se devemos desprezar mais o ceticismo ou a miopia deles. Muitos cientistas, por exemplo, são admiradores incondicionais da União Soviética. Eles parecem pensar que a destruição da liberdade não tem importância, desde que a linha de trabalho deles não seja afetada por enquanto. A União Soviética é um país grande e de desenvolvimento rápido que tem uma necessidade aguda de trabalhadores científicos e, em consequência, os trata com generosidade. Os cientistas são pessoas privilegiadas, desde que fiquem longe de temas perigosos como a psicologia. Por sua vez, os escritores são violentamente perseguidos. É verdade que prostitutos literários como Iliá Ehrenburg ou Aleksei Tolstói recebem enormes quantias de dinheiro, mas a única coisa realmente valiosa para um escritor de verdade — sua liberdade de expressão — lhe é retirada. Pelo menos alguns dos cientistas que falam com entusiasmo das oportunidades desfrutadas pelos cientistas na Rússia são capazes de compreender isso. Mas a reflexão deles parece ser: "Escritores são perseguidos na Rússia. E daí? Eu não sou escritor". Eles não percebem que um ataque à liberdade intelectual e ao conceito de verdade objetiva ameaça a longo prazo todos os ramos do pensamento.

Por enquanto, o Estado totalitário tolera o cientista porque precisa dele. Até mesmo na Alemanha nazista os cientistas, com exceção dos judeus, eram relativamente bem tratados, e a comunidade científica alemã como um todo não ofereceu resistência a Hitler. No nosso estágio da história, até o governante mais autocrático é forçado a levar em conta a realidade física, em parte devido à sobrevivência de hábitos liberais de pensamento, em parte pela necessidade de se preparar para a guerra. Enquanto a realidade física não puder ser totalmente ignorada, enquanto dois mais dois forem quatro quando alguém está, por exemplo, fazendo o projeto de um avião, o cientista tem sua função e pode até gozar de um pouco de liberdade. Seu despertar virá mais tarde, quando o Estado totalitário estiver firmemente estabelecido. Enquanto isso, se ele quiser salvaguardar a integridade da ciência, é seu dever desenvolver algum tipo de solidariedade com seus colegas literários e não ficar indiferente quando escritores são silenciados ou levados ao suicídio e os jornais são sistematicamente falsificados.

Mas, a despeito do que aconteça com as ciências físicas, ou com a música, a pintura, a arquitetura, o certo é que — como tentei mostrar — a literatura estará condenada se a liberdade de pensamento perecer. Está condenada não somente em países que conservam uma estrutura totalitária; mas qualquer escritor que adote a perspectiva totalitária, que encontre desculpas para a perseguição e a falsificação da realidade, se destrói como escritor. Não há como fugir disso. Nenhuma diatribe contra o "individualismo" e a "torre de marfim", nenhum chavão religioso do tipo "a verdadeira individualidade só é alcançada através da identificação com a comunidade", pode esconder o fato de que uma mente comprada é uma mente podre. Se a espontaneidade não entrar em um ou outro momento, a criação literária é impossível e a linguagem se torna ossificada. Em algum momento do futuro, se a mente humana se transformar em algo totalmente distinto do que é agora, talvez aprendamos a separar a criação literária da honestidade intelectual. No momento, sabemos apenas que a imaginação, como certos animais selvagens, não se reproduz em cativeiro. O jornalista ou escritor que negar esse fato — e quase todo elogio atual à União Soviética contém ou implica essa negação — está, na realidade, pedindo sua própria destruição.

*

A liberdade de imprensa
(Prefácio para A *revolução dos bichos*)
Londres, 17 de agosto de 1945; Nova York, 26 de agosto de 1946

Este livro começou a ser pensado, no que diz respeito à ideia central, em 1937, mas só foi escrito perto do final de 1943. Quando isso aconteceu, era óbvio que haveria grande dificuldade para conseguir publicá-lo (apesar da atual escassez de livros que faz que qualquer coisa passível de ser descrita como livro "venda") e, de fato, foi recusado por quatro editoras. Somente uma delas tinha um motivo ideológico. Duas vinham publicando livros de oposição aos russos havia anos e a outra não tinha cor política detectável. Na verdade, um editor começou por aceitar o livro, mas depois dos arranjos preliminares ele decidiu consultar o Ministério da Informação, que parece tê-lo advertido, ou ao menos aconselhado com veemência, a não publicá-lo. Eis um trecho de sua carta:

> Mencionei a reação que tive de um importante funcionário do Ministério da Informação no que diz respeito à *Revolução dos bichos*. Devo confessar que essa expressão de opinião me deu mesmo o que pensar [...]. Posso ver agora que ele pode ser con-

siderado algo extremamente imprudente de se publicar no momento atual. Se a fábula se dirigisse a ditadores e ditaduras em geral, então a publicação não teria problema, mas ela segue, como vejo agora, de forma tão completa a ascensão dos soviéticos russos e seus dois ditadores que só pode se aplicar à Rússia, com a exclusão das outras ditaduras. Outra coisa: seria menos ofensivo se a casta dominante na fábula não fosse a dos porcos. Acho que a escolha de porcos para casta dirigente sem dúvida ofenderá muita gente e, em particular, quem é um pouco suscetível, como os russos sem dúvida são.

Esse tipo de coisa não é um bom sintoma. Obviamente, não é desejável que um departamento do governo tenha algum poder de censura (exceto em questões de segurança, que ninguém contesta em tempo de guerra) sobre livros que não têm patrocínio oficial. Mas o principal perigo para a liberdade de pensamento e de expressão neste momento não é a interferência direta do MI ou de qualquer órgão oficial. Se editoras e editores se empenham em impedir que certos temas sejam publicados, não é porque temem ser processados, mas porque temem a opinião pública. Neste país, a covardia intelectual é o pior inimigo que um escritor ou jornalista tem de encarar, e não me parece que esse fato tenha tido a discussão que merece.

Qualquer pessoa justa com experiência jornalística admitirá que durante esta guerra a censura *oficial* não foi particularmente irritante. Não fomos submetidos ao tipo de "coordenação" totalitária que talvez fosse razoável esperar. A imprensa tem algumas queixas justificadas, mas no geral o governo se comportou bem e foi surpreendentemente tolerante com opiniões minoritárias. O fato sinistro em relação à censura literária na Inglaterra é que ela é, em grande medida, voluntária. Ideias impopulares podem ser silenciadas e fatos inconvenientes, mantidos no escuro sem a necessidade de uma proibição oficial. Quem morou muito tempo num país estrangeiro saberá de exemplos de notícias sensacionais — coisas que por seus próprios méritos ganhariam grandes manchetes — que ficaram de fora da imprensa britânica, não porque o governo interveio, mas devido a um acordo tácito geral de que "não seria conveniente" mencionar aquele fato em particular. No que diz respeito aos jornais diários, isso é fácil de compreender. A imprensa britânica é extremamente centralizada, e a maior parte dela é de propriedade de homens ricos que têm todos os motivos para ser desonestos sobre certos temas importantes. Mas o mesmo tipo de censura velada também funciona em livros e periódicos, bem como em peças de teatro, filmes e programas de rádio. Em qualquer momento dado, há uma ortodoxia, um corpo de ideias que se supõe que todas as pessoas bem pensantes aceitarão sem questionar. Não é exatamente proibido dizer isso ou aquilo, mas é "impróprio" dizê-lo, assim como na época vitoriana era "impróprio" mencionar calças na presença de uma senhora. Quem desafia a ortodoxia dominante se vê silenciado com surpreendente eficácia. Uma opinião genuinamente fora de moda quase nunca recebe uma atenção justa, seja na imprensa popular ou nos ditos periódicos cultos.

Neste momento, o que a ortodoxia dominante exige é uma admiração acrítica pela Rússia soviética. Todos sabem disso, quase todos se deixam levar por isso. Qualquer crítica séria ao regime soviético, qualquer revelação de fatos que o governo soviético preferiria manter escondidos está a um passo de não ser impressa. E essa conspiração nacional para adular nossa aliada ocorre, o que é curioso, contra um pano de fundo de verdadeira tolerância intelectual, pois, embora não possamos criticar o governo soviético, ao menos somos livres para criticar nosso próprio governo. Dificilmente alguém imprimirá um ataque a Stálin, mas é bastante seguro atacar Churchill, ao menos em livros e periódicos. E ao longo de cinco anos de guerra, durante dois ou três dos quais estávamos lutando pela sobrevivência da nação, foram publicados sem interferência inúmeros livros, panfletos e artigos que defendiam um acordo de paz. Além disso, foram publicados sem provocar muita desaprovação. Desde que o prestígio da União Soviética não esteja envolvido, o princípio da liberdade de expressão tem sido razoavelmente mantido. Há outros temas proibidos e os mencionarei mais adiante, mas a atitude predominante em relação à União Soviética é o sintoma mais grave. É como se fosse espontâneo e não se devesse à ação de nenhum grupo de pressão.

O servilismo com que a maior parte da *intelligentsia* inglesa engoliu e repetiu a propaganda russa a partir de 1941 seria espantoso se ela não tivesse se comportado de maneira semelhante em várias ocasiões anteriores. Em uma questão controversa após a outra, o ponto de vista russo foi aceito sem exame e depois divulgado com completa desconsideração pela verdade histórica ou decência intelectual. Para citar apenas um exemplo, a BBC comemorou o 25º aniversário do Exército Vermelho sem mencionar Trótski. Isso foi tão correto quanto comemorar a batalha de Trafalgar sem mencionar Nelson, mas não provocou nenhum protesto da *intelligentsia* inglesa. Nas lutas internas dos vários países ocupados, a imprensa britânica, em quase todos os casos, ficou do lado da facção favorecida pelos russos e difamou a facção oposta, às vezes suprimindo provas materiais para fazer isso. Um caso particularmente esclarecedor foi o do coronel Mihailovich, o líder iugoslavo dos *tchetniks*.[1] Os russos, cujo protegido iugoslavo era o marechal Tito, acusaram Mihailovich de colaboração com os alemães. Essa acusação foi sem demora assumida pela imprensa britânica: os partidários do coronel não tiveram chance de respondê-la e os fatos que a contradiziam foram simplesmente escondidos. Em julho de 1943, os alemães ofereceram uma recompensa de 100 mil coroas de ouro pela captura de Tito e uma recompensa similar pela captura de Mihailovich. A imprensa britânica deu destaque para a recompensa por Tito, mas apenas um jornal mencionou (em letras pequenas) a recompensa por Mihailovich. E as acusações de colaboracionismo continuaram. Coisas muito parecidas aconteceram durante a Guerra Civil Espanhola. Lá também as facções do lado republicano que os russos estavam decididos a esmagar foram difamadas temerariamente pela imprensa inglesa de esquerda, e qualquer declaração em defesa delas, até mesmo na forma de carta, não era publicada. Hoje, as críticas à União Soviética não somente são consideradas repreensíveis, como a sua própria existência é mantida em segredo em alguns casos. Por exemplo, pouco antes de sua morte, Trótski escrevera uma biografia de Stálin. Podemos pressupor que não era um livro totalmente imparcial, mas por certo era vendável. Uma editora americana havia combinado sua publicação, e o livro estava no prelo — creio que os exemplares para resenha já haviam sido enviados — quando a União Soviética entrou na guerra. O livro foi imediatamente suspenso. Nenhuma palavra sobre esse fato apareceu na imprensa britânica, embora a existência de tal livro e sua supressão fossem uma notícia que valia alguns parágrafos.

É importante distinguir entre o tipo de censura que a *intelligentsia* literária inglesa se impõe voluntariamente e a que às vezes pode ser imposta por grupos de pressão. É notório que certos temas não podem ser discutidos por causa de "interesses adquiridos". O caso mais bem conhecido é o da máfia das patentes de remédios. Por sua vez, a Igreja Católica tem considerável influência na imprensa e pode em certa medida silenciar as críticas a ela. Um escândalo que envolva um padre católico quase nunca ganha divulgação, enquanto um sacerdote anglicano que se mete em confusão (por exemplo, o pároco de Stiffkey)[2] ganha manchetes. É muito raro que alguma coisa com tendência anticatólica apareça no palco ou no cinema. Qualquer ator pode testemunhar que uma peça ou filme que ataque ou faça graça com a Igreja Católica está sujeito a ser boicotado pela imprensa e provavelmente será um fracasso. Mas esse tipo de coisa é inofensivo, ou ao menos compreensível. Qualquer organização grande cuidará de seus interesses da melhor maneira que puder, e propaganda aberta não é algo condenável. Não se esperaria que o *Daily Worker* publicasse fatos desfavoráveis à União Soviética, da mesma forma que não se pode esperar que o *Catholic Herald* denuncie o papa. Mas acontece que todas as pessoas pensantes conhecem o *Daily Worker* e o *Catholic Herald* pelo que são. O inquietante é que, no que diz respeito à União Soviética e suas políticas, não se pode esperar críticas inteligentes ou mesmo, em muitos casos, simples honestidade de escritores e jornalistas liberais que estão sob pressão direta para falsificar suas opiniões. Stálin é sagrado e certos aspectos de suas políticas não devem ser discutidos a sério. Essa regra tem sido quase universalmente observada desde 1941, mas esteve em vigência, num grau maior do que às vezes é percebido, por dez anos antes disso. Durante todo esse tempo, as críticas *da esquerda* ao regime soviético só conseguiam ser ouvidas com grande dificuldade. Havia uma grande produção de literatura antirrussa, mas quase toda ela vinha de um ângulo conservador e claramente desonesto, antiquado e movido por motivos sórdidos. Do outro lado, havia um fluxo igualmente enorme e quase igualmente desonesto de propaganda pró-russa, o que equivalia a um boicote a quem tentasse discutir questões importantes de uma maneira madura. Era possível publicar livros antirrussos, mas fazê-lo era ter certeza de ser ignorado ou mal interpretado por quase toda a imprensa "culta". Tanto em público como em particular, o autor era advertido de que aquilo era "inconveniente". O que ele dizia talvez fosse verdade, mas era "inoportuno" e poderia "favorecer o jogo" desse ou daquele interesse reacionário. Essa atitude era defendida com o argumento de que a situação internacional e a necessidade urgente de uma aliança anglo-russa exigiam isso; mas estava claro que se tratava de uma racionalização. A *intelligentsia* inglesa, ou grande parte dela, havia desenvolvido uma lealdade nacionalista à União Soviética, e em seus corações eles sentiam que lançar qualquer dúvida sobre a sabedoria de Stálin era uma espécie de blasfêmia. Os acontecimentos na Rússia e os eventos em outros lugares deveriam ser julgados por padrões diferentes. As intermináveis execuções e os expurgos de 1936-8 foram aplaudidos por antigos oponentes da pena de morte, e era considerado da mesma forma adequado divulgar epidemias de fome quando aconteciam na Índia e escondê-las quando aconteciam na Ucrânia. E se isso era verdade antes da guerra, a atmosfera intelectual por certo não é melhor agora.

Mas voltemos ao meu livro. A reação a ele da maioria dos intelectuais ingleses será bem simples: "Não deveria ser publicado". Naturalmente, aqueles resenhistas que entendem da arte da difamação não o atacarão por motivos políticos, mas literários. Dirão que é um livro tolo, sem graça e um desperdício danado de papel. Isso pode ser verdade, mas não é obviamente toda a história. Não se diz que um livro "não deveria ser publicado" apenas porque é um livro ruim. Afinal, pilhas de lixo são impressas todos os dias e ninguém se incomoda. A *intelligentsia* inglesa, ou a maioria dela, fará objeções a este livro porque ele difama o Líder dela e prejudica a causa do progresso (na visão dela). Se eu fizesse o oposto, eles não teriam nada a dizer contra, ainda que os defeitos literários do livro fossem dez vezes mais flagrantes do que são. O sucesso, por exemplo, do Clube do Livro de Esquerda num período de quatro ou cinco anos mostra como eles estão dispostos a tolerar a obscenidade e a escrita desleixada desde que lhes diga o que querem ouvir.

A questão envolvida aqui é bastante simples: todas as opiniões, por mais impopulares — por mais insensatas até —, têm direito a ser ouvidas? Diga isso dessa maneira e quase todos os intelectuais ingleses acharão que devem dizer "sim". Mas dê uma forma concreta à questão e pergunte: "Que tal um ataque a Stálin? Isso tem direito a ser ouvido?", e a resposta mais frequente será "não". Nesse caso, a ortodoxia atual é contestada e o princípio da liberdade de manifestação desaparece. Ora, quando exigimos liberdade de expressão e de imprensa, não estamos exigindo liberdade absoluta. Sempre deve haver, ou ao menos sempre haverá, algum grau de censura enquanto as sociedades organizadas perdurarem. Mas a liberdade, como disse Rosa Luxemburgo, é "liberdade para o outro companheiro". O mesmo princípio está contido nas palavras famosas de Voltaire: "Detesto o que dizeis; defenderei até a morte vosso direito de dizê-las". Se a liberdade intelectual, que, sem dúvida, tem sido uma das marcas características da civilização ocidental, significa alguma coisa, é que todos devem ter o direito de dizer e imprimir o que acreditam ser a verdade, desde que isso não cause dano ao resto da comunidade de uma forma bastante inequívoca. Até recentemente, tanto a democracia capitalista como as versões ocidentais do socialismo tinham esses princípios como favas contadas. Nosso governo, como já destaquei, ainda alardeia que os respeita. A gente comum da rua — em parte, talvez, porque não está interessada o bastante em ideias para ser tolerante em relação a elas — ainda sustenta vagamente que "eu suponho que todos têm o direito de ter sua opinião". Apenas, ou ao menos principalmente a *intelligentsia* literária e científica, as próprias pessoas que deveriam ser os guardiões da liberdade começam a desprezá-la, tanto na teoria como na prática.

Um dos fenômenos peculiares de nosso tempo é o liberal renegado. Além da afirmação marxista familiar de que a "liberdade burguesa" é uma ilusão, há agora uma tendência difusa a sustentar que só se pode defender a democracia com métodos totalitários. Se amamos a democracia, diz o argumento, então devemos esmagar seus inimigos de qualquer maneira. E quem são seus inimigos?

Parece sempre que eles não são apenas aqueles que a atacam de forma aberta e consciente, mas os que "objetivamente" a põem em perigo ao difundir doutrinas erradas. Em outras palavras, defender a democracia implica destruir toda a independência de pensamento. Esse argumento foi usado, por exemplo, para justificar os expurgos russos. O mais ardente russófilo dificilmente acredita que todas as vítimas eram culpadas de todas as coisas de que foram acusadas, mas, ao sustentar opiniões heréticas, eles "objetivamente" causaram danos ao regime e, portanto, era justo não somente massacrá-los, mas desacreditá-los com acusações falsas. O mesmo argumento foi usado para justificar a mentira bem consciente que saiu na imprensa de esquerda sobre os trotskistas e outras minorias republicanas na Guerra Civil Espanhola. E foi usado de novo como razão para uivar contra o *habeas corpus* quando Mosley foi libertado em 1943.

Essas pessoas não percebem que, se incentivam os métodos totalitários, chegará o momento em que estes serão usados contra elas, e não a seu favor. Transforme em hábito prender fascistas sem julgamento e talvez o processo não se detenha nos fascistas. Logo depois que o proibido *Daily Worker* foi reaberto, fiz uma palestra para uma associação de trabalhadores no sul de Londres. A plateia era composta de operários e intelectuais de baixa classe média — o mesmo tipo de plateia que costumava se reunir nas filiais do Clube do Livro de Esquerda. A palestra havia tocado no tema da liberdade de imprensa e, no final, para meu espanto, várias pessoas se ergueram e me perguntaram se eu não achava que o levantamento da proibição do *Daily Worker* não era um grande erro. Quando lhes perguntei por quê, disseram que era um jornal de lealdade duvidosa e não deveria ser tolerado em tempo de guerra. Dei por mim defendendo o *Daily Worker*, que se dera ao trabalho de me difamar mais de uma vez. Mas onde aquelas pessoas haviam aprendido essa visão de essência totalitária? Quase certamente com os próprios comunistas! A tolerância e a decência estão profundamente arraigadas na Inglaterra, mas não são indestrutíveis e precisam ser mantidas vivas em parte por esforço consciente. O resultado da pregação de doutrinas totalitárias é enfraquecer o instinto por meio do qual os povos livres sabem o que é e o que não é perigoso. O caso de Mosley ilustra isso. Em 1940, era perfeitamente correto confiná-lo, tivesse ele cometido ou não tecnicamente algum crime. Estávamos lutando por nossas vidas e não podíamos permitir que um possível colaboracionista ficasse em liberdade. Mantê-lo trancafiado, sem julgamento, em 1943, foi uma arbitrariedade. A falha geral de não ver isso foi um mau sintoma, embora seja verdade que a agitação contra a libertação de Mosley foi, em parte, facciosa e, em parte, uma racionalização de outros descontentes. Mas quanto dessa inclinação para modos de pensar fascistas pode ser remontada ao "antifascismo" dos últimos dez anos e à falta de escrúpulos que acarretou?

É importante perceber que a russomania atual é apenas um sintoma do enfraquecimento geral da tradição liberal ocidental. Se o Ministério da Informação tivesse interferido e vetado em definitivo a publicação deste livro, o grosso da *intelligentsia* inglesa não veria nada de inquietante nisso. A lealdade acrítica à União Soviética por acaso é a ortodoxia atual, e onde os supostos interesses da União Soviética estão envolvidos, ela está disposta a tolerar não somente a censura, mas a falsificação deliberada da história. Para dar um exemplo: com a morte de John Reed, o autor de *Dez dias que abalaram o mundo* — um relato em primeira mão dos primeiros dias da Revolução Russa —, os direitos do livro passaram para o Partido Comunista Britânico, ao qual creio que Reed os legou. Alguns anos depois, os comunistas britânicos, depois de destruir a edição original do livro tanto quanto possível, lançaram uma versão truncada da obra, da qual eliminaram as menções a Trótski e também omitiram a introdução escrita por Lênin. Se ainda existisse uma *intelligentsia* radical na Grã-Bretanha, esse ato de falsificação teria sido exposto e denunciado em todos os jornais literários do país. Do modo como as coisas aconteceram, houve pouco ou nenhum protesto. Para muitos intelectuais ingleses, parecia uma coisa natural de fazer. E tal tolerância com essa evidente desonestidade significa muito mais do que o fato de a admiração pela Rússia estar na moda hoje. É bem possível que essa moda em particular não perdure. Tanto quanto posso prever, quando este livro for publicado, minha visão do regime soviético talvez seja a mais aceita em geral. Mas para que serviria isso? Trocar uma ortodoxia por outra não é necessariamente um avanço. O inimigo é a mente gramofone, concordemos ou não com o disco que está sendo tocado no momento.

Estou bem familiarizado com todos os argumentos contra a liberdade de pensamento e expressão — os argumentos que alegam que ela não pode existir e os que alegam que ela não deve existir. Respondo simplesmente que não me convencem e que nossa civilização, ao longo de um período de quatrocentos anos, esteve fundada na noção oposta. Há uma década acredito que o regime russo é principalmente uma coisa má e reivindico o direito de dizer isso, apesar do fato de sermos aliados da União Soviética em uma guerra que quero ver vencida. Se eu tivesse de escolher um texto par me justificar, escolheria o verso de Milton:

Pelas regras conhecidas da antiga liberdade.

A palavra *antiga* enfatiza o fato de que liberdade intelectual é uma tradição de raízes profundas sem a qual nossa cultura ocidental característica talvez não existisse. Para essa tradição, muitos de nossos intelectuais estão visivelmente dando as costas. Eles aceitaram o princípio de que um livro deve ser publicado ou suprimido, elogiado ou condenado, não em função de seus méritos, mas de acordo com a conveniência política. E os outros que, na verdade, não compartilham essa visão, lhe dão seu assentimento por pura covardia. O exemplo disso é o fato de muitos e ruidosos pacifistas ingleses não erguerem suas vozes contra o culto predominante ao militarismo russo. De acordo com eles, toda violência é ruim, e nos instaram a cada estágio da guerra a ceder ou, ao menos, fazer um acordo de paz. Mas quantos deles sugeriram alguma vez que a guerra também é ruim quando travada pelo Exército Vermelho? Aparentemente, os russos têm o direito de se defender, enquanto, para nós, fazê-lo é um pecado mortal. Só podemos explicar essa contradição de uma maneira: há um desejo covarde de conservar as boas graças do grosso da *intelligentsia*, cujo patriotismo é dirigido para a União Soviética, em vez de para a Grã-Bretanha. Eu sei que a *intelligentsia* inglesa está cheia de razões para sua timidez e desonestidade; com efeito, sei de cor os argumentos com os quais se justificam. Mas ao menos deixemos de asneiras sobre defender a liberdade contra o fascismo. Se a liberdade significa alguma coisa, significa o direito de dizer às pessoas o que elas não querem ouvir. A gente comum ainda assina vagamente embaixo dessa doutrina e age em conformidade. Em nosso país — não ocorre o mesmo em todos os países: não era assim na França republicana e não é assim nos Estados Unidos de hoje —, são os liberais que temem a liberdade e os intelectuais que querem acabar com o intelecto: é para chamar a atenção para esse fato que escrevi este prefácio.

*

4 | "Pacifismo" é uma palavra vaga

As questões morais eram decisivas para George Orwell. Em tempos de guerra — quando opiniões, decisões e ações adquirem consequências mais profundas na vida das pessoas —, o julgamento moral se encontra em uma espécie de tribunal que não encerra os seus processos. Nesse tribunal, Orwell tem lugar permanente.

A vingança é amarga
Tribune, 9 de novembro de 1945

Sempre que leio expressões do tipo "julgamentos de crimes de guerra", "punição de criminosos de guerra" e similares, volta-me à cabeça a lembrança de uma coisa que vi num campo de prisioneiros de guerra no sul da Alemanha, no início deste ano.

Eu e outro correspondente estávamos sendo guiados pelo campo por um judeu vienense baixo que fora recrutado para o setor do Exército americano que lida com o interrogatório de prisioneiros. Era um jovem de uns 25 anos, alerta, louro e bem-apessoado, e politicamente tão mais culto do que a média dos oficiais americanos que era um prazer estar com ele. O campo ficava num aeroporto, e depois que visitamos as celas, nosso guia nos levou a um hangar onde vários prisioneiros que estavam numa categoria diferente dos outros estavam sendo "peneirados".

Numa das extremidades do hangar, cerca de uma dezena de homens estavam deitados em fila sobre o chão de concreto. Explicaram-nos que aqueles eram oficiais da ss que haviam sido separados dos outros prisioneiros. Entre eles havia um indivíduo em roupas civis encardidas que estava deitado com o braço sobre o rosto, com certeza dormindo. Ele tinha pés estranhos e horrivelmente deformados. Os dois eram bastante simétricos, mas haviam sido golpeados até assumir uma extraordinária forma globular que os tornava mais parecidos com cascos de cavalo do que com qualquer coisa humana. Quando nos aproximamos do grupo, o judeu baixinho deu mostras de entrar num estado de excitação.

"Aquele é o verdadeiro porco!", disse ele, e subitamente deu um terrível pontapé com sua pesada bota do Exército no inchaço de um dos pés deformados do homem prostrado.

"Levante-se, seu porco!", gritou enquanto o homem saía do sono, e depois repetiu algo parecido em alemão. O prisioneiro levantou-se com dificuldade e ficou desajeitadamente de pé. Com o mesmo ar de quem entra em fúria — de fato, ele estava quase dançando para lá e para cá enquanto falava —, o judeu nos contou a história do prisioneiro. Ele era um "verdadeiro" nazista: seu número de inscrição no partido indicava que fora membro desde os primeiros dias, e havia ocupado um cargo correspondente ao de general no braço político da ss. Era quase certo que dirigira campos de concentração e comandara torturas e enforcamentos. Em suma, ele representava tudo aquilo contra o que lutamos nos últimos cinco anos.

Enquanto isso, eu estudava sua aparência. A despeito do aspecto raquítico, faminto e barbudo que um homem recém-capturado tem em geral, ele era um tipo repugnante. Mas não parecia brutal ou de algum modo assustador: apenas neurótico e, mal comparando, intelectual. Seus olhos pálidos e furtivos estavam deformados por óculos de lentes fortíssimas. Ele poderia ser um clérigo sem batina, um ator arruinado pela bebida, ou um médium espiritualista. Vi gente muito parecida nas pensões de Londres e também na sala de leitura do Museu Britânico. Sem dúvida era um desequilibrado mental — na verdade, ambiguamente insano, embora, naquele momento, sadio o suficiente para ter medo de levar outro pontapé. E, no entanto, tudo o que o judeu estava me contando da história dele poderia ser verdade, e provavelmente era verdade! Assim, o torturador nazista da nossa imaginação, a figura monstruosa contra a qual havíamos lutado por tantos anos, se resumia àquele deplorável infeliz, cuja necessidade óbvia não era de punição, mas de algum tipo de tratamento psicológico.

Mais tarde, ocorreram mais humilhações. Outro oficial da ss, um homem corpulento e musculoso, recebeu ordem para se despir até a cintura e mostrar o grupo sanguíneo tatuado em seu sovaco; outro foi forçado a nos explicar como havia tentado esconder que era membro da ss e se passar por soldado comum da Wehrmacht. Perguntei a mim mesmo se o judeu estava de fato tendo prazer com aquele poder recém-descoberto que estava exercendo. Concluí que não estava se deleitando realmente com aquilo, mas apenas — como um homem num bordel, ou um menino fumando seu primeiro cigarro, ou um turista vagando por uma galeria de arte — *dizendo* a si mesmo que estava tendo prazer e se comportando como havia planejado se comportar nos dias em que estava impotente.

É absurdo culpar qualquer judeu alemão ou austríaco por dar o troco aos nazistas. Sabe Deus que contas aquele homem em particular tinha a acertar: é bem provável que toda a sua família tenha sido assassinada; e, afinal, até um chute brutal em um prisioneiro é uma coisa minúscula em comparação com as atrocidades cometidas pelo regime de Hitler. Mas o que aquela cena e muitas outras coisas que vi na Alemanha deixaram claro para mim é que a ideia toda de vingança e punição é uma ilusão infantil. Para ser exato, não existe vingança. A vingança é um ato que se quer cometer quando se está impotente e porque se está impotente; assim que o sentimento de impotência desaparece, o desejo se evapora também.

Quem não saltaria de alegria, em 1940, diante da ideia de ver oficiais da ss serem chutados e humilhados? Mas quando a coisa se torna possível, é apenas patética e repugnante. Contam que quando o cadáver de Mussolini foi exibido em público, uma velha sacou um revólver e deu cinco tiros nele, exclamando: "Estes são por meus cinco filhos!". É o tipo de história que os jornais inventam, mas talvez seja verdade. Pergunto-me quanta satisfação ela sentiu com aqueles cinco tiros com os quais, sem dúvida, havia sonhado anos antes de disparar. A condição para que ela pudesse chegar perto o suficiente de Mussolini e atirar nele era que ele fosse um cadáver.

Na medida em que o grande público deste país é responsável pelo monstruoso acordo de paz que está sendo imposto agora à Alemanha, isso acontece devido ao fracasso em ver de antemão que punir um inimigo não traz satisfação. Nós concordamos com crimes como a expulsão de todos os alemães da Prússia Oriental — crimes que, em alguns casos, não poderíamos evitar, mas podíamos ao menos ter protestado contra — porque os alemães nos irritaram e assustaram e, portanto, quando eles estivessem por baixo, não deveríamos sentir piedade deles. Persistimos nessas políticas, ou deixamos que outros persistam nelas em nosso nome, em virtude de um vago sentimento de que, tendo decidido punir a Alemanha, devemos ir em frente e fazer isso. Na verdade, resta pouco ódio forte à Alemanha neste país e menos ainda, eu espero, no exército de ocupação. Somente a minoria de sádicos, que precisam ter sua dose de "atrocidades" de uma fonte ou de outra, se interessam muito pela caça aos criminosos de guerra e colaboradores. Se perguntarmos ao homem comum de que crimes Goering, Ribbentrop e o resto devem ser acusados em seus julgamentos, ele não saberá dizer. De algum modo, a punição desses monstros deixa de parecer atraente quando se torna possível: com efeito, depois de encarcerados eles quase cessam de ser monstros.

Infelizmente, é preciso muitas vezes um incidente concreto para que alguém descubra o verdadeiro estado de seus sentimentos. Eis uma outra lembrança da Alemanha. Poucas horas depois que Stuttgart foi capturada pelo Exército francês, um jornalista belga e eu entramos na cidade, que ainda estava em certa desordem. Durante toda a guerra, o belga trabalhara para o Serviço Europeu de rádio da BBC e, como quase todos os franceses e belgas, tinha uma atitude muito mais dura em relação aos "*boches*" do que os ingleses ou americanos. Todas as principais pontes de acesso à cidade haviam sido destruídas, e tivemos de entrar por uma pequena ponte de pedestres que os alemães haviam feito evidentes esforços para defender. Um soldado alemão jazia deitado de costas ao pé dos degraus. Seu rosto estava amarelo como cera. Sobre seu peito, alguém havia posto um ramo de lilases, que floresciam por toda parte.

O belga virou o rosto quando passamos. Depois que estávamos longe da ponte, ele me confidenciou que aquela era a primeira vez que via um homem morto. Suponho que tinha uns 35 anos de idade, e durante quatro anos fizera propaganda de guerra pelo rádio. Depois disso, durante vários dias, sua atitude foi bem diferente do que havia sido antes. Ele olhava com repulsa para a cidade destruída pelas bombas e para a humilhação a que estavam sendo submetidos os alemães e, em certa ocasião, chegou mesmo a intervir para evitar uma ação de saque particularmente perversa. Quando partimos, ele deu o resto de café que havíamos trazido conosco para os alemães com quem estava alojado. Uma semana antes, teria provavelmente ficado escandalizado com a ideia de dar café a um "*boche*". Mas ele me contou que seus sentimentos haviam mudado diante da visão de "*ce pauvre mort*" junto à ponte: ele compreendera subitamente o sentido da guerra. E, no entanto, se tivéssemos entrado na cidade por outro caminho, ele talvez tivesse sido poupado da experiência de ver um único cadáver dos — talvez — 20 milhões que a guerra produziu.

*

Pacifismo e progresso
Manchester Evening News, 14 de fevereiro de 1946

"Pacifismo" é uma palavra vaga, pois costuma ser entendida como uma expressão apenas negativa, ou seja, uma recusa a realizar o serviço militar ou uma rejeição da guerra como instrumento político.

Em si mesmo, isso não acarreta nenhuma implicação política definida, nem há um acordo geral quanto às atividades que um resistente à guerra deva aceitar ou recusar.

A maioria dos objetores de consciência simplesmente não está disposta a tirar a vida de pessoas, mas não se nega a cumprir alguma tarefa alternativa, como o trabalho agrícola, no qual sua contribuição para o esforço de guerra é indireta, em vez de direta.

Por outro lado, os resistentes à guerra realmente intransigentes, que se recusam a executar qualquer forma de serviço militar compulsório e estão dispostos a encarar a perseguição em nome de suas crenças, são muitas vezes pessoas que não têm objeção teórica à violência, mas são apenas oponentes do governo que porventura está travando uma guerra.

Desse modo, houve muitos socialistas que se opuseram à guerra de 1914-8, mas que apoiaram a de 1939-45 e, levando-se em conta suas premissas, não havia incoerência nisso.

A teoria toda do pacifismo, se supormos que significa renúncia total à violência, está aberta a objeções muito sérias. É óbvio que qualquer governo que não esteja disposto a usar a força ficará à mercê de outro governo, ou até mesmo de um indivíduo que seja menos escrupuloso, de tal modo que a recusa de usar a força tende simplesmente a tornar impossível a vida civilizada.

Porém, há pessoas que podem ser descritas como pacifistas que são inteligentes o bastante para ver e admitir isso e que, ainda assim, têm uma resposta. E embora existam diferenças de opinião entre elas, essa resposta é mais ou menos a seguinte.

É claro que a civilização depende agora da força. Depende não somente de canhões e aviões bombardeiros, mas também de prisões, campos de concentração e do cassetete da polícia. E é bem verdade que, se as pessoas pacíficas se recusam a se defender, o efeito imediato é dar mais poder a gângsteres como Hitler e Mussolini. Mas também é verdade que o uso da força torna impossível o verdadeiro progresso. A sociedade boa é aquela em que os seres humanos são iguais e em que cooperam uns com os outros de bom grado e não por medo ou compulsão econômica.

Esse é o objetivo que buscam socialistas, comunistas e anarquistas, cada um a sua maneira. Obviamente ele não pode ser alcançado num instante, mas aceitar a guerra como instrumento é se afastar dele.

A guerra e a preparação para a guerra tornam necessário o Estado moderno centralizado, que destrói a liberdade e perpetua as desigualdades. Além disso, toda guerra gera novas guerras. Mesmo que a vida humana não seja totalmente varrida do mapa — e este é um desdobramento bastante provável, tendo em vista a capacidade de destruição das armas atuais —, não pode haver avanço genuíno enquanto esse processo continuar.

É provável que ocorra uma degeneração, pois a tendência é que cada nova guerra seja mais brutal e degradante do que a anterior. Em um momento ou outro, o ciclo precisa ser rompido. Até mesmo ao custo de aceitar a derrota e a dominação estrangeira, devemos começar a agir pacificamente e nos recusarmos a pagar o mal com o mal.

No início, o resultado provável disso será o fortalecimento do mal, mas esse é o preço que temos de pagar pela história bárbara dos últimos quatrocentos anos. Ainda que seja necessário lutar contra a opressão, devemos fazê-lo por meios não violentos. O primeiro passo em direção à sanidade é romper o ciclo da violência.

Entre os escritores que podem ser, em termos gerais, agrupados como pacifistas e que provavelmente aceitariam o que eu disse acima como declaração preliminar de suas concepções estão Aldous Huxley, John Middleton Murry, o falecido Max Plowman, o poeta e crítico anarquista Herbert Read e vários escritores muito jovens, como Alex Comfort e D. S. Savage.

Os dois pensadores com quem todos esses escritores estão, em algum grau, em dívida são Tolstói e Gandhi. Mas podemos distinguir entre eles ao menos duas escolas de pensamento: o que está de fato em questão é a aceitação ou não do Estado e da civilização mecânica.

Em seus primeiros escritos pacifistas, como "Fins e meios", Huxley enfatizou sobretudo a loucura destrutiva da guerra e exagerou um pouco no argumento de que não se pode obter um resultado bom usando métodos maus. Nos últimos tempos, parece que chegou à conclusão de que a ação política é inerentemente má e que, a rigor, não é possível salvar uma sociedade — só indivíduos podem ser salvos e, mesmo assim, apenas por meio de exercícios religiosos que a pessoa comum dificilmente pode executar.

Na verdade, isso significa perder as esperanças nas instituições humanas e aconselhar a desobediência ao Estado, embora Huxley nunca tenha feito um pronunciamento político definitivo. Middleton Murry chegou ao pacifismo pelo caminho do socialismo, e sua atitude em relação ao Estado é um pouco diferente: não pede que seja simplesmente abolido e se dá conta de que a civilização da máquina não pode ser jogada no lixo, e não será jogada no lixo.

Em um livro recente, *Adam and Eve*, ele defende a ideia interessante, embora discutível, de que se quisermos manter a máquina, o pleno emprego é um objetivo que deve ser abandonado. Uma indústria extremamente desenvolvida, se funcionar em tempo integral, produzirá um superávit inutilizável de bens e levará à luta por mercados e à competição em armamentos cujo fim natural é a guerra.

O objetivo deve ser uma sociedade descentralizada, agrícola em vez de industrial, e que valorize muito mais o lazer do que o luxo. Uma sociedade assim, pensa Murry, seria inerentemente pacífica e não incitaria ao ataque, mesmo de vizinhos agressivos.

Herbert Read, que como anarquista considera o Estado algo a ser repudiado em sua totalidade, curiosamente não é hostil à máquina. Ele pensa que um alto grau de desenvolvimento industrial é compatível com a ausência completa de controles centrais. Alguns dos escritores pacifistas mais jovens, como Comfort e Savage, não oferecem um programa para a sociedade como um todo, mas enfatizam a necessidade de preservar a individualidade contra a invasão tanto do Estado como dos partidos políticos.

Veremos que a verdadeira pergunta é se o pacifismo é compatível com a luta pelo conforto material. Em termos gerais, o pensamento pacifista vai na direção de uma espécie de primitivismo. Se quisermos um padrão de vida alto, precisamos de uma sociedade industrial complexa, mas isso implica planejamento, organização e coerção — em outras palavras, implica o Estado, com suas prisões, forças policiais e inevitáveis guerras. Os pacifistas mais extremados diriam que a própria existência do Estado é incompatível com a verdadeira paz.

Está claro que, se alguém pensa dessa maneira, é quase impossível imaginar uma regeneração completa e rápida da sociedade. O ideal pacifista e anarquista só pode ser realizado aos poucos, se tanto. Daí a ideia, que assombra o pensamento anarquista há cem anos, de comunidades agrícolas autossuficientes, nas quais a sociedade não violenta e sem classes pode existir, por assim dizer, em pequenos retalhos.

Em diferentes momentos, comunidades assim existiram realmente em várias partes do mundo: na Rússia e nos Estados Unidos do século XIX, na França e na Alemanha no entreguerras e na Espanha, por um breve período durante a Guerra Civil.

Também na Grã-Bretanha, pequenos grupos de objetores de consciência tentaram algo desse tipo em anos recentes. A ideia não é simplesmente escapar da sociedade, mas criar oásis espirituais como os mosteiros da Idade Média, a partir dos quais possa se difundir aos poucos uma nova atitude em relação à vida.

O problema com essas comunidades é que jamais são genuinamente independentes do mundo externo, e que só podem existir enquanto o Estado, que consideram seu inimigo, achar melhor tolerá-las. Num sentido mais amplo, a mesma crítica se aplica ao movimento pacifista como um todo.

Ele só pode sobreviver onde exista algum grau de democracia; em muitas partes do mundo, jamais conseguiu existir. Não havia movimento pacifista na Alemanha nazista, por exemplo.

A tendência do pacifismo, portanto, é sempre enfraquecer os governos e sistemas sociais que são mais favoráveis a ele. Não há dúvida de que, durante os dez anos anteriores à guerra, a predominância de ideias pacifistas na Grã-Bretanha, na França e nos Estados Unidos estimulou a agressão fascista. E mesmo em seus sentimentos subjetivos, os pacifistas ingleses e americanos parecem mais hostis à democracia capitalista do que ao totalitarismo. Mas, num sentido negativo, suas críticas foram úteis.

Elas enfatizaram com razão que a sociedade atual, mesmo quando os canhões estão calados, não é pacífica, e mantiveram viva a ideia — de algum modo esquecida desde a Revolução Russa — de que o objetivo do progresso é abolir a autoridade do Estado e não fortalecê-la.

Aldous Huxley, "Grey eminence", "What are you going to do about it" i e ii *(panfletos); Max Plowman, "Bridge into the future" (cartas); Herbert Read, "Poetry and anarchism"; Alex Comfort, "No such liberty"; D. S. Savage, "The personal principle"; Liev Tolstói, "O que devemos fazer?"; Wilfred Wellock, "A mechanistic or a human society?" (panfleto); Roy Walker, "The wisdom of Gandhi" (panfleto).*

*

A questão do prêmio de Pound

[Quando Ezra Pound ganhou o prêmio de melhor livro de poesia de 1948 da Fundação Bollingen por *The Pisan cantos*, os editores da *Partisan Review* pediram em abril de 1949 a vários escritores que discutissem as questões ligadas ao prêmio. Orwell enviou o texto a seguir, publicado na edição de maio daquele ano.]

Penso que a Fundação Bollingen acertou ao conceder o prêmio a Pound, se ela acreditou que seus poemas eram os melhores do ano, mas penso também que não devemos esquecer a carreira de Pound e não achar que suas ideias se tornam respeitáveis pelo simples fato de ganhar um prêmio literário.

Devido à reação geral contra a propaganda de guerra dos Aliados, tem havido — de fato houve antes mesmo do final da guerra — uma tendência a alegar que Pound "não era realmente" um fascista e antissemita, que se opôs à guerra por motivos pacifistas e que, de qualquer modo, suas atividades políticas se restringiram aos anos de guerra. Há algum tempo, vi num periódico americano a afirmação de que Pound só falou na rádio de Roma quando "o equilíbrio de sua mente estava abalado", e depois (acho que no mesmo periódico) que o governo italiano o havia chantageado com ameaças a parentes para que falasse pelo rádio. Tudo isso é simplesmente falso. Pound era um adepto ardente de Mussolini já na década de 1920, e nunca escondeu isso. Ele colaborava na revista de Mosley, a *British Union Quarterly*, e aceitou um cargo de professor do governo de Roma antes do início da guerra. Devo esclarecer que seu entusiasmo era essencialmente pela forma italiana de fascismo. Não parece que fosse muito a favor do nazismo ou contra os russos; seu verdadeiro motivo subjacente era o ódio pela Grã-Bretanha, pelos Estados Unidos e "pelos judeus". Suas manifestações pelo rádio foram repulsivas. Lembro-me ao menos de uma em que aprovava o massacre dos judeus do Leste Europeu e "advertia" os judeus americanos de que a vez deles estava chegando. Esses programas — não os ouvi, mas apenas os li no relatório de monitoramento da BBC — não me deram a impressão de ser obra de um maluco. Aliás, me informaram que ao fazê-los Pound costumava adotar um sotaque americano forte que normalmente não tinha, sem dúvida com a ideia de atrair os isolacionistas e jogar com o sentimento antibritânico.

Nada disso é razão para não dar o prêmio Bollingen a Pound. Há momentos em que uma coisa como essa pode ser indesejável — teria sido indesejável quando os judeus estavam sendo mortos nos furgões de gás, por exemplo —, mas não penso que este seja um deles. Mas, tendo em vista que os jurados assumiram uma posição que equivale à defesa da "arte pela arte", ou seja, a posição de que integridade estética e decência comum são duas coisas separadas, então mantenhamos ao menos essa separação e não desculpemos a carreira política de Pound com a justificativa de que ele é um bom escritor. Ele *talvez* seja um bom escritor (devo admitir que, no que se refere a mim, sempre o considerei um escritor totalmente espúrio), mas as opiniões que ele tentou disseminar através de suas obras são más, e penso que os jurados deveriam ter dito isso com mais firmeza ao lhe conceder o prêmio.

5 | É melhor cozinhar batatas do que fritá-las

Existem autores que dizem que o tema preferido de George Orwell era a Inglaterra e os costumes do cidadão comum daquele país. Timothy Garton Ash afirma "que ninguém escreveu melhor sobre o caráter inglês que Orwell; ele mesmo era uma antologia ambulante da 'inglesidade'".

"Tamanhas eram as alegrias"[1]
1939?-junho de 1948?

Pouco depois que cheguei a São Cipriano (não imediatamente, mas após uma ou duas semanas, justo quando parecia que estava me acostumando com a rotina da vida na escola), comecei a fazer xixi na cama. Eu estava então com oito anos e isso era uma regressão a um hábito que eu abandonara havia pelo menos quatro anos.

Atualmente, creio que urinar na cama nessas circunstâncias é aceito sem problemas. Trata-se de uma reação normal das crianças que foram levadas de seus lares para um lugar estranho. Naquela época, porém, era considerado um crime repugnante que a criança cometia de propósito, e para o qual o remédio adequado era uma surra. De minha parte, não precisavam dizer que era um crime. Noite após noite eu rezava, com um fervor nunca antes alcançado em minhas orações: "Por favor, Deus, não me deixe molhar a cama!", mas isso não fazia a menor diferença. Algumas noites, a coisa acontecia, em outras, não. Não havia volição naquilo, tampouco consciência. Em termos exatos, eu não *fazia* a coisa: apenas acordava de manhã e descobria que os lençóis estavam ensopados.

Depois da segunda ou terceira infração, fui advertido de que apanharia na próxima, mas recebi a advertência de um modo curiosamente indireto. Uma tarde, quando nos enfileirávamos para sair do chá, a sra. Wilkes, esposa do diretor, estava sentada à cabeceira de uma das mesas, conversando com uma senhora da qual eu nada sabia, exceto que estava em visita à escola. Era pessoa intimidadora, de aspecto masculino, vestida com um traje de montaria, ou algo semelhante. Eu estava saindo da sala quando a sra. Wilkes me chamou de volta, como se fosse me apresentar à visitante.

O apelido da sra. Wilkes era Flip, e vou chamá-la assim, pois raramente penso nela com outro nome. (Oficialmente, no entanto, era chamada de Mum, provável corruptela do "Ma'am", usado pelos alunos de escolas públicas para se referir às esposas de seus diretores.) Era uma mulher atarracada e robusta, de bochechas vermelhas, cabelos achatados, sobrancelhas proeminentes e olhos fundos e suspeitosos. Embora durante boa parte do tempo estivesse cheia de falsa cordialidade, animando a gente com gíria masculina ("Vamos em frente, companheiro!", e assim por diante), e até usando nosso prenome, seus olhos nunca perdiam a expressão ansiosa e acusadora. Era muito difícil encará-la sem se sentir culpado, até mesmo nos momentos em que não se era culpado de nada em particular.

"Eis aqui um menininho", disse Flip, apontando-me para a estranha senhora, "que urina na cama todas as noites. Você sabe o que vou fazer se molhar a cama de novo?", acrescentou ela, virando-se para mim. "Vou fazer a Sixth Form [sexta série] bater em você."

A estranha senhora fez cara de estar indizivelmente chocada e exclamou: "Eu devia ter imaginado!". E nesse momento ocorreu um daqueles equívocos quase malucos que fazem parte da experiência diária da infância. A Sixth Form era um grupo de meninos mais velhos selecionados por ter "caráter" e que tinham o poder de bater nos menores. Eu ainda não sabia da existência deles e entendi a expressão "Sixth Form" como se fosse "Mrs Form". Imaginei que se referia à estranha senhora — ou seja, achei que Mrs Form era o nome dela. Era um nome improvável, mas uma criança não tem discernimento nessas questões. Imaginei, portanto, que era *ela* a encarregada de me dar uma surra. Não me pareceu estranho que aquele trabalho fosse entregue a uma visitante ocasional, sem nenhum vínculo com a escola. Eu simplesmente supus que "Mrs Form" era uma disciplinadora dura que gostava de bater em gente (de algum modo, a aparência dela parecia confirmar isso) e tive uma visão aterradora imediata dela chegando para a ocasião com um kit completo de equitação e armada com um chicote de caça. Até hoje sou capaz de me sentir quase desmaiando de vergonha enquanto estava diante das duas mulheres, eu, um menino muito pequeno, de rosto redondo e calças curtas de veludo cotelê. Não consegui falar. Achei que morreria se "Mrs Form" me desse uma surra. Mas meu sentimento dominante não era de medo, nem mesmo ressentimento: era simples vergonha porque mais uma pessoa, e que era uma mulher, ficara sabendo de meu delito repugnante.

Um pouco depois, esqueci como, fiquei sabendo que não seria "Mrs Form" que daria a surra. Não lembro se foi naquela mesma noite que fiz xixi na cama de novo, mas de qualquer modo não demorou para acontecer. Ó, o desespero, o sentimento de injustiça cruel, depois de todas as minhas orações e decisões, ao acordar mais uma vez entre os lençóis úmidos! Não havia chance de esconder o que eu havia feito. A impiedosa e escultural inspetora, de nome Margaret, veio ao dormitório especialmente para examinar minha cama. Ela puxou as cobertas, depois se empertigou e as temíveis palavras saíram de sua boca como o ribombar de um trovão:

"APRESENTE-SE ao diretor depois do desjejum!"

Escrevo APRESENTE-SE com maiúsculas porque foi assim que apareceram na minha cabeça. Não sei quantas vezes ouvi essa frase nos meus primeiros anos na São Cipriano. Era muito raro que não significassem uma surra. As palavras tinham sempre um som sinistro aos meus ouvidos, como tambores abafados ou palavras de uma sentença de morte.

Quando me apresentei, Flip estava fazendo alguma coisa na longa e brilhante mesa da antessala do gabinete. Seus olhos inquietos me buscaram enquanto eu passava. No gabinete, o sr. Wilkes, apelidado de Sambo, me esperava. Sambo era um homem de ombros largos, com aparência curiosamente aparvalhada, não gordo, mas trôpego no modo de andar, com um rosto rechonchudo que parecia o de um bebê grandalhão, e que era capaz de ter bom humor. Evidentemente ele sabia por que eu estava ali e já havia tirado do armário um chicote de equitação com cabo de osso, mas fazia parte da punição proclamar nossa infração com nossas próprias palavras. Depois que eu disse o que tinha de dizer, ele me fez uma curta preleção, mas pomposa, em seguida me pegou pela nuca, virou-me e começou a me bater com o chicote. Ele tinha o hábito de continuar a preleção enquanto açoitava, e me lembro das palavras "seu menininho sujo" que acompanhavam os golpes. A surra não doeu (como era a primeira vez, ele talvez não tenha batido com muita força), e eu saí da sala me sentindo muito melhor. O fato de a surra não doer era uma espécie de vitória e eliminou parcialmente a vergonha de urinar na cama. É possível que eu tenha sido incauto o suficiente para exibir um sorriso. Alguns meninos estavam perto da entrada da antessala.

"Você pegou a vara?"

"Não doeu", respondi orgulhoso.

Flip ouvira tudo. Imediatamente sua voz veio gritando atrás de mim:

"Venha cá! Venha cá neste instante! O que foi que você disse?"

"Eu disse que não doeu", balbuciei.

"Como ousa dizer uma coisa assim? Você acha que é uma coisa apropriada para dizer. Entre e se apresente de novo!"

Dessa vez Sambo caprichou. Ele continuou por um tempo que me assustou e me espantou — cerca de cinco minutos, foi o que pareceu —, acabando por romper o chicote. O cabo de osso saiu voando pela sala.

"Veja o que você me fez fazer!", disse furioso, segurando o chicote quebrado.[2]

Eu havia caído numa cadeira, choramingando debilmente. Lembro que essa foi a única vez em toda a minha infância em que uma surra me reduziu de fato às lágrimas, e o curioso é que nem naquele momento eu estava chorando por causa da dor. A segunda surra também não doera muito. O medo e a vergonha pareciam ter me anestesiado. Eu chorava em parte porque achava que era o que esperavam de mim, em parte devido a uma dor mais profunda que é peculiar à infância e não é fácil de transmitir: um sentimento de solidão desolada e desamparo, de estar fechado não somente num mundo hostil, mas num mundo do bem e do mal onde as regras eram tais que, na realidade, não me era possível obedecer a elas.

Eu sabia que urinar na cama era uma coisa (a) malvada e (b) fora do meu controle. Do segundo fato eu tinha pessoalmente consciência; quanto ao primeiro, eu não questionava. Portanto, era possível cometer um pecado sem saber que estava cometendo, sem querer cometê-lo e sem ser capaz de evitá-lo. Pecado não era necessariamente uma coisa que você fazia: podia ser algo que lhe acontecia. Não quero alegar que essa ideia lampejou na minha mente como uma novidade completa naquele exato momento, sob os golpes do chicote de Sambo; eu devo ter tido vislumbres dela antes mesmo de sair de casa, pois minha primeira infância não havia sido completamente feliz. Mas, de qualquer modo, aquela foi a grande e duradoura lição de minha infância: que eu estava num mundo onde não *era possível* para mim ser bom. E a dupla surra foi o ponto de inflexão, pois me fez perceber pela primeira vez a dureza do ambiente no qual eu fora jogado. A vida era mais terrível, eu era mais malvado do que havia imaginado. Ao menos, enquanto choramingava na beira de uma cadeira no gabinete de Sambo, eu tive uma convicção de pecado, loucura e fraqueza que não me lembro de ter sentido antes.

Em geral, nossas lembranças de qualquer período devem necessariamente enfraquecer à medida que nos afastamos dele. Estamos sempre aprendendo novos fatos, e os velhos precisam cair fora para dar lugar aos novos. Aos vinte anos, eu poderia ter escrito a história de meus dias de escola com uma exatidão que seria impossível agora. Mas também pode acontecer de nossas memórias ficarem mais agudas depois de um longo lapso de tempo, porque olhamos para o passado com olhos novos e, por assim dizer, podemos isolar e notar fatos que existiam antes de forma indiferenciada, em meio à massa dos outros. Eis aqui duas coisas que, em certo sentido, eu lembrava, mas que não me pareciam estranhas ou interessantes até recentemente. Uma é que a segunda surra me pareceu uma punição justa e razoável. Levar uma surra e depois levar outra muito mais forte em cima da primeira, por ser tão insensato a ponto de mostrar que a primeira não havia doído: eis algo bastante natural. Os deuses são ciumentos, e quando você tem boa sorte, deve escondê-la. A outra é que aceitei que o chicote rompido fosse culpa minha. Ainda posso me lembrar de minha sensação ao ver o cabo no tapete — a sensação de ter feito uma coisa desajeitada e grosseira, e arruinado um objeto caro. *Eu* havia quebrado aquilo: foi o que Sambo me disse e eu acreditei. Essa aceitação da culpa esteve despercebida em minha memória por vinte ou trinta anos.

Isso é o suficiente sobre o episódio do xixi na cama. Mas há mais uma coisa a observar: não urinei na cama de novo — de qualquer forma, fiz isso só mais uma vez e recebi outra surra, depois da qual meu problema acabou. Portanto, esse remédio bárbaro talvez funcione, embora a um preço muito alto, não tenho dúvida.

II

São Cipriano era uma escola cara e esnobe que estava em vias de se tornar mais esnobe ainda e, imagino, mais cara. A escola de elite[3] com a qual tinha uma conexão especial era Harrow, mas na minha época uma proporção crescente dos meninos ia para Eton. A maioria deles era composta de filhos de pais ricos, mas no conjunto eram ricos não aristocratas, o tipo de gente que mora em casas enormes cheias de arbustos em Bournemouth ou Richmond, e que têm carros e mordomos, mas não propriedades no campo. Havia alguns exóticos entre eles — alguns meninos sul-americanos, filhos de barões da carne argentinos, um ou dois russos e até um príncipe siamês, ou alguém que era descrito como príncipe.

Sambo tinha duas grandes ambições. Uma era atrair meninos aristocratas para a escola, a outra era treinar alunos para conquistar bolsas de estudo nas escolas públicas, sobretudo em Eton. Quando eu já estava para sair da escola, ele conseguiu pôr as mãos em dois meninos com títulos de nobreza verdadeiros. Um deles, lembro bem, era um baixinho infeliz e balbuciante, quase albino, que espiava para cima com olhos fracos e com um nariz comprido de cuja ponta uma gota de orvalho parecia estar sempre prestes a pingar.[4] Sambo sempre dava o título desses meninos quando os mencionava para uma terceira pessoa, e nos primeiros dias chegou mesmo a chamá-los diretamente de "lorde Fulano". Não é preciso dizer que ele encontrava maneiras de chamar a atenção para eles quando mostrava a escola a alguma visita. Lembro que certa vez o menininho louro se engasgou no jantar e um jorro de ranho saltou do nariz e caiu em seu prato, numa cena horrorosa de se ver. Qualquer pessoa inferior teria sido chamada de animal imundo e recebido ordem para sair da sala imediatamente, mas Sambo e Flip riram da situação, num espírito de "meninos sempre serão meninos".

Todos os meninos muito ricos eram mais ou menos favorecidos sem disfarces. A escola ainda tinha débeis laivos de "academia particular" vitoriana, com seus *"parlour boarders"*,[5] e quando mais tarde li sobre aquele tipo de escola em Thackeray, vi imediatamente a semelhança. Os meninos ricos ganhavam leite e biscoitos no meio da manhã, tinham aulas de equitação uma ou duas vezes por semana,[6] Flip os tratava como mãe e os chamava pelos prenomes e, sobretudo, jamais eram surrados. Afora os sul-americanos, cujos pais estavam a uma distância segura, duvido que Sambo tenha surrado algum menino cujo pai tivesse uma renda muito acima de 2 mil libras por ano. Mas às vezes ele estava disposto a sacrificar o lucro financeiro ao prestígio acadêmico. De vez em quando, numa concessão especial, ele aceitava reduzir muito o valor da matrícula de algum menino que apresentasse grande probabilidade de ganhar bolsa de estudos e, desse modo, trazer prestígio para a escola. Era nesses termos que eu mesmo estava na São Cipriano: de outro modo, meus pais não teriam como me mandar para uma escola cara.

De início, não entendi que estava sendo aceito nessas condições; foi somente quando eu estava perto de completar onze anos que Flip e Sambo começaram a jogar esse fato na minha cara. Nos primeiros dois ou três anos, passei pelas dificuldades educacionais habituais; depois, logo após ter começado com grego (começava--se com latim aos oito anos, grego aos dez), entrei para a turma da bolsa de estudos, cujo professor, no que dizia respeito aos clássicos, era o próprio Sambo. Por um período de dois ou três anos, os meninos da bolsa eram empanturrados com saber de forma tão cínica quanto um ganso é empanturrado para o Natal. E com que tipo de saber! Esse negócio de fazer a carreira de um menino talentoso depender de um exame competitivo, feito quando ele tem somente doze ou treze anos, é, na melhor das hipóteses, uma coisa ruim, mas parece haver escolas preparatórias que mandam alunos para Eton, Winchester etc. sem ensiná-los a ver tudo em termos de notas. Na São Cipriano, todo o processo era francamente uma preparação para uma espécie de conto do vigário. A função do aluno era aprender exatamente aquelas coisas que dariam a um examinador a impressão de que ele sabia mais do que realmente sabia e, tanto quanto possível, evitar sobrecarregar seu cérebro com qualquer outra coisa. Matérias que não tivessem valor de exame, como geografia, eram quase completamente negligenciadas, a matemática também era esquecida se você fosse um "clássico", ciências não eram ensinadas de nenhum jeito — com efeito, eram tão desprezadas que até o interesse por história natural era desestimulado — e até os livros sugeridos para leitura nas horas de lazer eram escolhidos com um olho no "exame de inglês". Latim e grego, as principais matérias da bolsa de estudos, eram o que contava, mas mesmo assim eram ensinadas de modo superficial e frouxo. Por exemplo: jamais líamos um livro inteiro de autor latino ou grego; líamos apenas trechos curtos, escolhidos porque eram o tipo de coisa provável de ser pedida para traduzir. No último ano antes de nos candidatarmos às bolsas, a maior parte de nosso tempo foi gasta simplesmente repassando os exames para bolsa de anos anteriores. Sambo tinha pilhas deles, de todas as principais escolas públicas. Mas o maior escândalo era o ensino de história.

Naquela época, havia uma coisa absurda chamada Prêmio de História Harrow, uma competição anual da qual participavam muitas escolas preparatórias. Era uma tradição da São Cipriano vencer todos os anos, e não era para menos, pois havíamos estudado com afinco todas as provas propostas pela competição desde seu início, e o suprimento de questões possíveis não era inexaurível. Eram o tipo de pergunta que se responde repetindo rapidamente um nome ou uma citação. Quem saqueou as begumes? Quem foi decapitado num barco aberto? Quem pegou os *whigs* se banhando e levou embora suas roupas? Quase todo o nosso ensino de história era desse nível. A história era uma série de fatos sem relação entre si, ininteligíveis, mas importantes — de algum modo que jamais nos era explicado —, com frases retumbantes amarradas a eles. Disraeli trouxe a paz com honra. Hastings[7] ficou espantado com sua moderação. Pitt chamou o Novo Mundo para corrigir o equilíbrio do Velho. E as datas, e os estratagemas mnemônicos! (Você sabia, por exemplo, que as letras iniciais de "*A black Negress was my aunt: there's her house behind the barn*"[8] são também as letras iniciais das batalhas da Guerra das Rosas?) Flip, que "tomava" as formas mais altas de história, deliciava-se com esse tipo de coisa. Lembro-me de verdadeiras orgias de datas, com os meninos mais afiados saltando em seus lugares, ávidos por gritar as respostas certas e, ao mesmo tempo, não sentindo o menor interesse pelo significado dos misteriosos eventos que citavam.

"1587?"
"Massacre de São Bartolomeu!"
"1707?"
"Morte de Aurangzeeb!"[9]
"1713?"
"Tratado de Utrecht!"
"1773?"
"Festa do Chá de Boston!"[10]
"1520?"
"Ó, Mum, por favor, Mum..."
"Por favor, Mum, por favor, Mum! Deixe-me dizer, Mum!"
"Muito bem! 1520?"
"Campo do Pano de Ouro!"
E assim por diante.

Mas a história e outras matérias secundárias não eram má diversão. Era nos "clássicos" que acontecia a verdadeira tensão. Num olhar retrospectivo, percebo que dei mais duro do que dera até então, e no entanto, na época, parecia sempre impossível fazer o esforço que me era exigido. Sentávamos ao redor da longa mesa reluzente, feita de uma madeira dura e muito clara, enquanto Sambo incitava, ameaçava, exortava, às vezes brincando, muito ocasionalmente elogiando, mas sempre espicaçando nossas mentes para manter o grau certo de concentração, como se enfiasse alfinetes numa pessoa sonolenta para mantê-la acordada.

"Vamos, seu preguiçoso! Vamos, seu menininho indolente inútil! Seu problema é que você é preguiçoso até os ossos. Você come demais, é por isso. Você engole refeições imensas, e depois, quando chega aqui, está meio dormindo. Vamos, agora, faça um esforço. Você não está *pensando*. Seu cérebro não está suando."

Ele batia na cabeça dos alunos com seu lápis de prata, que na minha memória parecia ter o tamanho de uma banana, e que era certamente pesado o suficiente para causar um galo; ou puxava os cabelos curtos ao redor das orelhas, ou às vezes dava um pontapé na canela por baixo da mesa. Em certos dias, nada parecia dar certo, e então ele dizia: "Tudo bem, então, sei do que você precisa. Está pedindo por isso a manhã inteira. Venha comigo, seu preguiçosinho inútil. Venha ao meu gabinete". E então, plaft, plaft, plaft, plaft, e o aluno voltava com vergões vermelhos e doloridos para o trabalho: em anos posteriores, Sambo trocou seu chicote de equitação por um de ratã fino que doía muito mais. Isso não acontecia com muita frequência, mas me lembro de ter sido retirado da sala no meio de uma frase em latim, receber uma surra e depois continuar com a mesma frase, assim sem mais nem menos. É um erro achar que esses métodos não funcionam. Eles funcionam muito bem para seu objetivo especial. Com efeito, duvido que a educação clássica possa ser levada a cabo com sucesso sem punições corporais.[11] Os próprios meninos acreditavam em sua eficácia. Havia um menino chamado Hardcastle, completamente desmiolado, mas com uma óbvia necessidade de bolsa de estudos. Sambo o açoitava para que alcançasse esse objetivo como se açoita um cavalo esfalfado. Ele se candidatou a uma bolsa de Uppingham, voltou com a consciência de ter se saído mal, e um ou dois dias depois recebeu uma surra severa por indolência. "Eu queria ter levado aquela surra antes de ir para o exame", ele disse com tristeza — um comentário que achei desprezível, mas que entendi perfeitamente.

Os alunos da turma da bolsa de estudos não eram tratados todos da mesma maneira. Se um menino fosse filho de pais ricos para os quais a economia das mensalidades não era tão importante, Sambo o instigava de uma forma comparativamente paternal, com brincadeiras e cutucadas nas costelas e, talvez, uma pancadinha com o lápis, mas sem puxar os cabelos ou surrar. Eram os meninos pobres, mas "inteligentes", que sofriam. Nosso cérebro era uma mina de ouro na qual ele havia enterrado dinheiro, e os dividendos precisavam ser extraídos à força de nós. Muito antes de eu entender a natureza de minha relação financeira com Sambo, me fizeram compreender que eu não estava em pé de igualdade com a maioria dos outros meninos. Com efeito, havia três castas na escola. Havia a minoria, de família aristocrática ou milionária, havia os filhos dos ricos suburbanos comuns, que compunham o grosso da escola, e havia uns poucos subalternos como eu, filhos de clérigos, servidores civis indianos, viúvas lutadoras e assemelhados. Esses pobres eram desestimulados a buscar "extras", como tiro ao alvo ou carpintaria, e eram humilhados por causa de roupas e pequenas posses. Eu, por exemplo, nunca consegui ter um taco de críquete meu, porque "seus pais não poderiam pagar por ele". Essa frase me perseguiu durante todo o meu tempo de escola. Na São Cipriano, não tínhamos permissão para ficar com o dinheiro que trazíamos de casa: era preciso entregá-lo no primeiro dia do período letivo e depois, de tempos em tempos, tínhamos permissão para gastá-lo, sob supervisão. Eu e os meninos na mesma situação éramos sempre dissuadidos de comprar brinquedos caros, como aeromodelos, mesmo que tivéssemos o dinheiro necessário. Flip, em particular, parecia ter por objetivo consciente inculcar uma perspectiva mais humilde nos meninos mais pobres. "Você acha que esse é o tipo de coisa que um menino como você deveria comprar?" — lembro-me de ela dizer para alguém, na frente de toda a escola; "você sabe que não vai crescer com dinheiro, não sabe? Sua gente não é rica. Você deve aprender a ser sensato. Não queira ser mais do que é!" Havia também o dinheiro de bolso semanal, que gastávamos em doces, espalhados por Flip sobre uma mesa grande. Os milionários tinham seis pence por semana, mas a quantia normal era três pence. Eu e mais um ou dois meninos tínhamos acesso a dois pence. Meus pais não haviam dado instruções sobre isso, e a economia de um pence por semana não faria nenhuma diferença para eles: era uma marca de status. Pior ainda era o detalhe dos bolos de aniversário. Era habitual que cada menino, em seu aniversário, tivesse um grande bolo gelado com velas, que era compartilhado na hora do chá com toda a escola. Era fornecido de forma rotineira e ia para a conta dos pais. Eu nunca tive um bolo assim, embora meus pais certamente se dispusessem a pagar por ele. Ano após ano, sem jamais ousar pedir, eu esperava desgostosamente que naquele ano aparecesse um bolo. Uma ou duas vezes até ousei dizer aos colegas que daquela vez eu teria um bolo. Então veio a hora do chá e nada de bolo, o que não favoreceu a minha popularidade.

 Desde muito cedo, foi-me inculcado que eu não teria chance de um futuro decente se não ganhasse uma bolsa de estudos de uma escola de elite. Ou ganhava a bolsa, ou teria de abandonar os estudos aos catorze anos e me tornar, na expressão preferida de Sambo, "um pequeno contínuo de quarenta esterlinas por ano".

Em minhas circunstâncias, era natural que eu acreditasse nisso. Com efeito, presumia-se universalmente na São Cipriano que, se a gente não fosse para uma "boa" escola de elite (e somente cerca de quinze escolas entravam nessa categoria), estava arruinado para o resto da vida. Não é fácil transmitir para uma pessoa adulta o sentimento de tensão, de se preparar para um combate terrível que decide tudo, à medida que a data do exame se aproxima — onze anos, doze anos, depois treze, o próprio ano fatal! Por um período de cerca de dois anos, não creio que tenha havido um dia em que "o exame", como eu o chamava, tenha estado fora de meus pensamentos enquanto estava acordado. Em minhas preces, ele se fazia invariavelmente presente; e sempre que eu ficava com a parte maior do osso da sorte, ou achava uma ferradura, ou me inclinava sete vezes para a lua nova, ou conseguia passar por um portão da sorte sem tocar nos lados, o desejo que eu assim ganhava ia sempre para "o exame". Não obstante, eu também era curiosamente atormentado por um impulso quase irresistível de *não* trabalhar. Havia dias em que meu coração ficava doente diante dos trabalhos por fazer, e eu ficava burro como um animal diante das dificuldades mais elementares. Nas férias, também não conseguia estudar. Alguns dos meninos candidatos a bolsas de estudo recebiam ensino extra de um certo sr. Knowles,[12] um homem simpático e muito cabeludo que usava ternos felpudos e morava num típico "refúgio" de solteiro — paredes forradas de livros, fedor dominante de fumo — em algum lugar da cidade. Nas férias, o sr. Knowles costumava nos mandar trechos de autores latinos para traduzir, e deveríamos mandar de volta um monte de trabalho uma vez por semana. Eu não conseguia fazer. O papel em branco e o dicionário preto de latim sobre a mesa, a consciência de se esquivar de um dever envenenavam meu lazer, mas de algum modo eu não conseguia começar, e ao final das férias eu teria mandado ao sr. Knowles cinquenta ou cem linhas. Sem dúvida, parte do motivo disso era que Sambo e seu chicote estavam muito distantes. Mas, mesmo durante o tempo de escola, eu também passava por períodos de ociosidade e estupidez em que afundava cada vez mais no descrédito e até conseguia atingir uma espécie de rebeldia débil, choramingas, plenamente consciente de minha culpa, mas incapaz, ou sem vontade — não tinha certeza —, de melhorar. Então Sambo e Flip mandavam me buscar, e dessa vez não era nem para uma surra.

Flip me examinaria com seus olhos malignos. (De que cor eram aqueles olhos, me pergunto? Lembro-me deles verdes, mas na verdade nenhum ser humano tem olhos verdes. Talvez fossem castanhos.) Ela começaria com seu estilo peculiar, enganador, intimidador, que nunca deixava de penetrar na nossa guarda e atingir nossa melhor natureza.

"Não creio que seja muito decente de sua parte comportar-se desse modo, não é? Você acha que é justo com seu pai e sua mãe desperdiçar seu tempo, semana após semana, mês após mês? Você *quer* jogar fora todas as suas chances? Você sabe que seus pais não são ricos, não sabe? Você sabe que eles não podem arcar com as mesmas coisas que os pais dos outros meninos. Como eles vão mandar você para uma escola de elite se você não ganhar uma bolsa de estudos? Eu sei como sua mãe sente orgulho de você. Você *quer* decepcioná-la?"

"Não creio que ele continue querendo ir para uma escola de elite", diria Sambo, dirigindo-se a Flip e fingindo que eu não estava presente. "Acho que ele desistiu da ideia. Ele quer ser um contínuo de quarenta libras por ano."

A horrível sensação de lágrimas — um inchaço no peito, uma comichão atrás do nariz — já teria me atacado. Flip puxaria seu ás de trunfo:

"E você acha que é justo *conosco* o modo como está se comportando? Depois de tudo o que fizemos por você? Você sabe *muito bem* o que fizemos por você, não sabe?" Seus olhos me penetrariam até o fundo, e embora nunca tenha dito diretamente, eu sabia. "Tivemos você aqui todos esses anos — até tivemos você por uma semana durante as férias para que o sr. Knowles pudesse treiná-lo. Nós não *queremos* mandá-lo embora, sabe, mas não podemos ficar com um menino aqui apenas para comer nossa comida, trimestre após trimestre. Não acho que é muito correto o modo como você está se comportando. Você acha?"

Eu nunca tinha outra resposta senão um lamentável "Não, Mum", ou "Sim, Mum", conforme o caso. Evidentemente, *não era* correto o modo como eu estava me comportando. E, em algum momento, a lágrima indesejada acabaria por forçar o caminho no canto de meu olho, rolaria nariz abaixo e cairia.

Flip jamais dizia claramente que eu era um aluno que não pagava, sem dúvida porque frases vagas como "tudo o que fizemos por você" tinham um apelo emocional mais profundo. Sambo, que não aspirava a ser amado por seus pupilos, dizia as coisas de modo mais brutal, embora, como fosse de seu costume, com linguagem pomposa. "Você está vivendo de minha generosidade", era sua frase preferida nesse contexto. Ouvi essas palavras ao menos uma vez entre golpes de chicote. Devo dizer que essas cenas não eram frequentes e, com exceção de uma ocasião, não aconteceram na presença de outros meninos. Em público, lembravam-me de que eu era pobre e que meus pais "não poderiam arcar" com isso ou aquilo, mas não era efetivamente lembrado de minha posição dependente. Era um argumento final irrespondível, a ser apresentado como instrumento de tortura quando meus estudos ficavam excepcionalmente ruins.

Para entender o que esse tipo de coisa causa sobre uma criança de dez ou doze anos, temos de lembrar que ela tem pouco sentido de proporção ou probabilidade. Uma criança pode ser uma massa de egoísmo e rebeldia, mas não tem experiência acumulada para lhe fazer confiar no próprio bom senso. Em geral aceitará o que é dito e acreditará, do modo mais fantástico, no conhecimento e nos poderes dos adultos que a rodeiam. Eis um exemplo.

Eu disse que na São Cipriano não podíamos ficar com nosso dinheiro. Porém, era possível esconder um ou dois xelins, e às vezes eu os usava furtivamente para comprar doces que escondia na hera frouxa do muro do campo de esportes. Um dia, quando me mandaram numa pequena missão externa, fui a uma confeitaria que ficava a pouco menos de dois quilômetros da escola e comprei alguns chocolates. Ao sair da loja, vi na calçada oposta um homem baixo de rosto bem definido que parecia olhar atentamente para meu boné da escola. Na mesma hora senti um medo horrível. Não podia haver dúvidas sobre quem era aquele homem. Era um espião posto ali por Sambo! Virei as costas despreocupadamente e depois, como se minhas pernas tivessem vida própria, desabalei numa corrida desajeitada. Mas, quando dobrei a esquina seguinte, forcei-me a caminhar de novo, pois correr era um sinal de culpa e por certo haveria outros espiões postados aqui e ali pela cidade. Durante todo aquele dia e no seguinte, esperei pela chamada ao gabinete, e fiquei surpreso quando esta não aconteceu. Não me parecia estranho que o diretor de uma escola privada dispusesse de um exército de informantes, nem imaginava que ele teria de pagar-lhes. Eu supunha que qualquer adulto, dentro ou fora da escola, colaboraria como voluntário para evitar que violássemos as regras. Sambo era todo-poderoso, e era natural que seus agentes estivessem por toda parte. Quando esse episódio aconteceu, não creio que eu tivesse menos de doze anos.

Eu odiava Sambo e Flip, com uma espécie de ódio envergonhado e cheio de remorso, mas não me ocorria duvidar do critério deles. Quando me disseram que eu deveria ganhar uma bolsa de estudos ou me tornar um contínuo aos catorze anos, acreditei que essas eram minhas alternativas inevitáveis. E sobretudo, acreditava em Sambo e Flip quando diziam que eram meus benfeitores.

Vejo agora, naturalmente, que, do ponto de vista de Sambo, eu era um bom objeto de especulação. Ele investiu dinheiro em mim, e esperava um retorno na forma de prestígio. Se eu tivesse "me dado mal", como acontece às vezes com meninos promissores, eles teriam se livrado de mim rapidamente. Mas, quando chegou a hora, conquistei duas bolsas de estudo, e não tenho dúvida de que ele fez pleno uso delas em seus folhetos de propaganda. Mas é difícil para uma criança perceber que uma escola é, em primeiro lugar, um empreendimento comercial. A criança acredita que a escola existe para educar e que o diretor lhe impõe disciplina para o bem dela, ou por gostar de maltratar. Flip e Sambo haviam decidido agir como amigos, e essa amizade incluía surras, admoestações e humilhações, que eram boas para mim e me salvavam do banco de um escritório. Essa era a versão deles, e eu acreditava nela. Estava claro, portanto, que eu tinha uma enorme dívida de gratidão com eles. Mas eu *não* estava agradecido, como sabia muito bem. Ao contrário, eu odiava os dois. Eu não conseguia controlar meus sentimentos subjetivos e não conseguia escondê-los de mim mesmo. Mas é perverso odiar seus benfeitores, não é? Assim me ensinaram, e assim eu acreditava. A criança aceita os códigos de comportamento que lhe apresentam, mesmo quando os infringe. A partir dos oito anos, ou até antes, a consciência do pecado nunca esteve muito longe de mim. Se eu conseguia parecer insensível e desafiador, isso era apenas uma casca fina sobre uma massa de vergonha e consternação. Durante toda a minha infância, tive a profunda convicção de que eu não era bom, que estava perdendo meu tempo, desperdiçando meus talentos, comportando-me com loucura monstruosa, perversidade e ingratidão — e tudo isso parecia inevitável, porque eu vivia entre leis que eram absolutas, como a lei da gravidade, mas que eu não conseguia cumprir.

III

Ninguém consegue olhar para seus tempos de escola e dizer de verdade que foram totalmente infelizes.

Tenho boas lembranças da São Cipriano, em meio a montes de lembranças ruins. Às vezes, nas tardes de verão, realizávamos expedições maravilhosas através dos Downs até um povoado chamado Birling Gap,[13] ou até Beachy Head, onde se tomava banho perigosamente entre as rochas de cré e se voltava para casa cheio de cortes. E havia noites de verão mais maravilhosas em que, numa deferência especial, não éramos levados para a cama como de costume, mas tínhamos permissão para andar pelo terreno no longo crepúsculo, acabando com um mergulho na piscina por volta das nove da noite. Havia a alegria de caminhar no começo das manhãs de verão e ter uma hora de leitura tranquila (Ian Hay, Thackeray, Kipling e H. G. Wells[14] eram os autores prediletos de minha infância) no dormitório iluminado pelo sol. Havia também o críquete, no qual eu não era bom, mas com que mantive uma espécie de caso de amor sem esperança até perto dos dezoito anos.[15] E havia o prazer de cultivar lagartas — a *puss-moth* sedosa verde e púrpura, a *poplar-hawk* fantasmagoricamente verde, a *privet hawk*, grande como um dedo médio, espécimes que podiam ser comprados de forma ilícita por seis pence numa loja da cidade — e, quando se podia escapar por um tempo suficiente do diretor que estava "dando uma caminhada", havia a excitação de vasculhar os reservatórios de orvalho para achar tritões enormes, com barrigas cor de laranja. Esse negócio de sair para uma caminhada e dar com alguma coisa de interesse fascinante, para depois ser arrastado para longe dela pelo grito do diretor, como um cão puxado pela corrente, é uma característica importante da vida escolar e ajuda a formar a convicção, tão forte em muitas crianças, de que as coisas que mais se quer são sempre inatingíveis.

Muito ocasionalmente, quem sabe uma vez a cada verão, era possível escapar por completo da atmosfera de quartel da escola, quando Sillar,[16] o segundo professor, tinha permissão para levar um ou dois meninos numa caçada vespertina de borboletas num terreno público, a poucos quilômetros de distância. Sillar era um homem de cabelos brancos e rosto vermelho como um morango, que era bom em história natural, fazer modelos e moldes de gesso, acionar lanternas mágicas e coisas desse tipo. Ele o sr. Knowles eram os únicos adultos ligados de algum modo à escola que eu não temia nem detestava. Certa vez ele me levou até seu quarto e me mostrou em segredo um revólver chapeado com cabo de madrepérola — seu "seis tiros", assim o chamava — que guardava numa caixa embaixo da cama. E, ah, o prazer daquelas expedições ocasionais! A viagem de quatro ou cinco quilômetros num pequeno ramal ferroviário, a tarde de correrias para lá e para cá com grandes redes verdes, a beleza das enormes libélulas que pairavam sobre o topo dos capins, a sinistra garrafa para matar os insetos com seu cheiro nauseante, e depois o chá no salão de um pub com grandes fatias de bolo de cor pálida! A essência disso era a viagem de trem, que parecia interpor distâncias mágicas entre a gente e a escola.

Flip, é óbvio, não aprovava essas expedições, embora não as proibisse. "E vocês andaram pegando *borboletazinhas?*", diria ela com um sorriso maligno quando voltávamos, fazendo sua voz soar tão infantil quanto possível. Do ponto de vista dela, a história natural ("caça a insetos", ela provavelmente a chamaria) era uma coisa pueril que um menino devia abandonar o mais cedo possível. Além disso, tinha um certo quê de plebeu, tradicionalmente associado a meninos que usavam óculos e não eram bons de esporte, que não ajudava a passar nos exames e, sobretudo, cheirava a ciência e, portanto, parecia ameaçar a educação clássica. Era preciso um esforço moral considerável para aceitar o convite de Sillar. Como eu temia aquele sorriso desdenhoso das *borboletazinhas*! Sillar, no entanto, que estava na escola desde seus primeiros dias, estabelecera certa independência para si mesmo; parecia capaz de lidar com Sambo e ignorava bastante Flip. Quando acontecia de os dois estarem longe, Sillar funcionava como vice-diretor, e nessas ocasiões, em vez de ler o texto designado para o dia na capela matinal, ele nos lia histórias dos Apócrifos.

A maioria das boas lembranças de minha infância e do período que vai mais ou menos até os vinte anos de idade está ligada de alguma forma a animais. No que diz respeito à São Cipriano, parece também que todas as minhas boas lembranças são do verão. No inverno, o nariz escorria sem parar, os dedos ficavam tão dormentes que era difícil abotoar a camisa (isso era um tormento especial aos domingos, quando usávamos o colarinho de Eton, uma gola branca larga e engomada), e havia o pesadelo diário do futebol — o frio, a lama, a abominável bola escorregadia que vinha zunindo na cara da gente, os joelhos protuberantes e as pisadas das chuteiras dos meninos maiores. Parte do problema era que no inverno, depois dos meus dez anos, eu raramente estava com boa saúde, ao menos durante o período escolar. Eu tinha brônquios defeituosos e uma lesão em um dos pulmões que só foi descoberta muitos anos depois. Em consequência, tinha não apenas uma tosse crônica, como correr era um tormento para mim. Naquele tempo, porém, a "chiadeira", como era chamada, era diagnosticada como imaginação ou considerada essencialmente uma desordem moral, causada por excesso de comida. "Você chia como uma sanfona", dizia Sambo em tom desaprovador quando ficava atrás de minha cadeira; "Está sempre se enchendo de comida, é por isso." Minha tosse era chamada de "tosse do estômago", o que fazia que parecesse ao mesmo tempo repugnante e repreensível. A cura para isso era correr muito; se você fizesse isso por tempo suficiente, a corrida acabava por "limpar seu peito".

É curioso o grau, não direi de verdadeiro sofrimento, mas de imundície e negligência que era admitido como normal em escolas de classe alta daquele período. Quase como na época de Thackeray, parecia natural que um menino de oito ou dez anos fosse uma criatura infeliz de nariz ranhento, com o rosto quase sempre sujo, as mãos rachadas, as unhas roídas, com um lenço imundo, o traseiro frequentemente azul de equimoses. Era, em parte, a perspectiva do desconforto físico que fazia a ideia de voltar para a escola pesar em nosso peito como um monte de chumbo durante os últimos dias das férias.

Uma lembrança característica da São Cipriano é a espantosa dureza da cama na primeira noite do período letivo. Uma vez que se tratava de uma escola cara, dei um passo social para cima ao frequentá-la, mas o padrão de conforto em todos os quesitos era muito mais baixo que na minha casa, ou mesmo que de um lar próspero de classe operária. Tínhamos apenas um banho quente por semana, por exemplo. A comida não era somente ruim, mas insuficiente. Nunca antes ou depois vi uma camada tão fina de manteiga ou geleia no pão. Não creio que possa estar imaginando o fato de estarmos subalimentados quando me recordo do que éramos capazes de fazer para roubar comida. Em algumas ocasiões, lembro de me esgueirar às duas ou três da manhã pelo que pareciam quilômetros de escadas e corredores escuros como breu — de pés descalços, parando para escutar a cada passo, paralisado com igual medo de Sambo, fantasmas e ladrões — para roubar pão dormido da despensa. Os professores assistentes comiam conosco, mas ganhavam uma comida um pouco melhor, e se tivéssemos um mínimo de chance, roubávamos restos de casca de bacon ou batatas fritas quando seus pratos eram retirados.

Como de costume, eu não via a razão comercial para essa escassez de comida. De modo geral, eu aceitava a concepção de Sambo de que o apetite de um menino é uma espécie de tumor mórbido que deve ser mantido sob controle. Uma máxima que repetiam com frequência para nós na São Cipriano era que é saudável levantar-se de uma refeição sentindo tanta fome quanto ao sentar-se. Apenas uma geração antes dessa, era comum que os jantares da escola começassem com uma fatia de pudim de sebo sem açúcar que, diziam com toda a franqueza, "quebrava o apetite dos meninos". Mas a subalimentação talvez fosse menos flagrante nas escolas preparatórias, onde um menino dependia totalmente da dieta oficial, que nas escolas públicas, onde tinha permissão — na verdade, esperava-se que fizesse isso — para comprar comida extra para si mesmo. Em algumas escolas, não teria o suficiente para comer se não comprasse suprimentos periódicos de ovos, linguiças, sardinhas e outros; e seus pais tinham de lhe dar dinheiro para isso. Em Eton, por exemplo, ao menos na faculdade, os rapazes não ganhavam nenhuma refeição sólida depois do almoço. No chá da tarde, ganhavam apenas chá e pão com manteiga e, às oito horas, recebiam uma sopa miserável ou peixe frito, ou com mais frequência, pão e queijo, com água para beber. Sambo foi visitar seu filho mais velho em Eton e voltou em êxtase esnobe por causa do luxo em que os rapazes viviam. "Dão-lhes peixe frito de ceia!", exclamou, com um sorriso que cobria todo o seu rosto gorducho. "Não há escola como essa no mundo." Peixe frito! A ceia habitual dos mais pobres da classe operária! Nos internatos muito baratos era, sem dúvida, pior. Uma lembrança minha muito antiga é de ver os internos de um liceu — provavelmente filhos de agricultores e pequenos comerciantes — sendo alimentados com bofe fervido.

Quem escreve sobre sua infância deve tomar cuidado com os exageros e a autopiedade. Não quero alegar que era um mártir, ou que a São Cipriano fosse uma espécie de Dotheboys Hall.[17] Mas estaria falsificando minhas memórias se não registrasse que são compostas de lembranças, em ampla medida, de repugnância. A vida superlotada, subalimentada e mal lavada que levávamos era repugnante, tal como a lembro. Se fecho os olhos e digo "escola", é obviamente o ambiente físico que vem primeiro à minha memória: o campo de esportes plano, com seu pavilhão de críquete e a pequena cabana junto ao estande de tiro, os dormitórios ventosos,[18] os corredores empoeirados, o quadrado de asfalto em frente do ginásio, a capela de pinho nos fundos, com aparência bruta. E, em quase todos os itens, intromete-se algum detalhe sujo. Por exemplo, havia tigelas de peltre em que tomávamos nosso mingau. Elas tinham bordas sob as quais se acumulavam restos azedos de mingau, que podiam ser retirados em pedaços compridos. O próprio mingau também continha mais grumos, cabelos e inexplicáveis coisas pretas do que se pensaria possível, a não ser que alguém os pusesse lá de propósito. Nunca era seguro começar a tomar o mingau sem examiná-lo antes. E havia também a água lodosa do banho de imersão: tinha uns quatro metros de comprimento e toda a escola deveria entrar nele todas as manhãs, e duvido que a água fosse trocada com tanta frequência; e as toalhas sempre úmidas com cheiro de queijo; e, em visitas ocasionais no inverno, a água salgada e turva dos Devonshire Baths, que vinha direto da praia e na qual vi uma vez flutuando um cagalhão humano. E o cheiro de suor do vestiário com suas pias gordurosas e, diante delas, a fileira de banheiros dilapidados que não tinham trinco de nenhum tipo nas portas, de tal modo que sempre que você estava sentado lá, com certeza entrava alguém. Não é fácil para mim me lembrar de meus dias de escola sem que pareça inalar um bafo de algo frio e malcheiroso — uma espécie de composto de meias suadas, toalhas sujas, cheiros fecais soprando por corredores, garfos com comida velha presa nos dentes,[19] ensopado de pescoço de ovelha, o ruído das portas batendo nos banheiros e o eco dos penicos nos dormitórios.

É verdade que, por natureza, não sou gregário, e o lado latrina e lenço sujo da vida é necessariamente mais indiscreto quando um grande número de seres humanos é enfiado num lugar pequeno. É da mesma forma ruim no Exército e pior, sem dúvida, numa prisão. Ademais, a infância é a idade do nojo. Depois que aprendemos a diferenciar e antes de ficarmos acostumados — entre sete e oito anos, digamos —, parece que estamos sempre caminhando numa corda bamba sobre uma fossa sanitária. Contudo, não creio que exagero a imundície da vida na escola quando lembro o modo como eram negligenciadas a saúde e a limpeza, apesar de todo o alvoroço em torno de ar fresco, água fria e treinamento duro. Era comum permanecer constipado durante muitos dias. Com efeito, não éramos estimulados a manter as entranhas abertas, pois os únicos purgantes tolerados eram óleo de rícino e uma outra bebida igualmente horrível chamada pó de alcaçuz. Deveríamos tomar banho de imersão todas as manhãs, mas alguns meninos o evitavam por dias a fio, simplesmente sumindo quando o sino tocava, ou então passavam ao longo da borda da banheira no meio do grupo e depois molhavam os cabelos com um pouco de água suja do chão. Não é certo que um menino de oito ou nove anos se mantenha limpo se alguém não ficar de olho. Havia um menino novo chamado Bachelor, um lindo queridinho da mamãe que chegou pouco antes de eu sair da escola. A primeira coisa que notei nele foi a linda brancura de pérola de seus dentes. No final daquele período letivo, seus dentes já eram uma extraordinária mancha verde. Durante todo aquele tempo, ninguém cuidara o suficiente dele para que escovasse os dentes.

Mas é claro que as diferenças entre o lar e a escola eram mais do que físicas. Aquele choque no colchão duro na primeira noite do período letivo costumava me dar um sentimento de despertar abrupto, um sentimento de: "Isto é a realidade, isto é o que você vai ter de enfrentar". Seu lar podia estar longe de ser perfeito, mas era ao menos um lugar dominado pelo amor, não pelo medo, onde não era preciso estar perpetuamente em guarda contra as pessoas ao seu redor. Aos oito anos de idade, você era de repente retirado desse ninho cálido e jogado num mundo de força, fraude e sigilo, como um peixinho de aquário num tanque cheio de piranhas. Contra qualquer grau de intimidação e maus-tratos, você não tinha remédio. Só poderia defender-se agindo às ocultas, o que, exceto em circunstâncias rigidamente definidas, era o pecado imperdoável. Escrever para casa e pedir que seus pais o tirassem da escola seria ainda mais impensável, pois seria admitir que você era infeliz e impopular, coisa que um menino jamais fará. Os meninos são erewhonianos:[20] acham que o infortúnio é uma vergonha e deve ser escondido a qualquer custo. Talvez fosse considerado permissível queixar-se aos pais sobre a comida ruim, uma surra injustificada ou algum outro tratamento cruel infligido por professores e não por colegas. O fato de Sambo jamais bater nos meninos mais ricos sugere que esse tipo de queixa era feito ocasionalmente. Mas em minha situação peculiar, eu jamais poderia pedir para meus pais interferirem em meu favor. Antes mesmo de eu entender o desconto na matrícula, compreendi que eles de algum modo deviam um favor a Sambo e, portanto, não poderiam me proteger contra ele. Já mencionei que, durante todo o tempo que passei na São Cipriano, jamais tive um taco de críquete só meu. Disseram-me que era porque "seus pais não poderiam pagar por ele". Um dia, durante as férias, graças a um comentário casual, fiquei sabendo que eles haviam fornecido dez xelins para que me comprassem um, mas não apareceu nenhum taco de críquete. Não reclamei para meus pais, muito menos levantei o assunto com Sambo. Como poderia? Eu dependia dele, e os dez xelins eram um mero fragmento do que eu lhe devia. Percebo agora que é muitíssimo improvável que Sambo tenha simplesmente ficado com o dinheiro. Sem dúvida, o assunto escapara de sua memória. Mas o importante é que eu presumi que ele havia embolsado e que tinha direito de fazer isso, se quisesse.

A dificuldade de uma criança de ter alguma independência real de atitude podia ser vista em nosso comportamento em relação a Flip. Creio que seria verdade dizer que todos os meninos da escola a odiavam e temiam. Contudo, todos a bajulávamos da maneira mais abjeta, e a camada de cima de nossos sentimentos em relação a ela era uma espécie de lealdade marcada pela culpa. Embora a disciplina da escola dependesse mais dela que de Sambo, Flip não procurava distribuir justiça no sentido rigoroso da palavra. Ela era francamente volúvel. Um ato que ela poderia punir com uma surra em um dia, no dia seguinte talvez risse dele e pusesse na conta de uma travessura infantil, ou até mesmo o elogiasse, porque "mostrou que você tinha coragem". Havia dias em que todos se intimidavam diante daqueles olhos fundos e acusadores, e havia outros em que ela era como uma rainha do flerte cercada por cortesãos-amantes, rindo e brincando, distribuindo presentes, ou a promessa de presentes ("E se você vencer o Prêmio de História Harrow,[21] lhe darei um estojo novo para sua câmera!"); às vezes, punha três ou quatro de seus meninos prediletos em seu Ford e os levava a uma casa de chá na cidade, onde tinham permissão para comprar café e bolos. Flip estava inextricavelmente misturada em minha mente com a rainha Elizabeth, cujas relações com Leicester, Essex e Raleigh eram inteligíveis para mim desde tenra idade. Uma palavra que usávamos com frequência em relação a Flip era "graça". "Estou nas boas graças", diríamos, ou "caí em desgraça". Com exceção do punhado de meninos ricos ou com título de nobreza, ninguém estava permanentemente nas boas graças dela, mas por outro lado até os párias gozavam de um pouquinho disso de vez em quando. Assim, embora minhas lembranças de Flip sejam, em sua maioria, hostis, me lembro também de períodos consideráveis em que eu me regalava com seus sorrisos, quando ela me chamava de "velho camarada" e usava meu prenome, e me deixava frequentar sua biblioteca particular, onde tomei pela primeira vez conhecimento de *Vanity Fair*. O ponto alto das boas graças era ser convidado para servir a mesa nas noites de domingo, quando Flip e Sambo tinham convidados para o jantar. Ao tirar a mesa, tinha-se evidentemente a chance de acabar com os restos, mas também se desfrutava do prazer servil[22] de ficar de pé, atrás dos assentos dos convidados, e acorrer rapidamente quando pediam alguma coisa. Sempre que tínhamos chance de puxar o saco, puxávamos o saco, e ao primeiro sorriso, nosso ódio se transformava numa espécie de amor servil. Eu ficava orgulhosíssimo sempre que conseguia fazer Flip rir. Cheguei mesmo, por ordem dela, a escrever versos de ocasião, poemas cômicos para celebrar eventos memoráveis na vida da escola.

    Estou preocupado em deixar claro que não era um rebelde, exceto por força das circunstâncias. Eu aceitava os códigos que encontrava estabelecidos. Certa vez, perto do final de meu curso, cheguei mesmo a delatar para Sillar um caso suspeito de homossexualidade. Eu não sabia muito bem o que era a homossexualidade, mas sabia que acontecia e que era ruim, e que era um dos contextos em que era adequado delatar. Sillar me disse que eu era um "bom sujeito", o que me deixou horrivelmente envergonhado. Diante de Flip, a gente se sentia tão indefeso quanto uma cobra perante o encantador de serpentes. Ela possuía um vocabulário pouco variado de elogios e insultos, toda uma série de frases feitas, e cada uma provocava de imediato a resposta apropriada. Havia a "Força, velho camarada!", que nos levava a paroxismos de energia; havia a "Não seja tão idiota!" (ou "É patético, não é?"), que fazia que nos sentíssemos idiotas natos; e havia a "Você não está sendo muito correto, não é?", que sempre nos levava à beira das lágrimas. No entanto, durante todo o tempo, no fundo do nosso coração, parecia haver um eu interior incorruptível que sabia que, a despeito do que fizéssemos — se ríamos, ou choramingávamos ou entrávamos num frenesi de gratidão por pequenos favores —, nosso único sentimento verdadeiro era o ódio.

IV

Aprendi cedo em minha carreira que podemos cometer erros contra nossa vontade, e não demorou muito para que eu aprendesse também que podemos cometer erros sem jamais descobrir o que fizemos ou por que era errado. Havia pecados que eram sutis demais para serem explicados, e havia outros que eram terríveis demais para serem mencionados com clareza. Por exemplo, havia o sexo, que estava sempre latente sob a superfície e que estourou subitamente numa tremenda confusão quando eu estava por volta dos doze anos.

Em algumas escolas preparatórias, a homossexualidade não é um problema, mas penso que a São Cipriano pode ter adquirido uma "má fama" graças à presença dos meninos sul-americanos, que talvez amadurecessem um ou dois anos antes de um menino inglês.[23] Nessa idade, eu não estava interessado e assim não sei de fato o que aconteceu, mas imagino que tenha sido masturbação em grupo. De qualquer modo, um dia a tempestade caiu sobre nossas cabeças. Houve convocações, interrogatórios, confissões, açoites, arrependimentos, palestras solenes das quais não se entendia nada, exceto que um pecado irredimível conhecido como "imundície" ou "bestialidade" havia sido cometido. Um dos cabeças, um menino chamado Cross,[24] foi açoitado, segundo testemunhas oculares, durante um quarto de hora sem parar, antes de ser expulso. Seus gritos foram ouvidos em toda a casa. Mas estávamos todos mais ou menos envolvidos, ou nos sentíamos envolvidos. A culpa parecia pairar no ar como uma nuvem de fumaça. O solene imbecil de cabelos pretos de um professor assistente, que depois seria deputado, levou os meninos mais velhos para uma sala isolada e fez uma preleção sobre o "Templo do Corpo".[25]

"Vocês não percebem que coisa maravilhosa é o corpo de vocês?", disse ele em tom grave. "Vocês falam do motor de seus automóveis, seus Roll-Royces e Daimlers, e assim por diante. Vocês não entendem que nenhum motor já feito pode ser comparado com o corpo de vocês? E aí vocês vão e o destroem, o arruínam — para o resto da vida!"

Ele virou seus olhos cavernosos para mim e acrescentou com tristeza:

"E você, que eu sempre [acreditei][26] ser uma pessoa bastante decente à sua maneira — você, é o que ouço, é um dos piores."

Um sentimento de condenação caiu sobre mim. Então, eu também era culpado. Eu também havia cometido a coisa terrível, fosse o que fosse, que nos destruía pelo resto da vida, corpo e alma, e acabava em suicídio ou no asilo de loucos. Até então eu havia tido esperança de ser inocente, e a convicção do pecado que agora me tomava era talvez mais forte porque eu não sabia o que havia feito. Eu não estava entre os que foram interrogados e açoitados, e apenas depois que a confusão já havia passado é que fiquei sabendo sobre o acidente trivial que havia ligado meu nome a ela. Mesmo então, não entendi nada. Só uns dois anos depois foi que tive total compreensão do significado da preleção sobre o Templo do Corpo.

Naquela época, me encontrava num estado quase assexuado, o que é normal, ou ao menos comum, em meninos daquela idade; estava, portanto, na posição de simultaneamente conhecer e não conhecer o que se costumava chamar de Fatos da Vida. Aos cinco ou seis anos, como muitas crianças, eu havia passado por uma fase de sexualidade. Meus amigos eram os filhos do encanador que moravam na mesma rua, e às vezes costumávamos fazer brincadeiras de um tipo vagamente erótico. Uma delas se chamava "brincar de médico", e me lembro de sentir uma leve excitação, mas sem dúvida agradável, ao apertar uma corneta de brinquedo, que fazia as vezes de estetoscópio, contra a barriga de uma menininha. Por volta da mesma época, apaixonei-me profundamente — um amor de adoração que nunca mais senti por ninguém — por uma menina chamada Elsie na escola religiosa que eu frequentava. Ela me parecia crescida, e suponho que deveria ter quinze anos. Depois disso, como acontece com tanta frequência, toda a sensação sexual parece ter saído de mim por muitos anos. Aos doze anos, eu sabia mais do que quando era criancinha, mas compreendia menos, porque não conhecia mais o fato essencial de que há algo de agradável na atividade sexual. Mais ou menos entre os sete e os catorze anos, o assunto todo me parecia desinteressante e, quando por algum motivo era forçado a pensar nele, repugnante. Meu conhecimento dos chamados Fatos da Vida vinha dos animais e, portanto, era distorcido e, de qualquer modo, apenas intermitente. Eu sabia que os animais copulavam e que os seres humanos tinham corpos parecidos com os dos animais; mas que os seres humanos também copulavam, eu só sabia, por assim dizer, com relutância, quando alguma coisa, talvez uma frase da Bíblia, obrigava que eu me lembrasse disso. Sem ter desejo, eu não tinha curiosidade, e estava disposto a deixar muitas perguntas sem resposta. Assim, eu sabia, em princípio, como o bebê entra na mulher, mas não sabia como ele sai de novo, porque nunca dera seguimento ao tema. Eu conhecia todos os palavrões, e em meus maus momentos os repetia para mim mesmo, mas não sabia o que o pior deles significava, nem queria saber. Eles eram abstratamente maus, uma espécie de encantamento verbal. Enquanto permaneci nesse estado, foi fácil para mim permanecer ignorante de quaisquer más ações sexuais que ocorressem ao meu redor, e até mesmo saber mais do que isso mesmo quando o rolo estourou. No máximo, por meio das veladas e terríveis advertências de Flip, Sambo e todo o resto deles, compreendi que o crime do qual éramos todos culpados estava de algum modo ligado aos órgãos sexuais. Eu havia notado, sem sentir muito interesse, que o pênis da gente levantava às vezes por vontade própria (isso começa a acontecer com um menino muito antes de ele ter qualquer desejo sexual consciente), e eu estava inclinado a acreditar, ou acreditar mais ou menos, que *aquilo* devia ser o crime. Ao menos tinha alguma coisa a ver com o pênis — era tudo o que eu entendia. Não tenho dúvidas de que muitos outros meninos estavam igualmente no escuro.

Depois da conversa sobre o Templo do Corpo (dias depois, é o que parece em retrospecto: o rolo parece ter durado dias), uma dúzia de nós estava sentado à longa mesa reluzente que Sambo usava para as aulas voltadas para a bolsa de estudos, sob o olhar ameaçador de Flip. Um longo e desconsolado gemido vinha de alguma sala do andar de cima. Um menino muito pequeno chamado Duncan, de não mais de dez anos de idade e que estava de algum modo envolvido, estava sendo açoitado, ou se recuperava de um açoitamento. Ao ouvir aquele som, os olhos de Flip percorreram nossos rostos e se fixaram em mim.

"*Veja você*", disse ela.

Não vou jurar que ela tenha dito "Veja você o que fez", mas esse era o sentido da frase. Estávamos todos prostrados de vergonha. A culpa era *nossa*. De algum modo, havíamos levado o pobre Duncan para a perdição: *nós* éramos responsáveis por sua agonia e ruína. Então Flip se virou para outro menino, chamado Clapham. Isso foi há trinta anos e não estou bem certo se ela simplesmente citou um verso da Bíblia ou se de fato pegou uma Bíblia e fez Clapham lê-la; mas, de qualquer modo, o texto marcado era:

"Quem provocar a queda de um só destes pequenos que creem em mim, melhor seria que lhe amarrassem ao pescoço uma pedra de moinho e o lançassem no fundo do mar."[27]

Isso também era terrível. Duncan era um desses pequenos; nós o havíamos ofendido; era melhor que uma pedra fosse pendurada em nosso pescoço e que fôssemos afogados nas profundezas do mar.

"Você pensou sobre isso, Clapham — pensou sobre o que isso significa?", disse Flip. E Clapham irrompeu num choramingo lacrimoso.

Outro menino, Hardcastle, o qual já mencionei, estava igualmente dominado pela vergonha diante da acusação de que tinha "círculos escuros ao redor dos olhos".

"Você tem se olhado no espelho ultimamente, Hardcastle?", disse Flip. "Não tem vergonha de andar com um rosto assim? Acha que ninguém sabe o que significa quando um menino tem olheiras?"

Uma vez mais o peso da culpa e do medo parecia cair sobre mim. Será que *eu* tinha círculos escuros ao redor dos olhos? Poucos anos depois me dei conta de que se supunha que olheiras eram um sintoma para se descobrir quem se masturbava. Mas já então, sem saber disso, eu aceitava as olheiras como sinal de depravação, *algum* tipo de depravação. E muitas vezes, antes mesmo de compreender o suposto significado, eu havia me olhado ansiosamente no espelho, procurando o primeiro sinal daquele temível estigma, a confissão que o pecador secreto escreve no próprio rosto.

Esses terrores passaram, ou se tornaram apenas intermitentes, sem afetar o que se pode chamar de minhas crenças oficiais. Era ainda verdade em relação ao hospício e ao túmulo do suicida, mas não era mais agudamente assustador. Alguns meses depois aconteceu de eu ver mais uma vez Cross, o líder que havia sido açoitado e expulso. Ele era um dos párias, filho de pais de classe média pobre, fato que sem dúvida contribuiu para que Sambo o tratasse de forma tão brutal. No trimestre após sua expulsão, ele foi para o Eastbourne College, a pequena escola de elite local, que era totalmente desprezada na São Cipriano e não considerada "uma verdadeira" escola de elite. Poucos meninos da São Cipriano iam para lá, e Sambo sempre falava deles com uma espécie de piedade desdenhosa. A gente não tinha a menor chance se fosse para uma escola como aquela: na melhor das hipóteses, seu destino seria o de um escriturário. Eu achava que Cross era uma pessoa que já aos treze anos havia perdido a esperança de um futuro decente. Do ponto de vista físico, moral e social, ele estava acabado. Além disso, eu presumia que seus pais o haviam mandado para o Eastbourne College porque, depois de seu vexame, nenhuma escola "boa" o aceitaria.

No trimestre seguinte, quando saímos para uma caminhada, passamos por Cross na rua. Sua aparência era completamente normal. Era um menino robusto, bem-apessoado, de cabelos negros. Notei imediatamente que ele parecia melhor que da última vez que o vira — sua pele, antes pálida, estava mais rosada — e que não parecia envergonhado de nos encontrar. Pelo jeito, não estava envergonhado de ter sido expulso, ou de estar no Eastbourne College. Se havia algo que pudéssemos deduzir do modo como ele nos olhou ao passar por nós, era que estava contente por ter escapado da São Cipriano. Mas o encontro não causou muito boa impressão em mim. Não fiz nenhuma inferência do fato de Cross, arruinado de corpo e alma, parecer estar feliz e com boa saúde. Eu ainda acreditava na mitologia sexual que me fora ensinada por Sambo e Flip. Os perigos terríveis e misteriosos ainda estavam lá. Numa manhã qualquer, as olheiras poderiam aparecer e você saberia que também estava entre os perdidos. Só que isso não parecia mais ter muita importância. Essas contradições podem existir facilmente na cabeça de uma criança, devido à sua própria vitalidade.[28] Ela aceita — como poderia ser diferente? — o absurdo que os mais velhos dizem, mas seu corpo jovem e a doçura do mundo físico contam uma outra história. O mesmo acontecia com o Inferno, no qual acreditei oficialmente até os catorze anos. Era quase certo que o Inferno existia, e havia ocasiões em que um sermão vigoroso podia reduzi-lo a pó. Mas isso não durava. O fogo que o esperava era fogo de verdade, causaria a mesma dor de quando a gente queimava o dedo, e *para sempre*, mas na maior parte do tempo era possível contemplá-lo sem preocupação.

V

Os vários códigos que nos eram apresentados na São Cipriano — religioso, moral, social e intelectual — contradiziam uns aos outros se suas implicações fossem levadas a fundo. O conflito essencial era entre a tradição do ascetismo do século XIX e o luxo e o esnobismo existente no período anterior a 1914. De um lado estavam o cristianismo fundamentalista de base, o puritanismo sexual, a insistência no trabalho duro, o respeito pela distinção acadêmica, a censura à permissividade; do outro, o desprezo pelo "cerebralismo" e o cultivo dos jogos, o desprezo pelos estrangeiros e pela classe trabalhadora, um medo quase neurótico da pobreza e, sobretudo, a pressuposição de que não apenas dinheiro e privilégio são as coisas que importam, como é melhor herdá-los do que ter de trabalhar por eles. Em termos amplos, queriam que você fosse um cristão e um vitorioso social ao mesmo tempo, o que é impossível. Na época, eu não percebia que os diversos ideais postos diante de nós se anulavam mutuamente. Via apenas que, no que me dizia respeito, eram todos, ou quase todos, inatingíveis, pois dependiam não somente do que a gente fazia, mas do que a gente *era*.

Muito cedo, aos dez ou onze anos, cheguei à conclusão — ninguém me disse isso, mas também não tirei isso de minha cabeça: estava de algum modo no ar que eu respirava — de que você não era bom se não tivesse 100 mil libras. É provável que tenha me fixado nessa quantia em particular em consequência da leitura de Thackeray. Os juros sobre 100 mil libras seriam de 4 mil por ano (eu era a favor da segurança de uns 4%), e isso me parecia a renda mínima que era preciso ter se quisesse pertencer à verdadeira camada superior, o pessoal que tinha casa no campo. Mas estava claro que eu jamais entraria nesse paraíso, ao qual ninguém pertencia se não tivesse nascido dentro dele. A única coisa que se podia fazer era *ganhar* dinheiro, graças a uma misteriosa operação chamada "entrar na City", e quando você saía da City, depois de ganhar 100 mil libras esterlinas, estava gordo e velho. Mas a coisa realmente invejável em relação ao pessoal de classe alta é que eles eram ricos ainda jovens. Para gente como eu, da classe média ambiciosa, dos que passavam nos exames, era possível apenas um tipo de sucesso, sombrio e laborioso. Você subia pela escada das bolsas de estudos e entrava no serviço público [interno][29] ou no serviço público indiano, ou se tornava possivelmente um advogado. E se em algum momento você "relaxasse" ou "se desse mal" e perdesse um dos degraus da escada, estava condenado a ser "um contínuo de quarenta libras por ano". Mas, mesmo que subisse ao nicho mais alto que lhe estava aberto, ainda assim você só podia ser um subalterno, um dependente das pessoas que de fato contavam.

Mesmo que eu não tivesse aprendido isso com Sambo e Flip, teria aprendido com os outros meninos. Num olhar retrospectivo, é espantoso como éramos todos inteligentes e intimamente esnobes, como éramos versados em nomes e endereços, com que rapidez detectávamos pequenas diferenças em sotaques, nos modos e no corte das roupas. Havia meninos que pareciam pingar dinheiro pelos poros, mesmo no tormento sombrio do meio do trimestre de inverno. No início e no fim do trimestre, em especial, ouvia-se um papo ingenuamente esnobe sobre a Suíça, a Escócia com seus guias de caça e terras de caça ao galo silvestre, "o iate de meu tio", "nosso lugar no país", "meu pônei" e "o carro de turismo do velho". Suponho que nunca houve na história mundial um período em que a pura abundância vulgar da riqueza, sem nenhum tipo de elegância aristocrática para redimi-la, foi tão conspícua quanto naqueles anos anteriores a 1914. Era uma época em que milionários malucos de cartolas onduladas e coletes cor de lavanda davam festas regadas a champanhe em casas flutuantes sobre o Tâmisa, época das saias funil e diabolô, do "*knut*"[30] em seu chapéu-coco cinza e fraque, de *A viúva alegre*, romances de Saki, *Peter Pan* e *Onde acaba o arco-íris*, época em que as pessoas falavam *chocs* e *cigs*, *ripping*, *topping* e *heavenly*, iam passar fins de semana *divvy* em Brighton e tomavam chás *scrumptious* no Troc.[31] De toda a década anterior a 1914 parece exalar um cheiro de luxo mais vulgar, pueril, cheiro de brilhantina, creme de menta e chocolates recheados — uma atmosfera, por assim dizer, de comer sorvetes de morango eternos em gramados verdes ao som da "Canção do remo de Eton". O extraordinário disso tudo é que todos presumiam que essa riqueza lodosa, protuberante das classes alta e média alta, duraria para sempre e fazia parte da ordem das coisas. Após 1918, as coisas nunca mais foram assim. O esnobismo e os hábitos caros voltaram, com certeza, mas eram constrangidos e na defensiva. Antes da guerra, o culto do dinheiro era totalmente irrefletido e imperturbado por qualquer dor de consciência. A excelência do dinheiro era tão inequívoca quanto a da saúde ou da beleza, e um carro reluzente, um título de nobreza ou uma horda de criados se misturavam na cabeça das pessoas com a ideia de virtude moral verdadeira.

Na São Cipriano, durante o período de aulas, a pobreza geral da vida impunha certa democracia, mas bastava uma menção às férias e a consequente fanfarronice competitiva quanto a carros, mordomos e casas de campo logo punha as distinções de classe em funcionamento. A escola era permeada por um curioso culto da Escócia que ressaltava a contradição fundamental entre nossas escalas de valores. Flip alegava ter ancestrais da Escócia e favorecia os meninos escoceses, estimulando-os a usar saiotes em seu tradicional tecido axadrezado, em vez do uniforme da escola,[32] e até batizou o filho mais moço com um nome gaélico. Aparentemente, deveríamos admirar os escoceses porque eram "severos" e "inflexíveis" ("rígidos" talvez fosse a palavra-chave), e irresistíveis no campo de batalha. No grande salão da escola havia uma gravura em aço da carga de cavalaria dos Scots Greys em Waterloo, todos com cara de quem estava adorando cada momento da batalha. Nossa imagem da Escócia era feita de riachos, barrancos, saiotes, bolsas de couro cobertas de pelo, espadas de dois gumes, gaitas de foles e coisas assim, tudo misturado de algum modo com efeitos revigorantes de mingau, protestantismo e clima frio. Mas subjacente a isso havia algo bem diferente. O verdadeiro motivo do culto da Escócia era que somente as pessoas muito ricas podiam passar o verão lá. E a suposta crença na superioridade escocesa era uma cobertura para a má consciência da ocupação inglesa que havia expulsado o campesinato escocês de suas fazendas na Highland para dar lugar a florestas dos cervos, e depois os compensara transformando-os em criados. O rosto de Flip brilhava sempre com esnobismo inocente quando falava da Escócia. Às vezes, ela até experimentava um pouco de sotaque escocês. A Escócia era um paraíso privado sobre o qual poucos iniciantes podiam falar e fazer os de fora se sentir pequenos.

"Você vai para a Escócia nestas férias?"

"Claro! Vamos todos os anos."

"Meu velho tem cinco quilômetros de rio lá."

"Meu velho vai me dar uma arma nova para o *twelfth*.[33] Tem uns belos galos silvestres lá aonde vamos. Cai fora, Smith! Por que você está ouvindo? Você nunca esteve na Escócia. Aposto que não sabe como é um galo silvestre."

Depois disso, imitações do canto de um galo silvestre, do bramido de um veado, do sotaque de "nossos guias de caça" etc. e tal.

E os interrogatórios a que os meninos novos de origem social duvidosa eram submetidos — perguntas bastante surpreendentes em sua particularidade maldosa, se pensarmos que os inquisidores tinham somente doze ou treze anos!

"Quanto seu pai ganha por ano? Em que parte de Londres você mora? É Knightsbridge ou Kensington? Quantos banheiros tem sua casa? Quantos criados têm seus pais? Você tem um mordomo? Bem, então, tem um cozinheiro? Onde suas roupas são feitas? Quantos espetáculos você viu nas férias? Quanto dinheiro você trouxe para cá?" Etc. e tal.

Eu vi um menininho novo, com não mais de oito anos, mentindo desesperadamente durante um catecismo desses:

"Seus pais têm carro?"

"Sim."

"Que tipo de carro?"

"Daimler."

"Quantos cavalos-vapor?"

(Pausa, e salto no escuro.) "Quinze."

"Que tipo de farol?"

O menino está atordoado.

"Que tipo de farol? Elétrico ou acetileno?"

(Uma pausa mais longa, e outro salto no escuro.) "Acetileno."

"Uau! Ele diz que o carro de seu pai tem faróis de acetileno. Eles saíram de linha há anos. O carro deve ser velho pra cachorro."

"Ora bolas! Ele está inventando. Ele não tem carro. Ele é só um peão de obra. O pai dele é um peão."

E assim por diante.

Pelos padrões sociais que prevaleciam em relação a mim, eu não era bom nem poderia ser bom. Mas todos os diferentes tipos de virtudes me pareciam misteriosamente interligados e pertencer a mais ou menos as mesmas pessoas. Não era somente o dinheiro que importava: havia também força, beleza, charme, porte atlético e algo chamado "peito" ou "caráter", que na realidade significava o poder de impor sua vontade aos outros. Eu não possuía nenhuma dessas qualidades. Nos jogos, por exemplo, eu era inútil. Era um nadador bem razoável e não totalmente desprezível no críquete, mas esses esportes não tinham prestígio, porque os meninos atribuíam importância a um jogo que exigisse força e coragem. O que contava era o futebol, no qual eu era um medroso. Eu odiava esse jogo, e uma vez que não conseguia ver prazer ou utilidade nele, era muito difícil para mim mostrar coragem em campo. Parecia-me que o futebol não era jogado realmente pelo prazer de chutar uma bola, mas era uma espécie de luta. Os amantes do futebol são meninos grandes, impetuosos e ameaçadores que são bons em derrubar e pisar em cima de meninos levemente menores. Esse era o padrão da vida na escola — um triunfo contínuo do forte sobre o fraco. A virtude consistia em vencer; consistia em ser maior, mais forte, mais bonito, mais rico, mais popular, mais elegante, mais inescrupuloso do que os outros; em dominá-los, intimidá-los, fazê-los sofrer dor, fazê-los parecer idiotas, tirar o melhor deles de todas as maneiras. A vida era hierárquica e tudo que acontecesse estava certo. Havia os fortes, que mereciam vencer e sempre venciam de fato, e havia os fracos, que mereciam perder e sempre perdiam, perpetuamente.

Eu não questionava os padrões predominantes porque, tanto quanto podia ver, não havia outros. Como poderiam os ricos, fortes, elegantes e poderosos estar errados? O mundo era deles e as regras que faziam para ele deviam ser as certas. No entanto, desde tenra idade eu tinha consciência da impossibilidade de qualquer conformidade *subjetiva*. No centro de meu coração, o eu interior parecia estar sempre desperto, apontando a diferença entre a obrigação moral e o *fato* psicológico. Era a mesma coisa em todas as questões, mundanas ou celestes. Tomemos a religião, por exemplo. Eu deveria amar a Deus e não questionar isso. Até por volta dos catorze anos, eu acreditava em Deus e que os relatos feitos sobre ele eram verdadeiros. Mas tinha plena consciência de que não o amava. Ao contrário, o odiava, assim como odiava Jesus e os patriarcas hebreus. Se eu tinha algum sentimento de simpatia por algum personagem do Velho Testamento, era por pessoas como Caim, Jezebel, Aman, Agag, Sisara; no Novo Testamento, meus amigos, vamos dizer assim, eram Ananias, Caifás, Judas e Pôncio Pilatos.[34] Mas toda a coisa da religião me parecia salpicada de impossibilidades psicológicas. O Livro de Orações, por exemplo, mandava amar a Deus e temê-lo: mas como se podia amar alguém que se temia? Com os sentimentos privados era a mesma coisa. O que se *devia* sentir estava geralmente claro, mas a emoção apropriada não podia ser imposta. Era óbvio que meu dever era me sentir grato em relação a Flip e Sambo, mas eu não tinha esse sentimento. Também estava claro que devíamos amar nosso pai, mas eu sabia muito bem que não gostava de meu pai, que eu mal havia visto antes dos oito anos e que me parecia apenas um velho de voz rouca dizendo sempre "não". Eu queria possuir as qualidades certas e sentir as emoções certas, mas não conseguia. O bom e o possível nunca pareciam coincidir.

Havia um verso de poema que descobri, não enquanto estava na São Cipriano, mas um ou dois anos depois, que parecia provocar uma espécie de eco sombrio em meu coração: "Os exércitos da lei inalterável".[35] Eu compreendia perfeitamente o que significava ser Lúcifer, derrotado — e com justiça —, sem possibilidade de vingança. Os diretores de escola com suas varas, os milionários com seus castelos escoceses, os atletas com seus cabelos crespos — esses eram os exércitos da lei inalterável. Não era fácil, àquela altura, perceber que na verdade ela era *alterável*. E, de acordo com essa lei, eu estava condenado. Eu não tinha dinheiro, era fraco, era feio, era impopular, tinha uma tosse crônica, era covarde, fedia. Esse quadro, devo acrescentar, não era nada fantasioso. Eu era um menino sem atrativos. A São Cipriano logo me fez assim, ainda que eu não o fosse antes. Mas a crença de uma criança em seus defeitos não é muito influenciada pelos fatos. Eu acreditava, por exemplo, que "fedia", mas isso estava baseado apenas na probabilidade geral. Era notório que pessoas desagradáveis fediam e, portanto, era de presumir que eu fedia também. Além disso, até deixar a escola para sempre, continuei a me achar anormalmente feio. Era o que meus colegas diziam e eu não tinha outra autoridade de referência. A convicção de que *não era possível* para mim ser um sucesso era tão profunda que chegou a influenciar minhas ações quando eu já era adulto. Até por volta dos trinta anos, sempre planejei minha vida tendo por pressuposto não somente que qualquer grande empreendimento estava condenado a fracassar, mas que estava fadado a viver só alguns anos a mais.

Mas esse sentimento de culpa e de fracasso inevitável era contrabalançado com outra coisa: o instinto de sobrevivência. Até mesmo uma criatura fraca, feia, covarde, fedorenta e de modo algum defensável quer permanecer viva e ser feliz a sua maneira. Eu não podia inverter a escala de valores existente, ou me transformar num sucesso, mas podia aceitar meu fracasso e tirar o melhor dele. Eu poderia me resignar a ser o que era e então tratar de sobreviver nesses termos.

Sobreviver, ou ao menos preservar algum tipo de independência, era algo criminoso, pois significava infringir regras que você mesmo reconhecia. Havia um menino chamado Cliffy Burton[36] que, durante alguns meses, me oprimiu terrivelmente. Era um menino grande, poderoso, de uma beleza rude, com um rosto muito vermelho e cabelos pretos crespos, que estava sempre torcendo o braço de um ou puxando a orelha de outro, açoitando alguém com um chicote de equitação (ele era membro do Sixth Form) ou realizando prodígios de atividade no campo de futebol. Flip o adorava (daí o fato de ser chamado habitualmente pelo prenome) e Sambo o elogiava por ser um menino que "tinha caráter" e "podia manter a ordem". Ele contava com um séquito de bajuladores que o apelidaram de Homem Forte.

Um dia, quando estávamos tirando nossos sobretudos no vestiário, Burton me escolheu como vítima por alguma razão. Eu "respondi mal" e ele agarrou meu pulso, girou-o e dobrou meu antebraço para trás de um jeito horrivelmente doloroso. Lembro-me de seu rosto bonito, vermelho e debochado em cima do meu. Acho que ele era mais velho que eu, além de ser imensamente mais forte. Depois que ele me soltou, uma decisão terrível e maldosa tomou corpo em meu coração. Eu daria o troco e o atingiria quando ele não estivesse esperando. Era um momento estratégico, pois o diretor, que fora dar sua caminhada, estaria de volta quase imediatamente e então não poderia haver briga. Deixei passar talvez um minuto, caminhei até Burton com o ar mais inocente que pude fingir e então, com todo o peso de meu corpo atrás, enfiei meu punho na cara dele. Ele foi jogado para trás pelo golpe e escorreu um pouco de sangue de sua boca. Seu rosto sempre sanguíneo ficou quase preto de raiva. Depois se virou para limpar a boca na pia.

"*Tudo bem!*", disse ele entre os dentes quando o diretor nos levou embora.

Depois disso, ele me seguiu durante dias, me desafiando para lutar. Embora apavorado, sempre me recusei a brigar. Disse que o soco na cara fora merecido e que o assunto estava encerrado. O estranho é que ele não caiu em cima de mim na hora, o que a opinião pública provavelmente apoiaria. Assim, aos poucos, o assunto minguou e não houve luta.

Ora, eu me havia comportado mal conforme meu próprio código, para não falar do dele. Dar um soco de surpresa era errado. Mas, se recusar a lutar depois, sabendo que se brigássemos ele me bateria, isso era muito pior: era covardia. Se eu tivesse me recusado porque não aprovava brigas, ou porque achava de fato que o assunto estava encerrado, então tudo estaria bem; mas eu me recusara simplesmente porque estava com medo. Até minha vingança se esvaziou por isso. Eu dera o soco num momento de violência irracional, sem pensar no futuro e apenas decidido a dar o troco e me lixar para as consequências. Tivera tempo para perceber que fizera uma coisa errada, mas era o tipo de crime do qual era possível tirar alguma satisfação. Agora, tudo estava anulado. Houvera uma espécie de coragem no primeiro ato, mas minha covardia subsequente a apagara.

O fato que deixei de notar foi que, embora tenha me desafiado formalmente para uma luta, Burton na realidade não me atacou. Com efeito, depois de receber aquele soco, ele nunca mais me oprimiu. Demorou talvez vinte anos para que eu percebesse o significado disso. Na época, eu não conseguia ver além do dilema moral que se apresenta aos fracos num mundo dominado pelos fortes: infrinja as regras, ou morra. Eu não percebia que, naquele caso, os fracos têm o direito de fazer um conjunto diferente de regras para eles mesmos, porque, mesmo que essa ideia tivesse me ocorrido, não havia ninguém ao meu redor que me pudesse confirmá-la. Eu vivia num mundo de meninos, animais gregários, que não questionam nada, aceitam a lei do mais forte e se vingam das humilhações descontando em alguém menor. Minha situação era a mesma de um sem-número de meninos, e se potencialmente eu era mais rebelde que a maioria, era só porque, por padrões pueris, eu era um tipo mais pobre. Mas nunca me rebelei intelectualmente, apenas emocionalmente. Eu não tinha nada para me ajudar, exceto meu egoísmo bobo, minha incapacidade, não de me desprezar, mas de *não gostar* de mim, e meu instinto de sobrevivência.

Foi cerca de um ano depois de dar um soco na cara de Burton que deixei a São Cipriano para sempre. Foi no final do trimestre de inverno. Com um sentimento de sair da escuridão para a luz do sol, pus minha gravata de ex-aluno quando nos vestimos para a jornada. Lembro-me bem da sensação daquela seda nova ao redor de meu pescoço, uma sensação de emancipação, como se a gravata fosse ao mesmo tempo uma insígnia de idade adulta e um amuleto contra a voz de Flip e a vara de Sambo. Eu estava escapando da servidão. Não que eu esperasse, ou mesmo pretendesse, ter mais sucesso numa escola de elite do que na São Cipriano. Mas ainda assim eu estava escapando. Sabia que na escola de elite haveria mais privacidade, mais negligência, mais chance de ser preguiçoso, descomedido e degenerado. Havia anos que eu decidira — no início, de modo inconsciente, mas depois conscientemente — que, depois de ganhar a bolsa de estudos, eu ia "relaxar" e não me mataria mais de estudar. Essa decisão, aliás, foi levada tão a sério que entre as idades de treze e 22 ou 23 anos, dificilmente fiz algum trabalho que fosse evitável.

Flip estendeu-me a mão para se despedir. Ela até me chamou pelo prenome na ocasião. Mas havia uma espécie de desdém, quase um sorriso escarninho em seu rosto e sua voz. O tom com que disse adeus era quase o mesmo com que costumava dizer *borboletazinhas*. Eu ganhara duas bolsas, mas era um fracasso, porque o sucesso não era medido pelo que a gente fazia, mas pelo que a gente *era*. Eu não era "um bom tipo de menino" e não poderia trazer crédito para a escola. Eu não tinha caráter, coragem, saúde, força ou dinheiro, ou mesmo boas maneiras, o poder de parecer um cavalheiro.

"Adeus", parecia dizer o sorriso de despedida de Flip. "Não vale a pena brigar agora. Você não fez muito sucesso na São Cipriano, não é? E não creio que se dará muito bem na escola de elite também. Cometemos um erro, realmente, em desperdiçar nosso tempo e dinheiro com você. Esse tipo de educação não tem muito a oferecer a um menino com seu passado e sua perspectiva. Oh, não pense que não o compreendemos! Sabemos de todas aquelas ideias que você tem no fundo de sua cabeça, sabemos que você não acredita em tudo o que lhe ensinamos e sabemos que você não está nem um pouco grato por tudo o que fizemos por você. Mas de nada serve trazer tudo isso à tona agora. Não somos mais responsáveis por você e não o veremos de novo. Admitamos apenas que você é um de nossos fracassos e nos separemos sem rancor. Então, adeus."

Isso foi, pelo menos, o que li em seu rosto. E, no entanto, como eu estava feliz naquela manhã de inverno, quando o trem me levou embora com a reluzente gravata nova de seda (verde-escura, azul-clara e preta, se lembro bem) no pescoço! O mundo se abria à minha frente, só um pouco, como um céu cinzento que exibe uma faixa estreita de azul. A escola de elite seria mais divertida que a São Cipriano, mas, no fundo, igualmente estranha. Num mundo em que as necessidades principais eram dinheiro, pais nobres, vigor atlético, roupas feitas sob medida, cabelos bem penteados, um sorriso encantador, eu não era bom. Tudo o que eu havia ganhado era espaço para respirar. Um pouco de tranquilidade, um pouco de satisfação, um pouco de folga do estudo excessivo — e, depois, a ruína. Que espécie de ruína, eu não sabia: talvez as colônias, ou o banco de uma repartição, talvez a prisão ou uma morte prematura. Mas, primeiro, um ou dois anos em que poderia relaxar e obter os benefícios dos pecados, como o Doutor Fausto. Eu acreditava firmemente em meu destino mau, mas estava felicíssimo. A vantagem de ter treze anos é que você pode não apenas viver no momento, mas fazê-lo com plena consciência, prevendo o futuro, mas sem se preocupar com ele. No trimestre seguinte, eu iria para Wellington. Ganhei também uma bolsa para Eton, mas não era certo que haveria vaga, então ia para Wellington primeiro.[37] Em Eton, tinha-se um quarto sozinho — um quarto que podia ter até uma lareira. Em Wellington, tinha-se o próprio cubículo e se podia fazer chocolate à noite. A privacidade disso, a condição de adulto! E haveria bibliotecas para frequentar, e tardes de verão em que poderia me esquivar dos jogos e perambular pelos campos sozinho, sem professor para guiar. Enquanto isso, havia as férias. Havia o rifle 22 que eu comprara nas férias anteriores (o Crackshot, se chamava, e custava 22 xelins e seis pence), e o Natal seria na semana seguinte. Havia também os prazeres de comer demais. Pensava em determinado paõzinho doce com creme que podia ser comprado por dois pence numa loja de nossa cidade.[38] (Isso se passava em 1916, e o racionamento de alimentos ainda não começara.) Até o detalhe de que meu dinheiro para a viagem fora ligeiramente mal calculado, deixando cerca de um xelim de sobra — suficiente para uma xícara de café não prevista e um ou dois bolos em algum lugar do caminho — era o bastante para me encher de felicidade. Havia tempo para um pouco dela antes que o futuro se abatesse sobre mim. Mas eu não sabia que o futuro era negro. Fracasso, fracasso, fracasso — fracasso no passado, fracasso no futuro —, essa era a convicção mais profunda que eu levava comigo.

VI

Tudo isso aconteceu há trinta anos ou mais. A questão é: hoje em dia, uma criança na escola passa pelo mesmo tipo de experiência?

A única resposta honesta, creio eu, é que não sabemos com certeza. Como se sabe, é óbvio que a *atitude* atual em relação à educação é muitíssimo mais humana e sensível que a do passado. O esnobismo que foi parte de minha educação seria quase impensável hoje, porque a sociedade que o alimentava está morta. Relembro uma conversa que deve ter acontecido cerca de um ano antes de eu deixar a São Cipriano. Um menino russo, grande e loiro, um ano mais velho que eu, estava me questionando.

"Quanto tem seu pai por ano?"

Disse-lhe o que eu achava que era, acrescentando algumas

centenas para soar melhor. O menino russo, organizado em seus hábitos, pegou um lápis e uma caderneta e fez um cálculo.

"Meu pai tem mais de duzentas vezes mais dinheiro do que o seu", anunciou ele com uma espécie de desprezo divertido.

Isso aconteceu em 1915. Pergunto-me o que terá acontecido com aquele dinheiro dois anos depois. E me pergunto ainda mais: conversas desse tipo acontecem nas escolas preparatórias de hoje?

Está claro que houve uma enorme mudança de perspectiva, um crescimento geral do "esclarecimento", mesmo entre gente de classe média comum, que não pensa. A crença religiosa, por exemplo, desapareceu em grande medida, levando consigo outros tipos de tolices. Imagino que hoje em dia poucos diriam para uma criança que se ela se masturbar acabará num hospício. O espancamento também ficou desacreditado e foi até abandonado em muitas escolas. Tampouco a subalimentação das crianças é vista como ato normal, quase meritório. Ninguém decidiria abertamente dar a seus alunos o mínimo de comida com que pudessem se contentar, ou lhes diria que é saudável sair da mesa com tanta fome quanto ao sentar-se para comer. A situação das crianças melhorou, em parte porque elas ficaram relativamente menos numerosas. E a difusão do conhecimento psicológico, por pouco que seja, tornou mais difícil para pais e professores se entregarem a suas aberrações em nome da disciplina. Eis um caso, que não acompanhei pessoalmente, mas conhecido de alguém em quem posso confiar, ocorrido em meu tempo. Uma menininha, filha de um clérigo, continuava a urinar na cama numa idade em que não deveria mais fazer isso. Com o objetivo de puni-la por esse terrível ato, o pai a levou a uma grande festa ao ar livre e lá a apresentou para todo mundo como uma menina que molhava a cama; e para enfatizar a perversidade dela, ele havia previamente pintado o rosto dela de preto. Não sugiro que Flip e Sambo tenham feito uma coisa como essa comigo, mas duvido que isso os teria surpreendido muito. Afinal, as coisas mudam. E no entanto...!

A questão não é se os meninos ainda são afivelados em colarinhos de Eton aos domingos, ou se lhes dizem que os bebês são desenterrados debaixo de groselheiras. Esse tipo de coisa está no fim, reconhecidamente. A verdadeira questão é se ainda é normal para um colegial viver durante anos em meio a terrores irracionais e mal-entendidos malucos. E nesse ponto encontramos a enorme dificuldade de saber o que uma criança pensa e sente de fato. Um menino que parece razoavelmente feliz pode estar sofrendo horrores que não pode ou não quer revelar. Ele vive numa espécie de estranho mundo submarino no qual só podemos penetrar pela memória ou adivinhação. Nossa principal pista é o fato de que também fomos crianças, e muita gente parece esquecer a atmosfera de sua infância quase por completo. Pensem, por exemplo, nos tormentos desnecessários que as pessoas causam ao mandar as crianças para a escola com roupas de modelo errado e se negando a ver que isso é importante! Em relação a coisas desse tipo, a criança às vezes protesta, mas boa parte do tempo sua atitude é de simples dissimulação. Não expor os verdadeiros sentimentos aos adultos parece ser uma coisa instintiva a partir dos sete ou oito anos de idade. Até mesmo a afeição que sentimos por uma criança, o desejo de protegê-la e amá-la, é causa de mal-entendidos. Talvez possamos amar uma criança mais do que outro adulto, mas é temerário supor que a criança sente algum amor em troca. Olhando em retrospecto para minha infância, depois dos anos de bebê, não creio que jamais tenha sentido amor por uma pessoa madura, exceto minha mãe, e mesmo nela eu não confiava, no sentido de que a timidez me fazia esconder a maior parte de meus verdadeiros sentimentos por ela. O amor, a emoção espontânea, irrestrita do amor era algo que eu só podia sentir por pessoas que fossem jovens. Em relação às pessoas velhas — e não esqueçam que "velho" para uma criança significa mais de trinta, ou até mais de 25 —, eu era capaz de sentir reverência, respeito, admiração ou remorso, mas parecia estar separado delas por um véu de medo e timidez misturado com aversão física. As pessoas se esquecem facilmente do encolhimento *físico* da criança diante dos adultos. O enorme tamanho deles, seus corpos rígidos e desajeitados, suas peles grosseiras e enrugadas, as grandes pálpebras frouxas, os dentes amarelos e o cheiro de roupas mofadas, cerveja, suor e fumo que exala deles a cada movimento! Parte do motivo da feiura dos adultos, aos olhos de uma criança, é que ela em geral olha para cima, e poucos rostos parecem melhores quando vistos de baixo. Além disso, sendo jovem e sem marcas, a criança tem padrões incrivelmente altos em matéria de pele, dentes e aparência física. Mas a maior barreira de todas é a concepção errada da criança quanto à idade. É bem difícil que consiga imaginar a vida além dos trinta anos, e ao julgar a idade das pessoas, comete erros fantásticos. Pensa que uma pessoa de 25 anos tem quarenta, que uma pessoa de quarenta tem 65, e assim por diante. Assim, quando me apaixonei por Elsie, supus que era adulta. Encontrei-a de novo quando eu estava com treze anos e ela devia ter 23; parecia-me agora uma mulher de meia-idade, que já passara um pouco de seus melhores dias. E a criança pensa no envelhecimento como se fosse quase uma calamidade obscena que, por alguma razão misteriosa, jamais acontecerá com ela. Todos os que passaram dos trinta anos são uma gente grotesca e infeliz, eternamente preocupada com ninharias e que, tanto quanto a criança pode ver, permanece viva sem ter motivo para viver. Só a vida da criança é vida verdadeira. O diretor de escola que imagina que é amado e desfruta da confiança de seus alunos é, na verdade, arremedado e objeto de riso pelas costas. Um adulto que não parece perigoso quase sempre parece ridículo.

Baseio essas generalizações no que consigo lembrar de minha infância. Por mais que seja traiçoeira, a memória me parece o principal meio que temos para descobrir como funciona a mente de uma criança. É somente por meio da ressurreição de nossas lembranças que podemos perceber a incrível distorção da visão do mundo infantil. Pensem nisso, por exemplo: como eu veria a São Cipriano agora, se pudesse voltar, com minha idade atual, a 1915? O que pensaria de Sambo e Flip, aqueles monstros terríveis e todo-poderosos? Eu os veria como um casal tolo, raso, ineficaz, escalando avidamente uma escada social que qualquer ser pensante podia ver que estava à beira do colapso. Eu não teria mais medo deles que de um esquilo. Ademais, naquela época, eles me pareciam fantasticamente velhos, ao passo que deviam ser um pouco mais jovens do que sou agora, embora não tenha certeza disso. E como eu veria Cliffy Burton, com seus braços de ferreiro e seu rosto vermelho e zombeteiro? Um simples menininho imundo, mal distinguível de centenas de outros menininhos imundos. Os dois conjuntos de fatos podem ficar lado a lado na minha mente, porque acontecem de ser minhas lembranças. Mas seria muito difícil para mim ver com os olhos de outra criança, a não ser com um esforço de imaginação que poderia me deixar completamente perdido. A criança e o adulto vivem em mundos diferentes. Se é assim, não podemos ter certeza de que a escola, ao menos os internatos, deixou de ser, para muitas crianças, a experiência terrível que costumava ser. Tirem-se Deus, o latim, a vara, as distinções de classe e os tabus sexuais, e o medo, o ódio, o esnobismo e o mal-entendido talvez ainda estejam todos lá. Terá sido visto que meu problema principal era uma total falta de qualquer senso de proporção ou probabilidade. Isso me levou a aceitar abusos e acreditar em absurdos, e sofrer tormentos em relação a coisas que, na verdade, não tinham importância. Não é suficiente dizer que eu era "tolo" e que "deveria saber mais". Olhem para suas infâncias e pensem nos absurdos em que costumavam acreditar e nas trivialidades que podiam fazê-los sofrer. Evidentemente, meu caso tem variações individuais, mas em essência é o mesmo de muitos e muitos meninos. A fraqueza da criança é que ela começa com uma folha em branco. Ela não compreende nem questiona a sociedade em que vive, e devido a sua credulidade, outras pessoas podem trabalhar em cima dela, contagiando-a com o sentimento de inferioridade e o temor de infringir leis terríveis e misteriosas. Pode ser que tudo que aconteceu comigo na São Cipriano pudesse ocorrer na escola mais "esclarecida", embora de formas talvez mais sutis. De uma coisa, porém, estou bem certo: os internatos são piores que os externatos. A criança tem uma chance melhor com o santuário de seu lar por perto. E acho que os defeitos característicos das classes média e alta inglesas talvez se devam, em parte, à prática generalizada até recentemente de mandar as crianças para longe do lar quando estão com nove, oito e até sete anos.

Nunca voltei à São Cipriano. Reuniões, jantares de ex-alunos e coisas assim me deixam mais do que indiferente, mesmo quando minhas lembranças são amistosas. Nunca voltei a Eton, onde fui relativamente feliz, embora tenha passado uma vez por lá, em 1933, e notado com interesse que nada parecia ter mudado, se não fosse o fato de agora as lojas venderem rádios. Quanto à São Cipriano, durante anos detestei até mesmo seu nome de uma forma tão profunda que não conseguia vê-la com distanciamento suficiente para notar o significado das coisas que aconteceram comigo lá. De certo modo, foi somente na última década que refleti sobre meus tempos de escola, embora essas lembranças tenham sempre me assombrado. Hoje em dia, creio que causaria muito pouca impressão ver o lugar de novo, se é que ainda existe (lembro-me de ter ouvido há alguns anos o rumor de que fora destruída por um incêndio). Se eu tivesse de passar por Eastbourne, não faria um desvio para evitar a escola; e, se passasse por ela, talvez até parasse por um momento diante do muro baixo de tijolos e desse uma olhada, através do campo de futebol, no prédio feio com o quadrado de asfalto diante dele. E se entrasse e sentisse de novo o cheiro poeirento e de tinta da grande sala de aula, o cheiro de resina da capela, o cheiro de água estagnada da piscina e o fedor frio dos banheiros, acho que sentiria apenas o que se sente invariavelmente ao revisitar qualquer cenário da infância: como tudo ficou pequeno e como é terrível o estrago em mim! Mas o fato é que durante muitos anos eu dificilmente suportaria vê-la de novo. A não ser por extrema necessidade, eu não poria os pés em Eastbourne. Cheguei mesmo a sentir preconceito contra Sussex, por ser o condado em que ficava a São Cipriano, e depois de adulto, estive apenas uma vez em Sussex, numa visita curta. Agora, no entanto, o lugar está fora do meu sistema para sempre. Seu feitiço não funciona mais, nem tenho animosidade suficiente para me fazer ter esperanças de que Flip e Sambo estejam mortos ou que a história do incêndio da escola seja verdadeira.[39]

*

Inglaterra, nossa Inglaterra
19 de fevereiro de 1941

I

Enquanto escrevo, seres humanos extremamente civilizados sobrevoam a minha cabeça, tentando me matar.

Eles não sentem nenhuma inimizade contra mim enquanto indivíduo, nem eu contra eles. Estão apenas "cumprindo seu dever", como se costuma dizer. A maioria deles, não tenho dúvidas, é composta de homens de bom coração e obedientes à lei que jamais sonhariam cometer um assassinato na vida privada. Por outro lado, se um deles conseguir me despedaçar com uma bomba bem colocada, jamais dormirá pior por causa disso. Ele está servindo seu país, o qual tem o poder de absolvê-lo do mal causado.

Não podemos ver o mundo moderno tal como é se não reconhecermos a força avassaladora do patriotismo, da lealdade nacional. Em certas circunstâncias, ele pode perder o ânimo, em certos níveis de civilização ele não existe, mas, como forma *posi-*

tiva, não há nada que se compare. O cristianismo e o socialismo internacional são tão frágeis quanto uma palha em comparação com ele. Hitler e Mussolini chegaram ao poder em seus países porque, em grande medida, conseguiram compreender esse fato e seus oponentes não.

Devemos admitir também que as divisões entre nação e nação se fundamentam em diferenças reais de atitude. Até recentemente, julgava-se correto fingir que todos os seres humanos são muito parecidos, mas, na verdade, quem é capaz de usar seus olhos sabe que a média do comportamento humano difere enormemente de país para país. Coisas que podem acontecer num país não poderiam acontecer em outro. O expurgo de junho de Hitler,[1] por exemplo, não poderia acontecer na Inglaterra. E, no que diz respeito aos povos ocidentais, os ingleses são muito diferenciados. Há uma espécie de admissão indireta disso na maneira como quase todos os estrangeiros não gostam de nosso modo nacional de vida. Poucos europeus suportam viver na Inglaterra, e até os americanos com frequência se sentem mais em casa na Europa.

Quando voltamos para a Inglaterra de qualquer país estrangeiro, temos logo a sensação de respirar um ar diferente. Já nos primeiros minutos, dezenas de pequenas coisas conspiram para nos dar essa sensação. A cerveja é mais amarga, as moedas são mais pesadas, a grama é mais verde, os anúncios são mais espalhafatosos. As multidões nas grandes cidades, com suas faces levemente nodosas, seus dentes ruins e modos brandos, são diferentes de uma multidão europeia. Depois, a vastidão da Inglaterra nos engole e por um momento perdemos a sensação de que a nação inteira tem um único caráter identificável. Existe de fato aquilo que chamam nações? Não somos 46 milhões de indivíduos, todos diferentes?[2] E a diversidade disso, o caos! O estrépito dos tamancos nas cidades manufatureiras de Lancashire, o vaivém de caminhões na Great North Road, as filas do lado de fora da Bolsa de

Trabalho, o matraquear dos fliperamas nos pubs do Soho, as solteironas indo de bicicleta para a Sagrada Comunhão através da névoa das manhãs de outono — tudo isso não são apenas fragmentos, mas fragmentos *característicos* da cena inglesa. Como estabelecer um padrão a partir dessa confusão?

Mas ao falar com estrangeiros, ler livros ou jornais estrangeiros, somos trazidos de volta ao mesmo pensamento. Sim, *há* algo típico e reconhecível na civilização inglesa. É uma cultura tão peculiar como a da Espanha. Está amarrada de algum modo a desjejuns sólidos e domingos sombrios, cidades enfumaçadas e estradas sinuosas, campos verdes e caixas de correio vermelhas. Tem um sabor próprio. Além disso, é contínua, estende-se para o futuro e o passado, há algo nela que persiste, como uma criatura viva. O que a Inglaterra de 1940 pode ter em comum com a criança de cinco anos cuja fotografia nossa mãe mantém sobre o consolo da lareira? Nada, exceto que somos por acaso a mesma pessoa.

E, sobretudo, é *nossa* civilização, somos *nós*. Por mais que a odiemos ou rimos dela, jamais seremos felizes longe dela por qualquer período de tempo. Os pudins de sebo e as caixas de correio vermelhas entraram em nossa alma. Bem ou mal, são nossos, pertencemos a eles, e deste lado do túmulo jamais nos livraremos das marcas que nos deixaram.

Enquanto isso, a Inglaterra, junto com o resto do mundo, está mudando. E como todo o resto, ela só pode mudar em certas direções, que até certo ponto podem ser previstas. Isso não quer dizer que o futuro esteja determinado, mas somente que certas alternativas são possíveis e outras não. Uma semente pode germinar ou não, mas uma semente de nabo jamais se transforma numa pastinaca. Portanto, é da maior importância tentar determinar o que é a Inglaterra, antes de adivinhar que papel a Inglaterra *pode desempenhar* nos enormes eventos contemporâneos.

II

Características nacionais não são fáceis de definir, e quando definidas, muitas vezes se revelam trivialidades ou parecem não ter relação umas com as outras. Os espanhóis são cruéis com animais, os italianos são incapazes de realizar qualquer coisa sem fazer um barulho ensurdecedor, os chineses são viciados em jogo. Obviamente, esses tipos de coisas em si não têm importância. Não obstante, nada é infundado, e até o fato de os ingleses terem maus dentes pode revelar alguma coisa sobre as realidades da vida inglesa.

Eis aqui um par de generalizações sobre a Inglaterra que seriam aceitas por quase todos os observadores. Uma é que os ingleses não são bem dotados do ponto de vista artístico. Não são musicais como os alemães ou italianos, a pintura e a escultura nunca floresceram no país como o fizeram na França. Outra é que, na medida em que são europeus, os ingleses não são intelectuais. Eles têm horror ao pensamento abstrato, não sentem necessidade de nenhuma filosofia ou "visão de mundo" sistemática. E a razão disso não é porque sejam "práticos", como gostam tanto de afirmar sobre si mesmos. Basta olharmos para seus métodos de planejamento urbano e fornecimento de água, seu apego obstinado a tudo o que é antiquado e aborrecimento, um sistema de grafia que desafia a análise e um sistema de pesos e medidas só inteligível para compiladores de livros de aritmética para ver como dão pouca importância à mera eficiência. Mas eles têm certa capacidade de agir sem pensar. Sua mundialmente famosa hipocrisia — a postura de duas caras em relação ao Império, por exemplo — está ligada a isso. Em momentos de crise grave, toda a nação pode de repente se unir e agir conforme uma espécie de instinto, na verdade um código de conduta compreendido por quase todos, embora nunca formulado. A expressão que Hitler cunhou para os alemães — "um povo de sonâmbulos"³ — seria mais bem aplicada aos ingleses. Não que haja algo para se orgulhar no fato de ser sonâmbulo.

Mas nesse ponto vale a pena notar um traço menor dos ingleses que é extremamente marcante, embora não muito comentado, ou seja, o amor pelas flores. Essa é uma das primeiras coisas que notamos quando chegamos à Inglaterra do exterior, sobretudo se viemos da Europa meridional. Isso não contradiz a indiferença dos ingleses pelas artes? De fato não, porque encontramos esse traço em pessoas sem nenhuma sensibilidade estética. Mas esse amor pelas flores está ligado a outra característica inglesa que é tão parte de nós que mal a notamos, ou seja, o vício dos passatempos e ocupações das horas vagas, a *privacidade* da vida inglesa. Somos uma nação de amantes das flores, mas também uma nação de colecionadores de selos, de criadores de pombos, carpinteiros amadores, cortadores de cupons, jogadores de dardo, fãs de palavras cruzadas. Toda a cultura que é mais nativa se centra em torno de coisas que, mesmo quando são comunais, não são oficiais — o pub, o jogo de futebol, o quintal, a lareira e a "boa xícara de chá". Acredita-se ainda na liberdade do indivíduo, quase como no século XIX. Mas isso não tem nada a ver com liberdade econômica, o direito a explorar os outros por lucro. É a liberdade de ter a casa própria, fazer o que bem entender no tempo livre, escolher os próprios divertimentos, em vez de esperar que sejam escolhidos de cima. A mais odiosa de todas as palavras ao ouvido inglês é "bisbilhoteiro". Por certo, é óbvio que até mesmo essa liberdade puramente privada é uma causa perdida. Tal como todos os outros povos modernos, o inglês está prestes a ser numerado, rotulado, recrutado, "coordenado". Mas seus impulsos o puxam para outra direção e o tipo de arregimentação que lhe pode ser imposto será modificado em consequência. Nada de comícios partidários, nada de movimentos da juventude, nada de camisas coloridas, nada de perseguição aos judeus ou manifestações "espontâneas". Tampouco, nada de Gestapo, com toda a probabilidade.

Mas em todas as sociedades a gente comum precisa viver, em certa medida, *contra* a ordem existente. A cultura genuinamente popular da Inglaterra é algo que corre sob a superfície, não oficial e mais ou menos malvista pelas autoridades. Algo que notamos se olhamos diretamente para as pessoas comuns, em especial nas cidades grandes, é que elas não são puritanas. São jogadoras inveteradas, bebem tanta cerveja quanto o salário lhes permite, adoram piadas indecentes e usam provavelmente a linguagem mais suja do mundo. Elas precisam satisfazer esses gostos a despeito de leis hipócritas e espantosas (leis de licenciamento, leis de loteria e outras) cujo objetivo é interferir na vida de todos, mas que na prática permitem que tudo aconteça. O homem do povo também não tem uma crença religiosa clara, e tem sido assim há séculos. A Igreja Anglicana nunca teve controle sobre ele, era apenas uma reserva da aristocracia fundiária, e as seitas não conformistas só influenciavam minorias. Contudo, o inglês comum conservou traços profundos de sentimento cristão, ao mesmo tempo que quase esqueceu o nome de Cristo. A adoração do poder, que é a nova religião da Europa, e que contagiou a *intelligentsia* inglesa, jamais atingiu as pessoas comuns. Elas nunca acompanharam a política do poder. O "realismo" que é pregado nos jornais japoneses e italianos as deixaria horrorizadas. Podemos aprender bastante sobre o espírito da Inglaterra com os cartões-postais coloridos cômicos que vemos nas vitrines das papelarias baratas. Essas coisas são uma espécie de diário no qual o povo inglês se registrou sem ter consciência. A aparência antiquada, as gradações de esnobismo, a mistura de indecência com hipocrisia, a extrema brandura, a atitude de vida profundamente moral, tudo está refletido ali.

A brandura da civilização inglesa é talvez sua característica mais marcante. Notamos isso no instante em que pomos o pé em solo inglês. É uma terra em que os motoristas de ônibus são pacientes e os policiais não carregam revólveres. Em nenhum país habitado por homens brancos é mais fácil empurrar as pessoas na calçada. E com isso vem uma coisa que é sempre considerada pelos observadores europeus "decadência" ou hipocrisia, o ódio dos ingleses à guerra e ao militarismo. O sentimento tem raízes profundas na história, e é forte tanto na classe média baixa quanto na classe operária. Guerras sucessivas abalaram esse sentimento, mas não o destruíram. Ainda faz parte da memória viva o fato de os *redcoats* [soldados] serem vaiados nas ruas e os donos de pubs respeitáveis não permitirem a entrada de soldados em seus estabelecimentos. Em tempos de paz, mesmo quando há 2 milhões de desempregados, é difícil preencher as fileiras do minúsculo Exército permanente, que é comandado pela aristocracia rural e um estrato especializado da classe média, e preenchido por trabalhadores rurais e proletários dos cortiços. A massa do povo não tem conhecimento ou tradição militar, e sua atitude em relação à guerra é invariavelmente defensiva. Nenhum político chegaria ao poder prometendo conquistas ou "glória" militar, nenhum Hino de Ódio jamais a atraiu. Na última guerra, as canções que os soldados compuseram e cantaram por conta própria não eram vingativas, mas humorísticas e derrotistas de imitação.[4] O único inimigo que mencionavam era o sargento-mor.

Na Inglaterra, toda a jactância e agitação de bandeiras, a coisa da canção "Rule Britannia", é feita por pequenas minorias. O patriotismo do homem do povo não é vocal, nem mesmo consciente. Ele não retém entre suas lembranças históricas o nome de uma única vitória militar. A literatura inglesa, como outras literaturas, está cheia de poemas de batalhas, mas vale a pena notar que as que conquistaram uma espécie de popularidade são sempre histórias de desastres e retiradas. Não há, por exemplo, nenhum poema popular sobre Trafalgar ou Waterloo.[5] O exército de sir John

Moore em Corunna, travando uma luta desesperada de retaguarda antes de fugir pelo mar (exatamente como Dunquerque!), exerce mais atração do que uma vitória brilhante.[6] O poema de batalha mais arrebatador em língua inglesa é sobre uma brigada de cavalaria que atacou na direção errada.[7] E da última guerra, os quatro nomes que realmente ficaram gravados na memória popular são Mons, Ypres, Gallipoli e Passchendaele, sempre desastres. Os nomes das grandes batalhas que acabaram com os exércitos alemães são simplesmente desconhecidos do público em geral.

A razão de o antimilitarismo inglês desagradar os observadores estrangeiros é que ele ignora a existência do Império Britânico. Parece ser pura hipocrisia. Afinal, os ingleses absorveram um quarto do planeta e o dominaram por meio de uma enorme Marinha. Como então ousam dar as costas e dizer que a guerra é repulsiva?

É bem verdade que os ingleses são hipócritas no que diz respeito ao seu império. Na classe operária, essa hipocrisia assume a forma de não saber que o império existe. Mas o fato de não gostarem de exércitos permanentes é um instinto perfeitamente saudável. Uma Marinha emprega comparativamente poucas pessoas, e é uma arma externa que não pode afetar a política interna de modo direto, ditaduras militares existem por toda parte, mas não existe o que se poderia chamar ditadura naval. O que os ingleses de quase todas as classes odeiam do fundo do coração é o tipo do oficial fanfarrão, o tinir das esporas e o choque das botas. Décadas antes de se ouvir falar de Hitler na Inglaterra, a palavra "prussiano" já tinha quase o mesmo significado de "nazista" hoje. Esse sentimento é tão profundo que nos últimos cem anos os oficiais do Exército Britânico, em tempos de paz, sempre usaram trajes civis quando estavam de folga.

Um guia rápido, mas razoavelmente seguro, para a atmosfera social de um país é o passo de desfile de seu Exército. O desfile militar é uma espécie de dança ritual, parecido com um balé, que expressa determinada filosofia de vida. O passo de ganso, por exemplo, é uma das visões mais horríveis do mundo, muito mais aterrador do que uma caça de mergulho. Trata-se simplesmente de uma afirmação de puro poder; contida nele, de forma bastante consciente e intencional, está a visão de uma bota esmagando um rosto. A feiura faz parte de sua essência, pois o que está dizendo é: "Sim, eu sou feio, e você não ouse rir de mim", como o valentão que faz caretas para sua vítima. Por que não se usa o passo de ganso na Inglaterra? Deus sabe quantos oficiais existem que adorariam introduzir esse tipo de coisa. Não é usado porque as pessoas na rua ririam. Além de um certo ponto, a exibição militar só é possível em países em que o povo não ousa rir do Exército. Os italianos adotaram o passo de ganso por volta da época em que a Itália passou em definitivo para o controle alemão e, como seria de esperar, eles o fazem pior do que os alemães. O governo de Vichy,[8] se sobreviver, certamente adotará uma disciplina mais rígida nos desfiles do que resta do Exército francês. No Exército britânico, o treinamento é rígido e complicado, cheio de lembranças do século XVIII, mas sem arrogância explícita: a marcha é apenas uma caminhada formalizada. Ele pertence a uma sociedade que é governada pela espada, sem dúvida, mas uma espada que jamais deve ser desembainhada.

Contudo, a brandura da civilização inglesa está misturada com barbaridades e anacronismos. Nosso direito criminal está tão desatualizado quanto os mosquetes na Torre de Londres. Contra as tropas de choque nazistas, contrapomos aquela figura tipicamente inglesa, o juiz enforcador, algum velho valentão gotoso, com a cabeça no século XIX, pronunciando sentenças selvagens. Na Inglaterra, as pessoas ainda são penduradas pelo pescoço e açoitadas com o chicote de nove tiras. Ambas as punições são obscenas, além de cruéis, mas nunca houve um protesto genuinamente popular contra elas. As pessoas as aceitam (assim como as prisões de Dartmoor e Borstal) quase como aceitam o tempo. São parte da "lei", que se supõe inalterável.

Nesse ponto, chegamos a uma característica inglesa muito importante: o respeito pelo constitucionalismo e pela legalidade, a crença na "lei" como algo acima do Estado e acima do indivíduo, algo cruel e estúpido, naturalmente, mas ao menos *incorruptível*.

Não se trata de que alguém imagine que a lei é justa. Todos sabem que há uma lei para os ricos e outra para os pobres. Mas ninguém aceita as implicações disso, todos presumem que a lei, tal como existe, será respeitada, e têm um sentimento de ultraje quando não o é. Observações do tipo "eles não podem me prender, não fiz nada de errado", ou "eles não podem fazer isso, é contra a lei", fazem parte da atmosfera da Inglaterra. Nos inimigos declarados da sociedade, esse sentimento é tão forte quanto nos outros. Vemos isso em livros sobre prisões, como *Walls have mouths*, de Wilfred Macartney, ou *Jail journey*, de Jim Phelan,[9] nas solenes idiotices que ocorrem nos julgamentos de objetores de consciência, em cartas aos jornais de eminentes professores marxistas, apontando que isso ou aquilo é um "erro da justiça britânica". Todos acreditam sinceramente que a lei pode ser, deve ser e, no geral, será administrada de forma imparcial. A ideia totalitária de que não existe essa coisa chamada lei, que existe apenas o poder, jamais ganhou raízes aqui. Até mesmo a *intelligentsia* a aceitou apenas em teoria.

Uma ilusão pode se tornar uma meia verdade, uma máscara pode alterar a expressão de um rosto. Os argumentos conhecidos de que a democracia é "a mesma coisa", ou "tão ruim quanto" o totalitarismo, nunca levam em conta esse fato. Todos esses argumentos se resumem a dizer que metade de um pão é a mesma coisa que pão nenhum. Na Inglaterra, ainda se acredita em conceitos como justiça, liberdade e verdade objetiva. Eles podem ser ilusões, mas são ilusões muito poderosas. A crença neles influencia a conduta; a vida nacional é diferente em virtude deles. Como prova disso, olhemos ao nosso redor. Onde estão os cassetetes de borracha, onde está o óleo de rícino? A espada ainda está na bainha, e enquanto estiver lá, a corrupção não pode ir além de certo ponto. O sistema eleitoral inglês, por exemplo, é uma fraude quase aberta. Numa dúzia de formas óbvias, ele é manipulado no interesse da classe endinheirada. Mas, até que ocorra uma mudança profunda na mente do povo, ele não pode se tornar *completamente* corrupto. Quando chegamos à cabine eleitoral, não encontramos homens armados dizendo em quem devemos votar, nem os votos são mal contados, tampouco há algum suborno direto. Até a hipocrisia constitui uma salvaguarda poderosa. O juiz enforcador, aquele velho malvado com toga vermelha e peruca de crina de cavalo, que nada menos que dinamite será capaz de lhe ensinar em que século está vivendo, mas que pelo menos interpretará a lei de acordo com os livros e em nenhuma circunstância aceitará dinheiro de suborno, é uma das figuras simbólicas da Inglaterra. Ele é um símbolo da estranha mistura de realidade e ilusão, democracia e privilégio, impostura e decência, a sutil rede de compromissos pela qual a nação se mantém em sua forma familiar.

III

Estou falando o tempo todo de "a nação", "Inglaterra", "Grã-Bretanha", como se 45 milhões de almas pudessem ser tratadas como uma unidade. Mas a Inglaterra não é notoriamente duas nações, os ricos e os pobres?[10] Alguém pode querer que exista algo em comum entre gente com 100 mil libras por ano e gente com uma libra por semana? E até os leitores galeses e escoceses se sentirão provavelmente ofendidos porque usei a palavra "Inglaterra" com mais frequência do que "Grã-Bretanha", como se toda a população morasse em Londres e nos condados vizinhos, e tanto o norte como o oeste não tivessem uma cultura própria.

Obteremos uma visão melhor do problema se considerarmos a questão menor em primeiro lugar. É bem verdade que as chamadas raças da Grã-Bretanha se sentem muito diferentes umas das outras. Um escocês, por exemplo, não nos agradece por ser chamado de inglês. Podemos ver a hesitação que sentimos em relação a isso pelo fato de chamar nossas ilhas por não menos que seis nomes diferentes: Inglaterra, Bretanha, Grã-Bretanha, Ilhas Britânicas, Reino Unido e, em momentos muito exaltados, Albion. Até mesmo as diferenças entre o norte e o sul da Inglaterra parecem grandes aos nossos olhos. Mas de algum modo essas diferenças se apagam no momento em que dois britânicos se defrontam com um europeu. É muito raro encontrar um estrangeiro, com exceção de um americano, capaz de distinguir entre ingleses e escoceses, ou até mesmo entre ingleses e irlandeses. Para um francês, o bretão e o auvérnio parecem seres humanos muito diferentes, e o sotaque de Marselha é objeto de piadas em Paris. No entanto, falamos da "França" e dos "franceses", reconhecendo a França como uma entidade, uma civilização única, o que de fato ela é. O mesmo acontece conosco. Vistos de fora, até o londrino pobre e o cavalheiro de Yorkshire apresentam uma forte semelhança de família.

E até a distinção entre ricos e pobres diminui um pouco se olhamos a nação de fora. Não há dúvida sobre a desigualdade da renda na Inglaterra. É mais gritante do que em qualquer país europeu, e basta olhar a rua mais próxima para vê-la. Do ponto de vista econômico, a Inglaterra é certamente duas nações, senão três ou quatro. Mas, ao mesmo tempo, a vasta maioria das pessoas *sente* ser uma única nação, e estão convictas de que se parecem mais umas com as outras do que com estrangeiros. O patriotismo costuma ser mais forte do que o ódio de classe, e sempre mais forte do que qualquer tipo de internacionalismo. Exceto por um breve momento em 1920 (o movimento "Mãos fora da Rússia"),[11] a classe operária britânica jamais pensou ou agiu internacionalmente. Durante dois anos e meio, ela observou seus camaradas na Espanha sendo lentamente estrangulados e jamais os ajudou com uma única greve.[12] Mas quando seu país (o país de lorde Nuffield[13] e do sr. Montagu Norman[14]) estava em perigo, a atitude dos trabalhadores foi bem diferente. No momento em que parecia provável que a Inglaterra seria invadida, Anthony Eden apelou pelo rádio em favor dos Voluntários da Defesa Local.[15] Ele conseguiu um quarto de milhão de homens nas primeiras 24 horas e outro milhão no mês seguinte. Basta comparar esses números com, por exemplo, a quantidade de objetores de consciência para ver como é grande a força das lealdades tradicionais em comparação com as novas.

Na Inglaterra, o patriotismo assume formas diferentes em classes diferentes, mas corre como um fio de conexão através de quase todas elas. Somente a *intelligentsia* europeizada é realmente imune a ele. Enquanto emoção positiva, é mais forte na classe média que na classe alta — as escolas públicas baratas, por exemplo, são mais dadas a manifestações patrióticas do que as caras —, mas o número de homens ricos sem dúvida traiçoeiros, do tipo Laval-Quisling,[16] é provavelmente muito pequeno. Na classe operária, o patriotismo é profundo, mas inconsciente. O coração do trabalhador não salta quando ele vê o pavilhão do Reino Unido. Mas as famosas "insularidade" e "xenofobia" do inglês são muito mais fortes na classe operária que na burguesia. Em todos os países, os pobres são mais nacionalistas que os ricos, mas a classe operária inglesa se destaca por sua aversão aos hábitos estrangeiros. Mesmo quando são obrigados a viver no exterior por muitos anos, os trabalhadores se recusam a acostumar-se com a comida estrangeira ou a aprender línguas. Quase todo inglês de origem operária considera efeminado pronunciar corretamente uma palavra estrangeira. Durante a guerra de 1914-8, a classe operária inglesa esteve em contato com estrangeiros num nível raras vezes imaginável. O único resultado foi que ela trouxe de volta um ódio por todos os europeus, exceto os alemães, cuja coragem admiravam. Em quatro anos no solo francês, os trabalhadores não adquiriram nem o gosto pelo vinho. A insularidade dos ingleses, sua recusa em levar a sério os estrangeiros, é uma insensatez pela qual temos de pagar caro de tempos em tempos. Mas desempenha seu papel na *mística* inglesa, e os intelectuais que tentaram rompê-la em geral causaram mais dano do que bem. No fundo, é a mesma qualidade do caráter inglês que repele o turista e mantém longe o invasor.

Nesse ponto, voltamos às duas características inglesas que destaquei, aparentemente ao acaso, no início do texto. Uma é a falta de capacidade artística. Trata-se talvez de outra maneira de dizer que os ingleses estão fora da cultura europeia, pois há uma arte em que eles mostraram muito talento, a saber, a literatura. Mas essa é também a única arte que não pode cruzar fronteiras. A literatura, em especial a poesia, e sobretudo a poesia lírica, é uma espécie de piada familiar, com pouco ou nenhum valor fora de seu grupo linguístico. Com exceção de Shakespeare, os melhores poetas ingleses mal são conhecidos na Europa, nem mesmo seus nomes. Os únicos poetas amplamente lidos são Byron, que é admirado pelos motivos errados, e Oscar Wilde, de quem sentem pena por ser vítima da hipocrisia inglesa. E ligada a isso, embora não de forma muito óbvia, está a falta de faculdade filosófica, a ausência em quase todos os ingleses de qualquer necessidade de um sistema ordenado de pensamento ou até mesmo do uso da lógica.

Até certo ponto, o sentimento de unidade nacional é um substituto para uma "visão de mundo". Apenas porque o patriotismo é quase universal e nem mesmo os ricos deixam de ser influenciados por ele, podem ocorrer momentos em que a nação inteira balança subitamente junto e faz a mesma coisa, como um rebanho de gado diante de um lobo. Sem dúvida, houve um momento desses por ocasião do desastre na França. Depois de se perguntar vagamente, durante oito meses, do que tratava a guerra, o povo de repente soube o que tinha de fazer: primeiro, retirar o Exército de Dunquerque e depois, evitar a invasão. Foi como o despertar de um gigante. Rápido! Perigo! Os filisteus estão em cima de ti, Sansão![17] E então a veloz ação unânime — e depois, infelizmente, a imediata recaída no sono. Numa nação dividida, aquele teria sido o momento exato para que surgisse um grande movimento pela paz. Mas isso significa que o instinto dos ingleses lhes dirá sempre para fazer a coisa certa? De forma alguma, apenas que lhes dirá para fazer a mesma coisa. Na eleição geral de 1931, por exemplo, fizemos todos a coisa errada em perfeito uníssono.[18] Fomos tão resolutos quanto os porcos de Gérasa.[19] Mas tenho sinceras dúvidas de que possamos dizer que fomos jogados ladeira abaixo contra a nossa vontade.

Em consequência, a democracia britânica não é tão fraudulenta quanto às vezes parece. Um observador estrangeiro vê apenas a enorme desigualdade econômica, o sistema eleitoral injusto, o controle da classe dominante sobre a imprensa, o rádio e a educação, e conclui que democracia não passa de um nome educado para ditadura. Mas, ao pensar assim, ignora o considerável acordo que infelizmente existe entre os líderes e os liderados. Por mais que odiemos admitir, é quase certo que entre 1931 e 1940 o governo nacional representou a vontade da massa da população. Ele tolerou os cortiços, o desemprego e uma política externa covarde. Sim, mas o mesmo fez a opinião pública. Foi um período de estagnação, e seus líderes naturais eram mediocridades.

Apesar das campanhas de alguns milhares de esquerdistas, é mais ou menos certo que o grosso da população inglesa apoiava a política externa de Chamberlain.[20] Além disso, é mais ou menos certo que a mesma luta se desenrolava na cabeça de Chamberlain assim como na do homem do povo. Seus adversários declaravam ver nele um maquinador sombrio e ardiloso, que tramava vender a Inglaterra a Hitler, mas é bem mais provável que ele fosse apenas um velho estúpido fazendo o melhor conforme suas poucas luzes. De outro modo, é difícil explicar as contradições de sua política, sua incapacidade de entender qualquer dos caminhos que lhe estavam abertos. Tal como a massa do povo, ele não queria pagar o preço, tanto da paz como da guerra. E a opinião pública o apoiou durante todo o tempo, em políticas que eram completamente incompatíveis umas com as outras. Apoiou-o quando ele foi a Munique,[21] quando ele tentou entrar em acordo com a Rússia, quando ele deu garantias à Polônia, quando as honrou e quando deu prosseguimento à guerra sem entusiasmo. Apenas quando os resultados de sua política ficaram claros é que o povo se voltou contra ele, o que significa dizer que se voltou contra sua própria letargia dos sete anos anteriores. A partir de então, o povo escolheu um líder mais próximo de seu estado de ânimo, Churchill, que ao menos conseguiu entender que não se vence guerras sem lutar. Mais adiante, talvez, ele escolherá outro líder que seja capaz de compreender que só as nações socialistas conseguem lutar efetivamente.

Quero dizer com tudo isso que a Inglaterra é uma democracia genuína? Não, nem mesmo um leitor do *Daily Telegraph*[22] engoliria essa.

A Inglaterra é o país do mundo mais marcado pela divisão de classes. É uma terra de esnobismo e privilégios, dominada em larga medida pelos velhos e imbecis. Mas em qualquer avaliação sobre o país é preciso levar em conta sua unidade emocional, a tendência de quase todos os seus habitantes a se sentir semelhantes e agir juntos em momentos de crise extrema. É o único grande país da Europa que não é obrigado a levar centenas ou milhares de seus cidadãos ao exílio ou ao campo de concentração. Neste momento, depois de um ano de guerra, jornais e panfletos que atacam o governo, elogiam o inimigo e clamam por rendição são vendidos nas ruas, quase sem interferência. E isso decorre menos de um respeito pela liberdade de expressão que da simples percepção de que essas coisas não importam. É seguro deixar que um jornal como *Peace News* seja vendido, porque é certo que 95 por cento da população jamais vai querer lê-lo. A nação está unida por uma corrente invisível. Em tempos normais, a classe dominante rouba, administra mal, sabota, nos conduz para o buraco; mas deixem a opinião popular realmente se fazer ouvir, deixem que eles levem um puxão de baixo que não consigam evitar sentir e será difícil que não reajam. Os escritores de esquerda que chamam toda a classe dominante de "pró-fascista" estão fazendo uma simplificação grosseira. Mesmo dentro da panelinha de políticos que nos levou a essa situação, é duvidoso que houvesse algum traidor *consciente*. A corrupção que acontece na Inglaterra raramente é desse tipo. Quase sempre está mais para o autoengano, de a mão direita não saber o que a esquerda fez. E sendo inconsciente, é limitada. Vê-se isso da forma mais óbvia na imprensa inglesa. Ela é honesta ou desonesta? Em tempos normais, é profundamente desonesta. Todos os jornais importantes vivem de anúncios, e os anunciantes exercem uma censura indireta sobre as notícias. No entanto, não suponho que exista algum jornal na Inglaterra que possa ser diretamente subornado com dinheiro vivo. Na França da Terceira República, quase todos os jornais podiam ser comprados no balcão, como queijo. A vida pública na Inglaterra nunca foi *abertamente* escandalosa. Não atingiu o grau de desintegração no qual se pode abandonar a mistificação.

A Inglaterra não é a pedra preciosa do trecho tão citado de Shakespeare,[23] nem o inferno pintado pelo dr. Goebbels. Parece mais uma família, uma família vitoriana um tanto sufocante, sem muitas ovelhas negras, mas com todos os seus armários cheios de esqueletos. Ela tem parentes ricos que precisam ser reverenciados e parentes pobres que são horrivelmente maltratados, e há uma profunda conspiração de silêncio sobre a fonte de renda da família. Trata-se de uma família que costuma frustrar os jovens e na qual a maior parte do poder está nas mãos de tios irresponsáveis e tias presas ao leito. Mesmo assim, é uma família. Tem uma linguagem particular e suas lembranças comuns, e diante da aproximação de um inimigo, fecha suas fileiras. Uma família com os membros errados no controle — isso talvez seja o mais próximo que se pode chegar de uma descrição da Inglaterra em uma frase.

IV

É provável que a batalha de Waterloo tenha sido vencida nos campos esportivos de Eton, mas as batalhas iniciais de todas as guerras posteriores foram perdidas ali. Uma dos fatos dominantes da vida inglesa nos últimos três quartos de século foi a decadência do poder da classe dominante.

Nos anos entre 1920 e 1940, isso aconteceu com a velocidade de uma reação química. Contudo, no momento em que escrevo, ainda é possível falar de uma classe dominante. Tal como a faca que tem duas lâminas novas e três cabos novos, a camada mais alta da sociedade inglesa ainda é quase como no século xix. A partir de 1832,[24] a velha aristocracia agrária vem perdendo poder, mas, em vez de desaparecer ou se tornar um fóssil, ela simplesmente se casou com os comerciantes, industriais e financistas que a substituíram, e logo os transformou em cópias exatas dela mesma. O rico dono de navios ou de cotonifício montou para si mesmo um álibi de cavalheiro do campo, enquanto seus filhos aprendiam os maneirismos corretos em escolas públicas que foram criadas justamente com esse objetivo. A Inglaterra era dominada por uma aristocracia sempre recrutada entre os novos-ricos. E considerando-se a energia que os *self-made men* possuíam, bem como o fato de que estavam comprando sua entrada numa classe que ao menos tinha tradição de serviço público, era de esperar que desse modo se produzissem dirigentes capazes.

Porém, de algum modo a classe dominante decaiu, perdeu sua capacidade, sua ousadia, por fim, até sua impiedade, até o momento em que pretensiosos incompetentes como Eden e Halifax[25] puderam posar de homens de talento excepcional. Quanto a Baldwin,[26] não se pode nem honrá-lo com a classificação de pretensioso incompetente. Ele era apenas um furo no ar. A má administração dos problemas internos da Inglaterra durante a década de 1920 foi muito ruim, mas a política externa britânica entre 1931 e 1939 é uma das maravilhas do mundo. Por quê? O que aconteceu? O que fez que a cada momento decisivo os estadistas britânicos fizessem a coisa errada com um instinto tão infalível?

O fato subjacente era que toda a posição da classe endinheirada deixara de ser justificável havia muito tempo. Lá estavam eles, no centro de um vasto império e de uma rede financeira mundial, auferindo juros e lucros e os gastando — em quê? É justo dizer que a vida dentro do Império Britânico era, sob muitos aspectos, melhor que fora dele. Ainda assim, o império era subdesenvolvido, a Índia dormia na Idade Média, as possessões jaziam vazias, com a entrada dos estrangeiros ciumentamente barrada, e até a Inglaterra estava cheia de cortiços e desemprego. Somente meio milhão de pessoas, a gente das casas de campo, sem dúvida se beneficiava do sistema existente. Ademais, a tendência dos pequenos negócios de se fundir em grandes tirava cada vez mais da classe endinheirada sua função e a transformava em meros *donos*, enquanto seu trabalho era feito por gerentes e técnicos assalariados. Há muito tempo existe na Inglaterra uma classe totalmente sem função, que vive do dinheiro investido em algum lugar que ela mal conhece, os "ricos ociosos", a gente cuja fotografia podemos ver na *Tatler* e na *Bystander*,[27] sempre supondo que as queremos ver.

A existência dessa gente era, por qualquer padrão, injustificável. Eles eram simples parasitas, menos úteis para a sociedade que as pulgas para um cão.

Em 1920, já havia muita gente consciente de tudo isso. Em 1930, milhões estavam conscientes disso. Mas a classe dominante britânica não podia obviamente admitir para si mesma que sua utilidade estava no fim. Se tivesse feito isso, teria de abdicar, pois não era possível para ela se transformar em meros bandidos, como os milionários americanos, agarrando-se conscientemente a privilégios injustos e derrotando a oposição com subornos e gás lacrimogêneo. Afinal, seus membros pertenciam a uma classe com certa tradição, haviam frequentado escolas públicas onde o dever de morrer pela pátria, se necessário, é afirmado como o primeiro e maior dos Mandamentos. Eles tinham de se *sentir* verdadeiros patriotas, mesmo enquanto saqueavam seus compatriotas. Havia, é claro, apenas uma rota de saída para eles: a estupidez. Eles só poderiam manter a sociedade em sua forma atual sendo *incapazes* de entender que alguma melhoria era possível. Por mais difícil que fosse, eles conseguiram isso, em larga medida por fixarem os olhos no passado e se recusarem a notar as mudanças que aconteciam ao seu redor.

Isso explica muita coisa na Inglaterra. Explica a decadência da vida no campo, devido à manutenção de um feudalismo falso que expulsa os trabalhadores mais vigorosos da terra. Explica a imobilidade das escolas públicas, que mal se alteraram desde a década de 1880. Explica a incompetência militar que repetidas vezes espantou o mundo. Desde a década de 1850, todas as guerras em que a Inglaterra se envolveu se iniciaram com uma série de desastres, após os quais a situação foi salva por gente de escala social comparativamente baixa. Os altos comandantes, recrutados na aristocracia, jamais poderiam se preparar para a guerra moderna, porque para fazê-lo teriam de admitir para si mesmos que o mundo estava mudando. Eles sempre se agarraram a métodos e armas obsoletos, porque sempre viam cada guerra como uma repetição da última. Diante da guerra dos bôeres, eles se prepararam para a guerra dos zulus; diante da guerra de 1914, para a guerra dos bôeres e diante da guerra atual, se prepararam para a guerra de 1914. Neste momento, centenas de milhares de soldados ainda estão sendo treinados com a baioneta, uma arma totalmente inútil, exceto para abrir latas. Vale a pena notar que a Marinha e, nos últimos tempos, a Força Aérea, sempre foram mais eficientes do que o Exército permanente. Mas a Marinha está apenas em parte dentro da órbita da classe dominante e a Força Aérea, quase totalmente fora.

Devemos admitir que, enquanto as coisas estavam pacíficas, os métodos da classe dirigente britânica lhe eram suficientes. Seu próprio povo os tolerava claramente. Por mais injusta que possa ser a organização da Inglaterra, o país não era de forma alguma dilacerado pela luta de classes ou assombrado pela polícia secreta. O império era pacífico de um modo que nenhuma área de tamanho comparável já o fora. Em toda a sua vasta extensão, quase um quarto do planeta, havia menos homens armados do que seria julgado necessário por um Estado balcânico menor. Enquanto classe sob cujo domínio se vive e olhando para ela unicamente de um ponto de vista liberal, *negativo*, a classe dirigente britânica tinha suas qualidades. Era preferível aos homens verdadeiramente modernos, os nazistas e fascistas. Mas era óbvio havia muito tempo que ela seria impotente contra qualquer ataque sério de fora.

Ela não poderia lutar contra o nazismo ou o fascismo porque não conseguia compreendê-los. Tampouco poderia lutar contra o comunismo, se este fosse uma força importante na Europa ocidental. Para entender o fascismo, seus membros teriam de estudar a teoria do socialismo, o que os forçaria a perceber que o sistema econômico que os sustentava era injusto, ineficiente e antiquado. Mas era exatamente esse fato que eles haviam treinado para nunca encarar. Eles lidavam com o fascismo do mesmo modo que os generais de cavalaria de 1914 lidavam com a metralhadora: ignorando-a. Após anos de agressões e massacres, só entenderam um fato: que Hitler e Mussolini eram hostis ao comunismo. Portanto, diziam, eles *deveriam* ser amistosos com os recebedores de dividendos britânicos. Daí o espetáculo de fato assustador de deputados conservadores saudando com entusiasmo a notícia de que navios britânicos que levavam alimentos para o governo republicano espanhol haviam sido bombardeados por aviões italianos. E mesmo quando começaram a entender que o fascismo era perigoso, sua natureza essencialmente revolucionária, o enorme esforço militar que era capaz de fazer, o tipo de tática que utilizaria, tudo isso estava além de sua compreensão. Na época da guerra civil espanhola, quem tivesse o tanto de conhecimento político que pode ser obtido de um panfleto barato sobre o socialismo sabia que, se Franco ganhasse, o resultado seria estrategicamente desastroso para a Inglaterra; no entanto, generais e almirantes que haviam dedicado suas vidas a estudar a guerra não conseguiram entender esse fato. Essa veia de ignorância política atravessa a vida oficial inglesa, de ministros do gabinete, embaixadores, cônsules, juízes, magistrados, policiais. O policial que prende o "comuna" não compreende as teorias que ele está pregando; se compreender, sua posição de guarda-costas da classe endinheirada lhe parecerá menos agradável. Há razão para pensar que até mesmo a espionagem militar é inevitavelmente dificultada pela ignorância das novas doutrinas econômicas e pelas ramificações dos partidos clandestinos.

   A classe dominante inglesa não estava totalmente errada ao pensar que o fascismo estava ao lado dela. É um fato que qualquer homem rico, a não ser que seja judeu, tem menos a temer do fascismo do que do comunismo ou do socialismo democrático. Jamais devemos esquecer isso, pois quase toda a propaganda alemã e italiana está projetada para encobri-lo. O instinto natural de homens como Simon, Hoare,[28] Chamberlain etc. era chegar a um acordo com Hitler. Mas — e aqui entra o traço peculiar da vida inglesa de que falei, o profundo sentimento de solidariedade nacional — eles só poderiam fazer isso desfazendo o Império e vendendo seu próprio povo à semiescravidão. Uma classe realmente corrupta teria feito isso sem hesitação, como aconteceu na França. Mas as coisas não haviam chegado a esse ponto na Inglaterra. É difícil encontrar na vida pública inglesa políticos que façam discursos servis sobre "o dever de lealdade aos nossos conquistadores". Jogados para lá e para cá entre suas rendas e seus princípios, era impossível que homens como Chamberlain não fizessem outra coisa senão ficar com o pior dos dois mundos.

Uma coisa que sempre mostrou que a classe dominante inglesa é razoavelmente íntegra do ponto de vista moral é que em tempo de guerra seus membros estão dispostos a ser mortos. Vários duques, condes e outros do mesmo tipo foram mortos na recente campanha no Flandres. Isso não poderia acontecer se essas pessoas fossem os patifes céticos que às vezes são acusados de ser. É importante não entender errado seus motivos, ou não será possível prever suas ações. O que se deve esperar deles não é traição ou covardia física, mas estupidez, sabotagem inconsciente e um instinto infalível para fazer a coisa errada. Eles não são iníquos, ou totalmente iníquos: são apenas incapazes de aprender. Os mais jovens entre eles só começarão a entender em que século estão vivendo depois de perderem seu dinheiro e poder.

V

A estagnação do Império no período entreguerras afetou todos na Inglaterra, mas teve um efeito especialmente direto sobre duas importantes subseções da classe média. Uma é a classe média militar e imperialista, apelidada geralmente de "Blimp",[29] e a outra a da *intelligentsia* de esquerda. Esses dois tipos que parecem hostis, opostos simbólicos — o coronel reformado com seu pescoço de touro e cérebro diminuto, como um dinossauro, e o *highbrow* com sua testa imensa e pescoço tipo talo —, estão mentalmente unidos e interagem com frequência; de qualquer modo, pertencem, em grau considerável, à mesma família.

Há trinta anos, a classe Blimp já estava perdendo sua vitalidade. As famílias de classe média celebradas por Kipling, as prolíficas famílias *lowbrow* cujos filhos compunham a classe dos oficiais do Exército e da Marinha e se espalhavam por todos os lugares ermos da Terra, do Yucon ao Irrawaddy, estavam definhando antes de 1914. Aquilo que as havia matado era o telégrafo. Num mundo que se estreitava, governado cada vez mais de Whitehall, havia a cada ano menos espaço para a iniciativa individual. Homens como Clive, Nelson, Nicholson e Gordon[30] não encontrariam lugar no Império Britânico moderno. Em 1920, quase todas as polegadas do império colonial já estavam sob o controle de Whitehall. Homens bem-intencionados, civilizados em excesso, de terno escuro e chapéu de feltro preto, com guarda-chuva perfeitamente enrolado pendurado no braço esquerdo, impunham sua visão constipada da vida sobre a Malaia e a Nigéria, Mombassa e Mandalay. Os outrora construtores de império estavam reduzidos à posição de amanuenses, enterrados cada vez mais fundo sob pilhas de papéis e documentos. No início dos anos 1920, era possível ver em todo o Império os funcionários mais velhos, que haviam conhecido dias mais espaçosos, definhando impotentes sob as mudanças que estavam acontecendo. Daquele tempo em diante, foi quase impossível induzir homens jovens de espírito a participar da administração imperial. E o que era verdade para o mundo oficial, também o era para o comercial. As grandes companhias monopolistas engoliram chusmas de pequenos comerciantes. Em vez de partir para a aventura de comerciar nas Índias, eles iam para um cargo oficial em Bombaim ou Cingapura. E a vida em Bombaim ou Cingapura era mais chata e mais segura do que a vida em Londres. O sentimento imperialista permanecia forte na classe média, graças principalmente à tradição familiar, mas a função de administrar o Império deixara de ser atraente. Poucos homens capazes iam para oeste de Suez se houvesse alguma maneira de evitar isso.

Mas o enfraquecimento geral do imperialismo e, em certa medida, de todo o moral britânico que ocorreu na década de 1930 foi, em parte, obra da *intelligentsia* de esquerda, ela mesma uma espécie de galho que brotara da estagnação do Império.

Deve-se observar que não existe agora nenhuma *intelligentsia* que não seja, em algum sentido, de "esquerda". O último intelectual de direita talvez tenha sido T. E. Lawrence.[31] Desde mais ou menos 1930, todas as pessoas passíveis de ser descritas como "intelectual" viveram num estado de descontentamento crônico com a ordem existente. Não havia jeito, pois a sociedade tal como estava constituída não tinha espaço para elas. Num Império simplesmente estagnado, que não se desenvolvia nem se desfazia em pedaços, e numa Inglaterra governada por gente cujo principal trunfo era a estupidez, ser "inteligente" era ser suspeito. Se você tivesse o tipo de cérebro capaz de entender os poemas de T. S. Eliot ou as teorias de Karl Marx, os donos do poder cuidariam para que você ficasse de fora de qualquer emprego importante. Os intelectuais só podiam encontrar uma função nas revistas literárias e nos partidos políticos de esquerda.

A mentalidade da *intelligentsia* de esquerda inglesa pode ser estudada numa meia dúzia de publicações semanais e mensais. O que chama logo a atenção nessas revistas é sua atitude em geral negativa, lamuriosa, a completa e constante falta de qualquer sugestão construtiva. Há pouco a levar em conta nelas, exceto as críticas de quem nunca esteve nem espera estar numa posição de poder. Outra característica marcante é a superficialidade emocional de pessoas que vivem no mundo das ideias e têm pouco contato com a realidade física. Muitos intelectuais da esquerda eram pacifistas frouxos até 1935, urraram por guerra contra a Alemanha no anos de 1935-9 e depois esfriaram imediatamente quando a guerra começou. É uma verdade genérica, embora não exata, que as pessoas mais "antifascistas" durante a guerra civil espanhola são as mais derrotistas agora. E subjacente a isso temos o fato realmente importante sobre muitos membros da *intelligentsia*: sua separação da cultura comum do país.

Em intenção, ao menos, a *intelligentsia* inglesa é europeizada. Eles importam a culinária de Paris e as opiniões de Moscou. No patriotismo geral do país, eles compõem uma espécie de ilha de pensamento dissidente. A Inglaterra talvez seja o único país grande cujos intelectuais sentem vergonha de sua nacionalidade. Em círculos esquerdistas, acham sempre que há algo de levemente ignominioso em ser inglês e que é um dever rir à socapa de todas as instituições inglesas, da corrida de cavalos ao pudim de sebo.[32] É um fato estranho, mas inquestionavelmente verdadeiro, que quase todos os intelectuais ingleses se sentiriam mais envergonhados de ficar de pé para ouvir o hino nacional que de roubar de uma caixa de donativos para os pobres. Durante todos os anos críticos, muitos esquerdistas estavam minando o moral inglês, tentando disseminar uma perspectiva que era, às vezes, frouxamente pacifista, às vezes violentamente pró-russa, mas sempre antibritânica. É questionável se isso teve muita influência, mas por certo teve alguma. Se o povo inglês sofreu por vários anos de um enfraquecimento real do moral, de tal modo que as nações fascistas julgaram que ele era "decadente" e que era seguro mergulhar na guerra, a sabotagem intelectual da esquerda foi responsável por parte disso. Tanto a *New Statesman* como o *News Chronicle* protestaram contra o acordo de Munique, mas até mesmo essas duas publicações haviam feito algo para torná-lo possível. Dez anos de fustigação dos Blimps afetaram até os próprios Blimps e tornaram mais difícil ainda fazer que jovens inteligentes entrassem nas forças armadas. Tendo em vista a estagnação do Império, a classe média militar decairia de qualquer modo, mas a disseminação de um esquerdismo raso apressou o processo.

Está claro que a posição especial dos intelectuais ingleses nos últimos dez anos, como criaturas puramente *negativas*, meros anti-Blimps, foi um subproduto da estupidez da classe dominante. A sociedade não tinha uso para eles, e eles não podiam ver que a devoção ao país implica um "para o bem e para o mal". Tanto os Blimps como os *highbrows* achavam normal o divórcio entre patriotismo e inteligência, como se fosse uma lei da natureza. Se você fosse patriota, lia a *Blackwood's Magazine*[33] e agradecia publicamente a Deus por não ser um "crânio". Se fosse um intelectual, dava risadinhas ao ouvir o hino nacional e considerava a coragem física coisa de bárbaro. É óbvio que essa convenção ridícula não pode continuar. O intelectual de Bloomsbury, com seu risinho mecânico, é tão antiquado quanto o coronel de cavalaria. Uma nação moderna não pode suportar os dois. Patriotismo e inteligência terão de se unir de novo. É o fato de estarmos travando uma guerra, e um tipo muito peculiar de guerra, que pode tornar essa união possível.

VI

Um dos acontecimentos mais importantes da Inglaterra nos últimos vinte anos foi a ampliação para cima e para baixo da classe média. Isso aconteceu em tal escala que tornou quase obsoleta a antiga classificação da sociedade em capitalistas, proletários e pequenos burgueses (pequenos proprietários).

A Inglaterra é um país em que propriedade e poder financeiro estão concentrados em pouquíssimas mãos. Na Inglaterra de hoje, poucos *possuem* alguma coisa que não seja roupas, móveis e possivelmente uma casa. O campesinato desapareceu há muito tempo, o lojista independente está sendo destruído, o número de pequenos empresários está diminuindo. Mas ao mesmo tempo a indústria moderna é tão complicada que não pode existir sem um grande número de gerentes, vendedores, engenheiros, químicos e técnicos de todos os tipos, que ganham salários razoavelmente grandes. E esses, por sua vez, dão vida a uma classe profissional de médicos, advogados, professores, artistas etc. etc. A tendência do capitalismo avançado tem sido, portanto, de aumentar a classe média, em vez de acabar com ela, como outrora parecia provável.

Porém muito mais importante do que isso é a difusão das ideias e dos hábitos da classe média entre a classe operária. A classe trabalhadora inglesa está agora em melhor situação em quase todos os aspectos do que há trinta anos. Isso se deve, em parte, aos esforços dos sindicatos, mas também ao mero avanço da ciência física. Nem sempre nos damos conta de que, dentro de limites estreitos, o padrão de vida de um país pode subir sem um aumento correspondente dos salários reais. Até certo ponto, a civilização pode se elevar puxando-se pela alça de suas botas. Por mais injusta que seja a organização da sociedade, certos progressos técnicos estão destinados a beneficiar toda a comunidade porque certos tipos de bens são necessariamente possuídos em comum. Um milionário, por exemplo, não pode iluminar as ruas para ele mesmo ao mesmo tempo que as escurece para outras pessoas. Quase todos os cidadãos dos países civilizados desfrutam agora de boas estradas, água sem germes, proteção policial, bibliotecas gratuitas e provavelmente algum tipo de educação gratuita. A educação pública na Inglaterra tem ficado à míngua de dinheiro, mas pelo menos melhorou, graças, em grande parte, à dedicação de seus professores, e o hábito da leitura se difundiu bastante. Num grau cada vez maior, ricos e pobres leem os mesmos livros, veem os mesmos filmes e ouvem os mesmos programas de rádio. E as diferenças de seus modos de vida diminuíram graças à produção em massa de roupas baratas e melhorias nas moradias. No que diz respeito à aparência externa, as roupas de ricos e pobres, em especial no caso das mulheres, diferem muito menos agora que há trinta ou mesmo quinze anos. Quanto à moradia, a Inglaterra ainda tem cortiços que são uma mancha na civilização, mas construiu-se muito nos últimos dez anos, obra, em larga medida, das autoridades locais. A moderna *Council house*,[34] com banheiro e luz elétrica, é menos do que a mansão de um corretor da bolsa, mas se reconhece nela o mesmo tipo de casa, o que não se pode dizer da cabana de um trabalhador do campo. É bem possível que uma pessoa que cresceu numa casa seja — com efeito, visivelmente *é* — mais classe média em aparência do que alguém que cresceu num cortiço.

O efeito de tudo isso é um abrandamento geral dos modos, que é realçado pelo fato de que os métodos industriais modernos tendem sempre a exigir menos esforço muscular e, portanto, deixar as pessoas com mais energia depois de um dia de trabalho. Muitos operários das indústrias leves são menos trabalhadores manuais do que um médico ou um comerciante de secos e molhados. Em gostos, hábitos, modos e aparência, a classe operária e a classe média estão se aproximando. As distinções injustas permanecem, mas as diferenças reais diminuem. O "proletário" do velho estilo — sem colarinho, barba por fazer e músculos deformados pelo trabalho pesado — ainda existe, mas sua presença é cada vez menor: ele só predomina nas áreas de indústria pesada do norte da Inglaterra.

Depois de 1918, começou a aparecer algo que nunca existira na Inglaterra: gente de classe social indeterminada. Em 1910, cada ser humano dessas ilhas podia ser "situado" em um instante por suas roupas, modos e sotaque. Não é mais assim. Sobretudo, não é mais assim nas novas cidades que se desenvolveram em consequência dos carros baratos e da mudança da indústria para o sul. O lugar para procurar os germes da Inglaterra do futuro está nas áreas de indústria leve e ao longo das estradas arteriais. Em Slough, Dagenham, Barnet, Letchworth, Hayes — por toda parte nos arredores das grandes cidades —, o padrão antigo está aos poucos mudando para algo novo. Nessas imensas selvas novas de vidro e tijolo, as distinções agudas do velho tipo de cidade, com seus cortiços e mansões, ou do campo, com seus solares e cabanas miseráveis, não existem mais. Há amplas gradações de renda, mas é o mesmo tipo de vida que está sendo levada em níveis diferentes, em apartamentos ou *Council houses* que economizam trabalho, ao longo de estradas de concreto e na democracia nua das piscinas. Trata-se de uma vida agitada e sem cultura, centrada em torno de comida enlatada, *Picture Post*,[35] o rádio e o motor de combustão interna. É uma civilização em que as crianças crescem com um conhecimento íntimo de magnetos e na completa ignorância da Bíblia. A essa civilização pertencem as pessoas que estão mais em casa no mundo moderno e que sobretudo vivem *do* mundo moderno: os técnicos e os trabalhadores especializados bem pagos, os aviadores e seus mecânicos, os especialistas em rádio, produtores de filmes, jornalistas populares e químicos industriais. Eles compõem o estrato indeterminado no qual as velhas distinções de classe começam a se romper.

Esta guerra, a não ser que sejamos derrotados, vai varrer a maioria dos privilégios de classe existentes. A cada dia existe menos gente que deseja que eles continuem. Tampouco devemos temer que com a mudança de padrões a vida a Inglaterra perderá seu sabor peculiar. As novas cidades vermelhas da Grande Londres[36] são bastante toscas, mas esses detalhes são somente a brotoeja que acompanha uma mudança. Qualquer que seja a forma da Inglaterra que emergirá da guerra, ela será profundamente marcada pelas características de que falei antes. Os intelectuais que esperam vê-la russificada ou germanizada ficarão desapontados. A brandura, a hipocrisia, a imprudência, a reverência pela lei e o ódio dos uniformes permanecerão, junto com o pudim de sebo e o céu nublado. É preciso um desastre muito grande, como uma prolongada submissão a um inimigo externo, para destruir uma cultura nacional. A Bolsa de Valores será derrubada, o arado dará lugar ao trator, as casas de campo se transformarão em acampamentos infantis, o jogo entre Eton e Harrow[37] será esquecido, mas a Inglaterra ainda será a Inglaterra, um animal eterno que se estende para o futuro e para o passado, e, como todas as coisas vivas, com o poder de mudar a ponto de não ser reconhecido e, não obstante, continuar o mesmo.

*

O espírito esportivo
Tribune, 14 de dezembro de 1945

Agora que terminou a breve visita da equipe de futebol do Dínamo, é possível dizer publicamente o que muito ser pensante estava dizendo em particular antes mesmo de o time russo chegar. Ou seja, que o esporte é uma causa infalível de má vontade, e que, se essa visita tiver alguma influência sobre as relações anglo-soviéticas, só pode ser para torná-las levemente piores do que antes.

Até os jornais não conseguiram esconder o fato de que ao menos dois dos quatro jogos realizados provocaram muitos sentimentos ruins. No jogo no estádio do Arsenal, alguém que esteve lá me contou, um jogador inglês e um russo trocaram socos e a torcida vaiou o juiz. O jogo de Glasgow, outra pessoa me informou, foi simplesmente uma pancadaria generalizada desde o início. E depois teve a controvérsia, típica de nossa época nacionalista, sobre a escalação do time que jogou no campo do Arsenal. Era de fato uma seleção da Inglaterra, como alegaram os russos, ou apenas um time de liga, como disseram os britânicos? E o Dínamo encerrou a excursão de forma abrupta para não jogar contra uma seleção inglesa? Como de costume, todos respondem a essas perguntas de acordo com suas predileções políticas. Porém, não exatamente todos. Observei com interesse, como um exemplo das paixões violentas que o futebol provoca, que o correspondente esportivo do russófilo *News Chronicle* assumiu a linha antirrussa e sustentou que o time do Arsenal não era uma seleção inglesa. Sem dúvida, a controvérsia continuará a ecoar por anos nas notas de rodapé dos livros de história. Enquanto isso, o resultado da excursão do Dínamo, na medida em que teve algum resultado, terá sido criar novas animosidades de ambos os lados.

E como poderia ser diferente? Fico sempre espantado quando ouço gente dizendo que o esporte cria boa vontade entre as nações, e que se as pessoas comuns do mundo pudessem se encontrar num jogo de futebol ou críquete, não teriam nenhuma inclinação para se encontrar no campo de batalha. Mesmo que não soubéssemos, a partir de exemplos concretos (as Olimpíadas de 1936, por exemplo), que as disputas esportivas internacionais levam a orgias de ódio, isso poderia ser deduzido de princípios gerais.

Quase todos os esportes praticados hoje em dia são competitivos. Joga-se para ganhar, e o jogo faz pouco sentido se não fizermos o máximo para vencer. No campo da aldeia, onde você escolhe lados e não há nenhum sentimento de patriotismo local envolvido, é possível jogar simplesmente pelo divertimento e pelo exercício; mas assim que surge a questão do prestígio, assim que você sente que você e uma unidade maior serão execrados se perderem, despertam-se os instintos combativos mais selvagens. Quem já participou de um jogo de futebol, nem que seja na escola, sabe disso. No cenário internacional, o esporte é francamente um arremedo de guerra. Porém, o mais significativo não é o comportamento dos jogadores, mas a atitude dos espectadores, das nações que ficam furiosas em relação a essas disputas absurdas e acreditam seriamente — ao menos por períodos curtos — que correr, saltar e chutar uma bola são testes de virtude nacional.

Até um jogo lento como o críquete, que exige graça em vez de força, pode causar muita má vontade, como vimos nas controvérsias sobre o *body-line bowling*[1] e as brutas táticas da equipe australiana que visitou a Inglaterra em 1921. No futebol, um jogo em que todos se machucam e cada nação tem seu estilo próprio de jogar que parece desleal aos estrangeiros, é muito pior. Mas o pior de todos é o boxe. Uma das visões mais horríveis do mundo é uma luta entre um boxeador branco e outro negro diante de uma plateia mista. Mas a plateia do boxe é sempre repulsiva, e o comportamento das mulheres, em particular, é de tal ordem que o Exército, acho eu, não permite a presença delas nos combates. De qualquer modo, há dois ou três anos, quando membros da Guarda Interna e do Exército realizaram um torneio de boxe, fui posto de guarda na porta do ginásio com ordens de impedir a entrada de mulheres.

Na Inglaterra, a obsessão com o esporte é bem ruim, mas paixões ainda mais ferozes são provocadas em países mais jovens, onde jogos e nacionalismo são coisas recentes. Em países como a Índia e a Birmânia, os jogos de futebol exigem fortes cordões policiais para impedir que a multidão invada o campo. Na Birmânia, vi os torcedores de um time romperem o cordão policial e estropiar o goleiro adversário num momento crítico. O primeiro grande jogo de futebol realizado na Espanha, há cerca de quinze anos, acabou num tumulto incontrolável. Assim que sentimentos fortes de rivalidade são incitados, desaparece a noção de jogar o jogo conforme as regras. As pessoas querem ver um lado por cima e outro humilhado, e esquecem que a vitória obtida pela trapaça ou pela intervenção da torcida não faz sentido. Até mesmo quando não intervêm fisicamente, os espectadores tentam influenciar o jogo, incentivando seu time e enervando o adversário com vaias e insultos. O esporte sério nada tem a ver com jogo limpo. Ele está vinculado a ódio, ciúme, jactância, desconsideração de todas as regras e prazer sádico de testemunhar violência: em outras palavras, é uma guerra sem os tiros.

Em vez de gastar saliva com a rivalidade limpa e saudável do campo de futebol e o grande papel desempenhado pelos Jogos Olímpicos na aproximação das nações, é mais útil perguntar como e por que surgiu esse culto moderno do esporte. A maioria dos jogos de hoje tem origem antiga, mas não parece que o esporte tenha sido levado muito a sério entre os tempos romanos e o século XIX. Até mesmo nas escolas públicas inglesas o culto aos jogos só começou na segunda metade do século passado. O dr. Arnold, em geral considerado o fundador da escola de elite moderna, via os jogos como uma perda de tempo. Depois, sobretudo na Inglaterra e nos Estados Unidos, os jogos se transformaram numa atividade fortemente financiada, capaz de atrair grandes multidões e provocar paixões selvagens, e o contágio se espalhou de país em país. São os esportes mais violentamente combativos, futebol e boxe, os que mais se difundiram. Não pode haver muitas dúvidas de que a coisa toda está vinculada à ascensão do nacionalismo — isto é, com o inconsequente hábito moderno de se identificar com unidades de poder maiores e ver tudo em termos de prestígio competitivo. É mais provável também que os jogos organizados se desenvolvam em comunidades urbanas, onde o ser humano médio leva uma vida sedentária, ou pelo menos confinada, e não tem muitas oportunidades para o trabalho criativo. Numa comunidade rústica, um menino ou rapaz gasta uma boa quantidade de sua energia excedente caminhando, nadando, jogando bolas de neve, subindo em árvores, andando a cavalo e com vários esportes que envolvem crueldade com animais, como pesca, luta de galos e caça a ratos. Numa cidade grande, temos de nos entregar a atividades de grupo se quisermos um escape para a força física ou os impulsos sádicos. Os jogos são levados a sério em Londres e Nova York, assim como o eram em Roma e Bizâncio; na Idade Média, eram jogados, tudo indica que com muita brutalidade física, mas não estavam misturados à política nem causavam ódios entre grupos.

Se quiséssemos aumentar o vasto fundo de má vontade existente no mundo neste momento, dificilmente poderíamos fazer melhor do que promover uma série de jogos de futebol entre judeus e árabes, alemães e tchecos, indianos e britânicos, russos e poloneses, e italianos e iugoslavos, em que cada jogo seria assistido por uma plateia mista de 100 mil espectadores. É claro que não estou sugerindo que o esporte é uma das principais causas da rivalidade internacional; penso que o esporte em grande escala é apenas mais um efeito das causas que produziram o nacionalismo. Ainda assim, tornamos as coisas piores por mandar um time de onze homens, rotulados de campeões nacionais, lutar contra um time rival e deixar que todos os envolvidos sintam que a nação que for derrotada vai "perder a dignidade".

Tomara, portanto, que não retribuamos a visita do Dínamo enviando um time britânico à União Soviética. Se tivermos de fazer isso, mandemos um time de segunda linha, com a certeza de que será derrotado e não poderá alegar que representa a Grã-Bretanha como um todo. Já existem muitas causas reais para problemas e não precisamos aumentá-las estimulando homens jovens a se chutar mutuamente nas canelas, em meio a rugidos de espectadores enfurecidos.

*

Em defesa da culinária inglesa
Evening Standard, 15 de dezembro de 1945

Temos ouvido muita conversa em anos recentes sobre a conveniência de atrair turistas estrangeiros para este país. É bem conhecido que os dois piores defeitos da Inglaterra, do ponto de vista do visitante estrangeiro, são a melancolia de nossos domingos e a dificuldade de comprar um drinque.

Ambos se devem a minorias fanáticas que precisarão de muita repressão, inclusive de legislação ampla. Mas há uma área em que a opinião pública poderia provocar uma mudança rápida para melhor: refiro-me à culinária.

É comum que digam, até mesmo os próprios ingleses, que a culinária inglesa é a pior do mundo. Ela não seria apenas incompetente, mas também imitativa, e cheguei mesmo a ler recentemente, num livro de um escritor francês, esta observação: "A melhor culinária inglesa é, por certo, a pura e simples culinária francesa".

Ora, isso não é de forma alguma verdade. Como qualquer um que morou tempo suficiente no exterior sabe, há toda uma variedade de iguarias que é quase impossível obter fora dos países de língua inglesa. Sem dúvida, a lista poderia ser imensa, mas aqui estão algumas coisas que eu pessoalmente procurei em países estrangeiros e não achei.

Antes de tudo, arenque defumado, *Yorkshire pudding*, creme de Devonshire, *muffins* e *crumpets*.[1] Depois, uma lista de pudins, que seria interminável se eu a desse completa: escolherei para menção especial o pudim de Natal, a torta de melaço e *dumplings* de maçã. Depois, uma lista igualmente longa de bolos: por exemplo, bolo de ameixa preta (como se costumava comprar na Buzzard's antes da guerra), biscoito amanteigado e pãozinho de açafrão. Também inúmeros tipos de biscoitos que existem naturalmente em outros lugares, mas admite-se que, em geral, são melhores e mais crocantes na Inglaterra.

Temos depois as várias maneiras de cozinhar batatas que são peculiares ao nosso país. Em que outro lugar se veem batatas assadas sob a carne, que é de longe a melhor maneira de cozinhá-las? Ou as deliciosas tortas de batata que se comem no norte da Inglaterra? E é muito melhor cozinhar batatas novas à maneira inglesa — ou seja, fervidas com hortelã e depois servidas com um pouco de manteiga ou margarina derretida — do que fritá-las, como é feito na maioria dos países.

Há também as várias espécies de molhos típicos da Inglaterra. Por exemplo, molho de pão, de rábano, de hortelã e de maçã, para não mencionar a gelatina de groselha, que fica excelente com carne de carneiro e lebre, e vários tipos de picles doces, que parece que temos em maior profusão do que a maioria dos outros países.

Que mais? Fora destas ilhas, nunca vi um *haggis*,[2] exceto enlatado, nem lagostins, ou geleia de laranja Oxford, tampouco vários outros tipos de geleia (de tutano, ou de amora-preta), ou linguiças do mesmo tipo das nossas.

Depois, temos os queijos ingleses. Não há muitos deles, mas creio que o Stilton é o melhor queijo do mundo em seu gênero, com o Wensleydale não muito atrás. As maçãs inglesas também são extremamente boas, em particular a Cox's Orange Pippin.

E por fim, gostaria de falar um pouco do pão inglês. Todos os pães são bons, dos enormes pães judeus temperados com sementes de cominho ao pão de centeio russo, que tem a cor do melaço preto. Mesmo assim, se existe alguma tão boa quanto a parte macia da crosta de um *cottage loaf* inglês (quando os veremos de novo?), eu desconheço.

Sem dúvida, algumas das coisas que mencionei acima poderiam ser obtidas na Europa continental, assim como é possível obter em Londres vodca ou sopa de ninho de passarinho. Mas elas são nativas de nossa terra e, em muitos lugares, nunca ao menos se ouviu falar delas.

Ao sul de, digamos, Bruxelas, não imagino que se consiga um pudim de sebo. Em francês, nem existe uma palavra que traduza exatamente *sebo*. Os franceses também nunca usam hortelã na cozinha e não usam groselha, exceto como base de uma bebida.

Veremos que não há motivo para ter vergonha de nossa culinária, tanto no que diz respeito à originalidade como aos ingredientes. No entanto, devemos admitir que há um obstáculo sério do ponto de vista do visitante estrangeiro. Ou seja, que praticamente não se acha boa culinária inglesa fora de uma casa particular. Se quisermos, por exemplo, uma boa fatia de *Yorkshire pudding*, será mais provável encontrá-la no lar inglês mais pobre que num restaurante, que é onde o visitante tem de fazer a maioria de suas refeições.

É um fato que restaurantes ingleses típicos que vendem boa comida são muito difíceis de achar. Os pubs, via de regra, não vendem nenhuma comida, exceto batatas fritas e sanduíches insossos. Os restaurantes e hotéis caros imitam quase todos a culinária francesa e escrevem seus cardápios em francês, e se você quiser uma refeição boa e barata, gravita naturalmente na direção de um restaurante grego, italiano ou chinês. Não conseguiremos atrair turistas enquanto se pensar que a Inglaterra é um país de comida ruim e regulamentos ininteligíveis. No momento, não há muito que possamos fazer em relação a isso, porém mais cedo ou mais tarde o racionamento chegará ao fim e então será o momento de nossa culinária nacional reviver. Não é uma lei da natureza que os restaurantes na Inglaterra devam ser estrangeiros ou ruins, e o primeiro passo para uma melhoria será uma atitude menos resignada do próprio público inglês.

*

Uma boa xícara de chá
Ensaio de sábado, *Evening Standard*, 12 de janeiro de 1946

Se procurar "chá" no primeiro livro de culinária que encontrar, você descobrirá provavelmente que ele não é mencionado; ou no máximo encontrará algumas linhas de instruções sumárias que não lhe darão orientação sobre vários dos itens mais importantes.

Isso é curioso, não somente porque o chá é um dos suportes da civilização neste país, assim como na Irlanda, na Austrália e na Nova Zelândia, mas porque a melhor maneira de fazê-lo é tema de discussões violentas.

Quando examino minha receita para a perfeita xícara de chá, descubro não menos que onze questões pendentes. Em duas delas talvez exista um acordo bastante geral, mas ao menos quatro outras são muito controvertidas. Eis aqui minhas onze regras, cada uma das quais eu considero de ouro.

Antes de mais nada, deve-se usar chá indiano ou cingalês. O chá da China tem virtudes que não devem ser desprezadas hoje em dia — é econômico e pode ser bebido sem leite —, mas não há muita estimulação nele. Não nos sentimos mais inteligentes, corajosos ou otimistas depois de bebê-lo. Quem usa a expressão "boa xícara de chá" se refere invariavelmente ao chá indiano.

Em segundo lugar, o chá deve ser feito em quantidades pequenas, ou seja, num bule. O chá feito num recipiente grande fica sempre sem sabor, enquanto o do Exército, feito num caldeirão, tem gosto de gordura e cal. O bule deve ser de porcelana ou de louça. Bules de prata ou de metal britânico produzem chá inferior e os esmaltados são piores, embora, curiosamente, um bule de peltre (uma raridade hoje em dia) não seja ruim.

Em terceiro lugar, o bule deve ser aquecido de antemão. A melhor maneira de fazer isso é colocá-lo sobre o fogão, em vez do método usual de escaldá-lo com água quente.

Em quarto lugar, o chá deve ser forte. Para um bule de um litro, se você vai enchê-lo até perto da borda, seis colheres de chá cheias é o suficiente. Em época de racionamento, trata-se de um ideal que não pode ser posto em prática todos os dias da semana, mas sustento que uma xícara de chá forte é melhor do que vinte fracas. Todos os verdadeiros apreciadores de chá não somente gostam de seu chá forte, mas gostam dele um pouco mais forte a cada ano que passa — um fato reconhecido pela ração extra entregue a pensionistas idosos.

Em quinto lugar, o chá deve ser posto diretamente no bule. Nada de coadores, saquinhos de musselina ou outros dispositivos para aprisionar o chá. Em alguns países, os bules de chá dispõem de pequenas cestas penduradas sob o bico para coar as folhas, que supostamente fazem mal. Na verdade, pode-se engolir folhas de chá em quantidades consideráveis sem nenhum efeito ruim, e se o chá não está solto no bule, a infusão nunca será perfeita.

Em sexto lugar, deve-se levar o bule até a chaleira, e não o inverso. A água deve estar efetivamente fervendo no momento do impacto, o que significa que devemos mantê-la sobre a chama enquanto a derramamos. Alguns acrescentam que só se deve usar água que acabou de ferver, mas nunca observei que isso fizesse diferença.

Em sétimo lugar, depois de fazer o chá, deve-se agitá-lo, ou melhor, dar uma boa sacudida no bule, para depois deixar as folhas se assentarem.

Em oitavo lugar, deve-se bebê-lo numa xícara de café da manhã, ou seja, do tipo cilíndrico, não do tipo raso e achatado. Na xícara de café da manhã cabe mais, e com o outro tipo o chá já está meio frio antes que comecemos a bebê-lo.

Em nono lugar, deve-se tirar a nata do leite antes de usá-lo no chá. Leite muito cremoso sempre dá um gosto enjoativo ao chá.

Em décimo lugar, deve-se pôr primeiro o chá na xícara. Este é um dos pontos mais controvertidos; com efeito, em cada família da Grã-Bretanha há provavelmente duas escolas de pensamento sobre o tema.

A escola do leite primeiro pode apresentar alguns argumentos bastante fortes, mas sustento que minha argumentação é conclusiva. A saber, que pondo o chá primeiro e depois mexendo enquanto se põe a água, pode-se regular exatamente a quantidade de leite, enquanto no procedimento inverso se corre o risco de pôr leite demais.

Por fim, o chá — a não ser que se esteja bebendo ao estilo russo — deve ser tomado *sem açúcar*. Sei muito bem que estou em minoria nesse quesito. Mas, ainda assim, como você pode se dizer um verdadeiro apreciador de chá se destrói o sabor dele pondo açúcar? Seria igualmente razoável pôr pimenta ou sal.

O chá é feito para ser amargo, assim como a cerveja é feita para ser amarga. Se o adoçamos, não estamos mais sentindo o gosto do chá, mas apenas do açúcar: pode-se fazer uma bebida muito parecida dissolvendo açúcar em água quente.

Alguns dirão que não gostam do chá em si mesmo, que bebem somente para se aquecer e estimular, e precisam do açúcar para tirar o gosto. A essas pessoas equivocadas, eu diria: tentem tomar chá sem açúcar por, digamos, uma quinzena, e é muito provável que nunca mais queiram arruinar seu chá adoçando-o novamente.

Esses não são os únicos pontos controversos que surgem em relação ao consumo do chá, mas são suficientes para mostrar como a coisa toda se tornou muito refinada.

Há também a misteriosa etiqueta social em torno do bule de chá (por que é considerado vulgar beber do pires, por exemplo?) e muito se poderia escrever sobre os usos subsidiários das folhas de chá, tais como tirar a sorte, prever a chegada de visitas, alimentar coelhos, curar queimaduras e varrer o tapete.

Vale a pena prestar atenção a detalhes como aquecer o bule e usar água que esteja realmente fervendo, para ter certeza de extrair da nossa ração as vinte xícaras boas e fortes que duas onças [56,70 gramas], devidamente manipuladas, deveriam representar.

*

Moon Under Water
Ensaio de sábado, *Evening Standard*, 9 de fevereiro de 1946

Meu pub preferido, o Moon Under Water [Lua Sob a Água] fica a apenas dois minutos de uma parada de ônibus, mas numa rua lateral, e parece que os bêbados e desordeiros nunca chegam lá, até mesmo nas noites de sábado.

Sua clientela, embora razoavelmente grande, consiste, sobretudo, em fregueses habituais que ocupam a mesma cadeira todas as noites e vão lá para conversar, além de beber cerveja.

Se lhe perguntam por que prefere determinado pub, seria natural pôr a cerveja em primeiro lugar, mas a coisa que mais me atrai no Moon Under Water é o que as pessoas chamam de "atmosfera".

Para começar, toda a sua arquitetura e mobília é intransigentemente vitoriana. Não tem mesas com tampo de vidro ou outras desgraças modernas, e por outro lado nada de vigas falsas, cantos de lareira ou painéis de plástico fingindo que são de carvalho. O madeiramento granulado, os espelhos ornamentais atrás do bar, as lareiras de ferro fundido, o teto floreado manchado de amarelo escuro pela fumaça dos cigarros, a cabeça de touro empalhada sobre o consolo da lareira — tudo tem a feiura sólida e confortadora do século XIX.

No inverno, há geralmente uma boa lareira acesa em pelo menos dois dos salões, e o traçado vitoriano do lugar dá bastante espaço para cada cliente. Há um salão público, um salão de bar, um salão para as senhoras, uma *bottle-and-jug*[1] para os que têm vergonha de beber em público e, no andar de cima, um salão de jantar.

Só há jogos no salão público, de tal modo que nos outros salões se pode caminhar sem precisar se abaixar para evitar dardos voadores.

No Moon Under Water, é sempre tranquilo para se conversar. A casa não tem rádio nem piano, e até na noite de Natal e ocasiões similares, a cantoria que acontece é do tipo decoroso.

As garçonetes conhecem a maioria dos fregueses pelo nome e mostram interesse pessoal por todos. São mulheres de meia-idade — duas delas pintam os cabelos de uma cor bastante surpreendente — e chamam todos de "querido", a despeito da idade ou do sexo. ("Querido", e não "queridinho": os pubs onde a garçonete chama você de "queridinho" sempre têm uma desagradável atmosfera vulgar.)

Ao contrário da maioria dos pubs, o Moon Under Water vende fumo e cigarros, assim como aspirina e selos, e é cortês ao deixar o freguês usar o telefone.

Não serve jantar, mas há sempre o balcão de lanches, onde se pode obter sanduíche de linguiça e fígado, mexilhões (uma especialidade da casa), queijo, picles e aqueles biscoitos grandes com sementes de cominho que parecem existir somente nos pubs.

No andar de cima, seis dias por semana servem um bom e substancial almoço — por exemplo, carne assada, dois legumes e *boiled jam roll*[2] por cerca de três xelins.

O prazer especial desse almoço é que você pode acompanhá-lo com chope escuro. Duvido que mais de dez por cento dos pubs de

Londres sirvam chope escuro, mas o Moon Under Water é um deles. É um tipo de chope escuro cremoso, suave, e fica melhor numa caneca de peltre.

Eles são exigentes em relação às vasilhas de beber no Moon Under Water, e jamais, por exemplo, cometem o erro de servir meio litro de cerveja num copo sem alça. Além de canecas de vidro e peltre, têm algumas daquelas de louça cor-de-rosa morango que agora se veem muito raramente em Londres. Canecas de louça saíram de moda há uns trinta anos, porque a maioria das pessoas gosta da bebida transparente, mas, em minha opinião, o sabor da cerveja é melhor nelas.

A grande surpresa do Moon Under Water é seu jardim. Sai-se do salão por uma passagem estreita e chega-se a um jardim razoavelmente grande, com plátanos, sob os quais há pequenas mesas verdes e cadeiras de ferro. Em um canto do jardim há balanços e um escorrega para as crianças.

Nas noites de verão, há grupos familiares e você senta sob os plátanos tomando cerveja ou sidra ao som dos gritos agudos das crianças descendo no escorrega. Os carrinhos de bebê ficam estacionados perto do portão.

Entre as muitas virtudes do Moon Under Water, creio que o jardim é o seu melhor traço, porque permite que famílias inteiras o frequentem, em vez de mamãe ficar em casa para cuidar do bebê enquanto papai sai sozinho.

E embora, a rigor, só possam frequentar o jardim, as crianças tendem a se infiltrar no pub e até pegar bebidas para seus pais. Acredito que isso seja contra a lei, mas é uma lei que merece ser desobedecida, pois é o absurdo puritano de excluir as crianças — e, portanto, em certa medida, as mulheres — dos pubs que transformou esses lugares em meras lojas de beber, em vez do lugar de reunião familiar que deveriam ser.

O Moon Under Water é meu ideal do que um pub deveria ser —

ao menos na área de Londres. (As qualidades esperadas de um pub no campo são levemente distintas.)

Mas chegou o momento de revelar uma coisa que o leitor perspicaz e desiludido já terá adivinhado. Não existe um lugar como o Moon Under Water.

Isto é, pode até haver um pub com este nome, mas não o conheço, nem conheço nenhum pub com essa combinação de qualidades.

Conheço pubs em que a cerveja é boa, mas não servem comida, outros onde se pode comer, mas são barulhentos e lotados, e outros que são tranquilos, mas onde a cerveja é geralmente azeda. Quanto a jardins, de cara só consigo me lembrar de três pubs londrinos que os possuem.

Mas, para ser justo, conheço de fato alguns pubs que quase se equiparam ao Moon Under Water. Mencionei aqui dez qualidades que o pub perfeito deveria ter e conheço um pub que tem oito delas. Mas mesmo nele não tem chope escuro e canecas de louça.

E se alguém sabe de um pub que tenha chope escuro, lareiras abertas, refeições baratas, um jardim, garçonetes maternais e nenhum rádio, eu ficaria feliz de conhecê-lo, ainda que seu nome fosse alguma coisa tão prosaica como Red Lion ou Railway Arms.

*

O declínio do assassinato inglês
Tribune, 15 de fevereiro de 1946

É uma tarde de domingo, de preferência antes da guerra. A esposa já está dormindo na poltrona e as crianças foram fazer uma bela e longa caminhada. Você põe seus pés sobre o sofá, arruma os óculos no nariz e abre o News of the World.[1] O rosbife e o Yorkshire, ou porco assado e molho de maçã, seguido de pudim de sebo, arrematado por uma xícara de chá marrom-mogno, o deixaram no estado de ânimo certo. Seu cachimbo solta uma fumaça doce, as almofadas do sofá são macias, a lareira está bem acesa, o ar está quente e parado. Nessas felizes circunstâncias, sobre o que você quer ler?

Naturalmente, sobre um assassinato. Mas que tipo de assassinato? Se examinarmos os assassinatos que deram a maior quantidade de prazer ao público britânico, os assassinos cujas histórias são conhecidas, em seus traços gerais, por quase todos, que se transformaram em romances e foram requentados reiteradamente pelos jornais de domingo, encontraremos forte semelhança familiar em um grande número deles. Nosso grande período de assassinatos, nossa era elisabetana, por assim dizer, parece ter sido mais ou menos entre 1850 e 1925, e os assassinos cuja reputação aguentou o teste do tempo são os seguintes: o dr. Palmer, de Rugely, Jack, o Estripador, Neill Cream, a sra. Maybrick, o dr. Crippen, Seddon, Joseph Smith, Armstrong e Bywaters e Thompson. Além disso, em 1919 ou por aí, houve outro caso muito famoso que se encaixa no padrão geral, mas que prefiro não mencionar pelo nome, pois o homem acusado foi inocentado.

Dos nove casos acima mencionados, ao menos quatro serviram de base para romances de sucesso, um se transformou num melodrama popular, e a quantidade de literatura em torno deles, na forma de reportagens, tratados de criminologia e reminiscências de advogados e policiais, daria uma considerável biblioteca. É difícil acreditar que qualquer crime inglês recente será lembrado por tanto tempo e com tantos detalhes, e não somente porque a violência dos eventos externos fez que assassinatos parecessem sem importância, mas porque o tipo predominante de crime parece estar mudando. A principal *cause célèbre* dos anos da guerra foi o chamado Assassinato do Queixo com Covinha, que foi agora transformado em livreto popular;[2] o relato literal do julgamento foi publicado em algum momento do ano passado por Jarrolds & Sons, com uma introdução do sr. Bechhofer Roberts.[3] Antes de retornar a esse caso deplorável e sórdido, que só é interessante do ponto de vista sociológico, e talvez jurídico, deixem-me definir a que os leitores dos jornais de domingo se referem quando dizem de mau humor que "hoje em dia não se tem mais um bom assassinato".

Ao considerar os nove assassinatos que citei acima, podemos começar por excluir o caso de Jack, o Estripador, que ocupa uma classe por si mesmo. Dos outros oito, seis foram casos de envenenamento, e oito dos dez criminosos pertenciam à classe média. De um modo ou de outro, o sexo foi um motivo poderoso em todos os casos, exceto dois, e em pelo menos quatro casos, a respeitabilidade — o desejo de obter uma posição segura na vida, ou de não perder a posição social devido a um escândalo, como um divórcio — foi uma das principais razões para cometer o homicídio. Em mais da metade dos casos, o objetivo era apoderar-se de determinada quantia conhecida de dinheiro, como uma herança ou um seguro de vida, mas a quantia envolvida era quase sempre pequena. Na maioria dos casos, o crime só veio à luz lentamente, em consequência de investigações cuidadosas que começaram com as suspeitas de vizinhos ou parentes; e em quase todos os casos, houve alguma coincidência dramática, em que o dedo da Providência pôde ser visto com clareza, ou um daqueles episódios que nenhum romancista ousaria inventar, como a fuga de Crippen através do Atlântico com sua amante vestida de menino, ou Joseph Smith tocando "Mais próximo, meu Deus, de Ti" no harmônio enquanto uma de suas esposas se afogava no quarto ao lado. O pano de fundo de todos esses crimes, com exceção do de Neill Cream, era essencialmente doméstico: das doze vítimas, sete eram cônjuges do(a) assassino(a).

Com tudo isso em mente, podemos compor, do ponto de vista de um leitor do *News of the World*, o assassinato "perfeito". O assassino deve ser um homem baixo da classe dos profissionais liberais — um dentista ou advogado, digamos — que leva uma vida respeitabilíssima em algum lugar dos subúrbios, de preferência numa casa geminada, o que permitirá que os vizinhos ouçam sons suspeitos através da parede. Ele deve ser presidente do diretório local do Partido Conservador, ou um destacado dissidente da Igreja Anglicana e forte defensor da abstinência alcoólica. Deve se desencaminhar por cultivar uma paixão culpada por sua secretária ou pela esposa de um profissional concorrente, e só chegará ao ponto do homicídio depois de um longo e terrível conflito com sua consciência. Depois de se decidir pelo assassinato, deve planejá-lo com a máxima astúcia e deixar passar apenas um detalhe minúsculo e imprevisível. O meio escolhido deve ser, obviamente, veneno. Em última análise, ele deve cometer o assassinato porque isso lhe parece menos indigno e danoso para sua carreira do que ser apanhado em adultério. Com esse tipo de pano de fundo, um crime pode ter qualidades dramáticas e até trágicas, que o tornam memorável e provocam piedade tanto pela vítima como pelo assassino. A maioria dos crimes aqui mencionados tem um toque dessa atmosfera, e em três casos, inclusive aquele ao qual me referi mas não disse o nome, a história se aproxima dessa que delineei.

Agora, comparem com o Assassinato do Queixo com Covinha. Não há profundidade de sentimento nele. Foi quase por acaso que as duas pessoas envolvidas cometeram esse assassinato em particular, e só por sorte não cometeram vários outros. O pano de fundo não era o ambiente doméstico, mas a vida anônima dos salões de baile e os falsos valores do filme americano. Os dois acusados eram uma ex-garçonete de dezoito anos chamada Elizabeth Jones e um desertor do Exército americano, fingindo-se de oficial, chamado Karl Hulten. Estiveram juntos por apenas seis dias, e até serem presos é duvidoso que soubessem o verdadeiro nome um do outro. Conheceram-se por acaso numa casa de chá, e naquela noite saíram para passear num caminhão roubado do Exército. Jones disse que era artista de strip-tease, o que não era rigorosamente verdadeiro (havia feito uma apresentação malsucedida nessa linha), e declarou que queria fazer alguma coisa perigosa, "como ser mulher de bandido". Hulten disse que era um grande gângster de Chicago, o que também era mentira. Eles encontraram uma garota andando de bicicleta na estrada e, para mostrar como era durão, Hulten a atropelou com o caminhão, e depois roubaram os poucos xelins que ela trazia consigo. Em outra ocasião, nocautearam uma garota a quem haviam oferecido carona, pegaram o casaco e a bolsa dela e a jogaram num rio. Por fim, do modo mais gratuito, mataram um taxista que por acaso tinha oito libras no bolso. Pouco depois se separaram. Hulten foi apanhado porque ficou estupidamente com o carro do homem morto, e Jones fez uma confissão espontânea à polícia. No tribunal, incriminaram-se mutuamente. Entre os crimes, ambos se comportaram com insensibilidade total: gastaram as libras do taxista morto na corrida de cães.

A julgar por suas cartas, o caso da garota tem certo interesse psicológico, mas esse assassinato ganhou as manchetes provavelmente porque proporcionou distração em meio às bombas voadoras e às ansiedades da Batalha da França. Jones e Hulten cometeram homicídio ao som da V-1 e foram condenados ao som da V-2.[4] Houve também uma considerável excitação porque — como se tornou usual na Inglaterra — o homem foi condenado à morte e a garota, à prisão. De acordo com o sr. Raymond, a comutação da pena capital de Jones provocou ampla indignação e torrentes de telegramas ao Ministério do Interior; em sua cidade natal, escreveram nos muros "Ela deve ser enforcada" ao lado de uma figura pendurada na forca. Considerando-se que só dez mulheres foram enforcadas na Grã-Bretanha neste século, e que a prática foi suspensa, em grande medida, graças ao sentimento popular contrário a ela, é difícil não achar que esse clamor por enforcar uma garota de dezoito anos se deveu, em parte, aos efeitos brutalizantes da guerra. Com efeito, toda essa história absurda, com sua atmosfera de salão de baile, palácio de cinema, perfume barato, nomes falsos e carros roubados, pertence essencialmente a um período de guerra.

Talvez seja significativo que o assassinato inglês mais comentado dos últimos anos tenha sido cometido por um americano e uma garota inglesa parcialmente americanizada. Mas é difícil acreditar que esse caso será lembrado por tanto tempo quanto os velhos dramas de envenenamento doméstico, produtos de uma sociedade estável em que a hipocrisia predominante garantia ao menos que crimes tão sérios quanto um assassinato tivessem emoções fortes por trás deles.

6 | O sapo tem o olho mais bonito

George Orwell escreveu praticamente sobre tudo. Seus ensaios são mais frutos da observação, experiência e reflexão pessoal que de um estudo aprofundado sobre os temas. Temos aqui um pequeno estojo com os mais variados objetos do seu interesse.

Marrakesh
New Writing, New Series nº 3, Natal de 1939

Quando o cadáver passou, as moscas deixaram a mesa do restaurante numa nuvem e foram atrás dele, mas voltaram poucos minutos depois.

O pequeno grupo de acompanhantes — todos homens e meninos, nenhuma mulher — abriu caminho pela praça do mercado, entre as pilhas de romãs, os táxis e os camelos, cantando um curto lamento repetidamente. O que de fato atrai as moscas é que aqui os cadáveres nunca são postos dentro de caixões: eles são apenas enrolados num pedaço de pano e carregados num estrado tosco de madeira sobre os ombros de quatro amigos. Quando os amigos chegam ao cemitério, cavam um buraco alongado de meio metro de profundidade, largam o corpo nele e jogam em cima um pouco da terra seca e encaroçada que parece tijolo quebrado. Nada de lápide e nome, nenhuma marca de identificação de qualquer tipo. O cemitério é apenas uma grande extensão de terra elevada, como um terreno de construção abandonado. Depois de um ou dois meses, ninguém pode ter certeza de onde seus parentes estão enterrados.

Quando a gente caminha por uma cidade como esta — 200 mil habitantes, dos quais ao menos 20 mil possuem literalmente nada, exceto os trapos que vestem —, quando vê como as pessoas vivem e, ainda mais, como morrem com facilidade, é sempre difícil acreditar que está caminhando entre seres humanos. Na verdade, todos os impérios coloniais estão baseados nesse fato. As pessoas têm faces marrons — ademais, são tantas! São da mesma carne que você? Será que têm mesmo nomes? Ou são apenas uma espécie de coisa marrom indiferenciada, tão individuais quanto abelhas ou insetos de coral? Elas se erguem da terra, suam e morrem de fome por alguns anos e depois afundam de volta nos montes sem nome do cemitério e ninguém nota que se foram. E até os túmulos logo desaparecem no solo. Às vezes, ao sair para passear, ao abrir caminho entre as opúncias, você nota que o terreno está cheio de calombos e somente certa regularidade das saliências lhe diz que está caminhando sobre esqueletos.

Eu estava alimentando uma das gazelas dos jardins públicos.

As gazelas são praticamente os únicos animais que parecem bons de comer quando ainda estão vivos; na verdade, é difícil olhar para seus traseiros sem pensar em molho de hortelã. A gazela que eu estava alimentando parecia saber que havia esse pensamento na minha cabeça, pois, embora aceitasse o pedaço de pão que eu lhe estendi, é claro que não gostou de mim. Ela mordiscou rapidamente o pão, depois baixou a cabeça e tentou me dar uma marrada, em seguida pegou outro pedaço de pão e tentou me dar uma cabeçada de novo. Ao que parece, sua ideia era que, se pudesse me afastar, o pão ficaria de algum modo pairando no ar.

Um operário árabe que trabalhava na trilha próxima baixou sua pesada enxada e andou de lado lentamente na nossa direção. Seu olhar ia da gazela para o pão e do pão para a gazela com uma espécie de espanto silencioso, como se nunca tivesse visto algo semelhante. Por fim, disse timidamente em francês:

"Eu comeria um pouco desse pão."

Cortei um pedaço e ele guardou agradecido em algum lugar secreto sob seus trapos. Esse homem é um empregado do município.

Quando se passa pelo bairro judeu, tem-se uma ideia de como seriam os guetos medievais. Sob seus governantes mouros, os judeus só tinham permissão para possuir terra em certas áreas restritas, e depois de séculos desse tipo de tratamento, eles deixaram de se preocupar com o excesso de população. Muitas das ruas têm bem menos de dois metros de largura, as casas não têm nenhuma janela e crianças de olhos injetados se amontoam por toda parte, numa quantidade incrível, como nuvens de moscas. No centro da rua em geral corre um pequeno rio de urina.

No bazar, enormes famílias de judeus, todos vestidos com túnicas pretas longas e pequenos quipás pretos, trabalham em tendas infestadas de moscas que mais parecem cavernas. Um marceneiro está sentado com as pernas cruzadas junto a um torno mecânico pré-histórico, girando pés de cadeira com a velocidade de um raio. Ele trabalha o torno com um arco na mão direita e guia o formão com o pé esquerdo, e graças a uma vida inteira sentado nessa posição, sua perna esquerda é torta. Ao seu lado, o neto de seis anos já está começando a aprender as partes mais simples do trabalho.

Eu estava justamente passando pelas tendas dos caldeireiros quando alguém notou que eu acendi um cigarro. Na mesma hora, de todos os buracos escuros ao redor, veio uma correria de judeus, muitos deles avôs com grandes barbas grisalhas, todos clamando por um cigarro. Até um cego que estava no fundo de uma das tendas ouviu o rumor e veio se arrastando, tateando o ar. Em cerca de um minuto, foi-se todo o meu maço. Suponho que nenhuma daquelas pessoas trabalha menos de doze horas por dia, e todos veem um cigarro como um luxo mais ou menos impossível.

Como vivem em comunidades autossuficientes, os judeus seguem as mesmas profissões que os árabes, com exceção da agricultura. Vendedores de frutas, oleiros, prateiros, ferreiros, açougueiros, artesãos de couro, alfaiates, carregadores de água, mendigos, carregadores — para onde se olha, só se veem judeus. Com efeito, há 13 mil deles, todos vivendo no espaço de poucos acres. Ainda bem que Hitler não está aqui. Mas talvez esteja a caminho. Ouvem-se os rumores sombrios usuais sobre os judeus, não somente dos árabes, mas dos europeus pobres.

"Sim, *mon vieux*, eles me tiraram o emprego e o deram para um judeu. Os judeus! São eles que mandam realmente neste país, você sabe. Eles têm todo o dinheiro. Eles controlam os bancos, as finanças, tudo."

"Mas", disse eu, "não é verdade que o judeu médio é um trabalhador manual que trabalha por cerca de um penny por hora?"

"Ah, isso é só aparência! Eles são todos agiotas, na verdade. São espertos, esses judeus."

Da mesma maneira, há uns duzentos anos, mulheres velhas e pobres costumavam ser queimadas por feitiçaria quando não conseguiam fazer magia suficiente para conseguir uma refeição substancial.

Todas as pessoas que trabalham com as mãos são parcialmente invisíveis, e quanto mais importante o trabalho que fazem, mais invisíveis são. Mesmo assim, uma pele branca sempre chama atenção. No norte da Europa, quando vemos um lavrador arando um campo, é quase certo que olhemos uma segunda vez. Num país quente, em qualquer lugar ao sul de Gibraltar e a leste de Suez, o mais provável é que nem mesmo o vejamos. Notei isso várias vezes. Numa paisagem tropical, nossos olhos captam tudo, exceto os seres humanos. Eles captam o solo seco, a opúncia, a palmeira e a montanha distante, mas nunca o camponês carpindo seu terreno. Ele é da mesma cor da terra e muito menos interessante de olhar.

É só por isso que os países famintos da Ásia e da África são aceitos como locais de turismo. Ninguém pensaria em promover viagens baratas para Áreas Miseráveis. Mas onde os seres humanos têm peles marrons, a pobreza deles simplesmente não é notada. O que o Marrocos significa para um francês? Um laranjal ou um emprego no serviço público. Ou para um inglês? Camelos, castelos, palmeiras, soldados da Legião Estrangeira, bandejas de latão e bandidos. É provável que alguém pudesse viver aqui durante anos sem notar que para nove entre dez pessoas a realidade da vida é uma luta infindável, opressiva, para arrancar um pouco de alimento de um solo gasto.

A maior parte do Marrocos é tão desolada que nenhum animal selvagem maior que uma lebre pode viver nela. Áreas enormes que eram outrora recobertas de florestas se transformaram num deserto sem árvores onde o solo é exatamente como tijolo fragmentado. Não obstante, boa parte dele é cultivado, numa labuta assustadora. Tudo é feito à mão. Longas filas de mulheres, inclinadas como um L maiúsculo invertido, avançam lentamente pelos campos, cortando as ervas espinhentas com as mãos, e o camponês que colhe alfafa para forragem puxa as plantas talo por talo, em vez de colhê-las, economizando assim uma ou duas polegadas em cada talo. O arado é uma coisa triste de madeira, tão frágil que se pode carregá-lo facilmente sobre o ombro, com uma ponta de ferro grosseira que revolve o solo até uma profundidade de uns dez centímetros. Isso é o tanto que a força dos animais consegue. É comum arar com uma vaca e um burro encangados juntos. Dois burros não teriam força suficiente, mas, por outro lado, duas vacas seriam mais caras para alimentar. Os camponeses não possuem rastelos, eles apenas aram o solo várias vezes em diferentes direções, deixando-o com sulcos grosseiros; depois, o campo inteiro precisa ser moldado com enxadas em pequenos trechos alongados, para conservar a água. Com exceção de um ou dois dias após os raros temporais, nunca há água suficiente. Ao longo das beiras dos campos, cavam canais de dez ou doze metros de profundidade para obter as minúsculas gotas que correm no subsolo.

Todas as tardes, uma fila de mulheres muito velhas passa pela estrada diante de minha casa, cada uma carregando uma pilha de lenha. Todas estão mumificadas pela idade e pelo sol, e todas são minúsculas. A impressão que se tem é que nas comunidades primitivas, em geral, depois de determinada idade as mulheres encolhem até chegar ao tamanho de crianças. Um dia, uma pobre e velha criatura que não podia ter mais de um metro e vinte de altura passou por mim com uma enorme carga de lenha. Fiz a mulher parar e pus uma moeda de cinco *sous* (uma quantia ínfima) em sua mão. Ela reagiu com um gemido agudo, quase um grito, que era em parte de gratidão, mas principalmente de surpresa. Suponho que do ponto de vista dela, ao lhe dar atenção, era quase como se estivesse violando uma lei da natureza. Ela aceitava sua condição de mulher velha, ou seja, de besta de carga. Quando uma família viaja, é comum ver um pai e um filho adulto andando na frente no lombo de burros e uma velha atrás, a pé, carregando a bagagem.

Mas o que é estranho em relação a essas pessoas é sua invisibilidade. Durante várias semanas, sempre por volta da mesma hora do dia, a fila de mulheres velhas havia passado pela minha casa com sua lenha, e embora elas tivessem se registrado em meus globos oculares, não posso dizer com certeza que as vi. Passou lenha — foi isso que eu vi. Foi somente naquele dia que aconteceu de eu estar caminhando atrás delas que o curioso movimento para cima e para baixo da pilha de lenha chamou minha atenção para o ser humano que estava embaixo dela. Então, pela primeira vez, notei os corpos pobres e velhos da cor da terra, corpos reduzidos a ossos e pele coriácea, encurvados sob o peso esmagador. Contudo, imagino que não fazia cinco minutos que eu estava em solo marroquino quando notei o excesso de carga sobre os burros e fiquei enfurecido com aquilo. Não há dúvida de que os burros são extremamente maltratados. O burro marroquino é pouco maior que um cão são-bernardo, leva uma carga que no Exército britânico seria considerada demais para uma mula de metro e meio de altura, e com muita frequência não tiram sua albarda do lombo durante semanas a fio. Mas o que é peculiarmente lamentável é que se trata do animal de maior boa vontade da Terra, segue seu dono como um cachorro e não precisa de rédea nem cabresto. Após uma dezena de anos de trabalho devotado, de repente cai morto e seu dono o joga na vala e os cães da aldeia rasgam suas entranhas antes que fique frio.

Esse tipo de coisa faz o sangue da gente ferver, enquanto, em geral, o mesmo não acontece diante do sofrimento dos seres humanos. Não estou criticando, apenas apontando um fato. As pessoas com pele marrom são quase invisíveis. Qualquer um pode sentir pena do burro com seu lombo atormentado, mas deve-se, em geral, a um acidente o fato de alguém notar a velha com sua carga de lenha.

Enquanto as cegonhas voavam para o norte, os negros marchavam para o sul, numa longa e poeirenta coluna, infantaria, baterias de canhões antiquados e depois mais infantaria, 4 ou 5 mil homens no total, serpenteando pela estrada com os passos pesados das botas e o estrépito de rodas de ferro.

Eram senegaleses, os negros mais pretos da África, tão pretos que às vezes é difícil ver onde termina o pescoço e começa o cabelo. Seus corpos esplêndidos estavam escondidos em uniformes cáqui, os pés enfiados em botas que pareciam blocos de madeira, e os capacetes pareciam dois tamanhos menor. Estava muito quente e os homens haviam marchado uma longa distância. Eles se curvavam sob o peso de suas mochilas e os rostos negros curiosamente sensíveis brilhavam de suor.

Enquanto passavam, um negro muito jovem e alto se virou e cruzou seu olhar com o meu. Mas o olhar que me deu não era de forma alguma o tipo de olhar que se poderia esperar. Não hostil, não insolente, não taciturno, nem mesmo inquisitivo. Era o olhar negro tímido e arregalado que é, na verdade, um olhar de profundo respeito. Eu vi como era. Aquele infeliz, que é um cidadão francês e, portanto foi arrancado da floresta para esfregar chãos e pegar sífilis numa praça forte, tem sentimentos de reverência perante uma pele branca. Ensinaram-lhe que os de raça branca são seus senhores e ele ainda acredita nisso.

Mas há um pensamento que todo homem branco (e nesse sentido, não importa nada se ele se diz socialista) tem quando vê um exército negro passando. "Por quanto tempo ainda poderemos continuar enganando essa gente? Por quanto tempo, até que eles virem suas armas na outra direção?"

Era curioso, de fato. Cada homem branco que estava lá tinha esse pensamento guardado em algum lugar da cabeça. Eu tinha, assim como os outros espectadores, os oficiais em seus cavalos de batalha e os oficiais não comissionados que marchavam nas fileiras. Era um tipo de segredo que todos conhecíamos e éramos espertos demais para contar; só os negros não o conheciam. E, de fato, ver a longa coluna era quase como observar um rebanho de gado, dois ou três quilômetros de homens armados, fluindo pacificamente pela estrada, enquanto as grandes aves brancas voavam sobre eles na direção oposta, reluzindo como pedaços de papel.

*

Em defesa da lareira
Evening Standard, 8 de dezembro de 1945

Não demorará para que se encerre o período de casas pré-fabricadas construídas às pressas, e a Grã-Bretanha enfrentará em grande escala a tarefa de construir casas permanentes.

Será então necessário decidir que tipo de aquecimento queremos que nossas casas tenham, e podemos ter certeza desde já que uma minoria pequena, mas ruidosa, vai querer acabar com a antiquada lareira a carvão.

Essas pessoas — são as mesmas que admiram cadeiras tubulares e mesas com tampo de vidro, e consideram a economia de mão de obra um fim em si mesma — argumentarão que a lareira a carvão é desperdiçadora, suja e ineficiente. Afirmarão que carregar baldes de carvão escada acima é um incômodo e que limpar as cinzas de manhã é uma tarefa sinistra, e acrescentarão que o *fog* de nossas cidades fica mais espesso graças à fumaça de milhares de chaminés.

Tudo isso é inteiramente verdade, mas sem muita importância se pensarmos em termos de modo de vida e não apenas de evitar problemas.

Não estou dizendo que as lareiras deveriam ser a única forma de aquecimento, mas apenas que cada casa deveria ter ao menos uma lareira em torno da qual a família pudesse sentar. Em nosso clima, qualquer coisa que nos mantenha aquecidos é bem-vinda, e sob condições ideais, todas as formas de aparelho de aquecimento seriam instaladas em todas as casas.

Para qualquer tipo de sala de trabalho, o aquecimento central é a melhor solução. Ele não exige atenção e, uma vez que aquece todas as partes da sala igualmente, pode-se agrupar a mobília de acordo com as necessidades do trabalho.

Para quartos de dormir, aquecedores elétricos ou a gás são os melhores. Até o humilde aquecedor a querosene produz muito calor e tem a virtude de ser portátil. É um grande conforto levá-lo para o banheiro numa manhã de inverno. Mas, para uma sala em que se vai conviver, somente uma lareira resolve.

A primeira grande virtude de uma lareira a carvão é que, como só aquece um lado da sala, força as pessoas a se agrupar de uma forma sociável. Nesta noite, enquanto escrevo, o mesmo padrão se reproduz em centenas de milhares de lares britânicos.

De um lado da lareira está sentado papai, lendo o vespertino. Do outro lado, está mamãe, fazendo seu tricô. No tapete diante do fogo estão as crianças, com um jogo de tabuleiro. Junto ao guarda-fogo, fazendo assado de si mesmo, jaz o cachorro. É um padrão gracioso, um bom pano de fundo para nossas lembranças, e a sobrevivência da família como instituição talvez dependa mais dele do que percebemos.

Depois, há o fascínio, inexaurível para uma criança, do próprio fogo. Um fogo nunca é o mesmo por dois minutos seguidos, pode-se olhar o coração vermelho das brasas e ver cavernas, rostos ou salamandras, conforme a imaginação de cada um; você pode até, se seus pais deixarem, se divertir esquentando o atiçador de brasas até ficar candente e vergá-lo entre as barras da grade protetora, ou polvilhar sal nas chamas para que fiquem verdes.

Um aquecedor a gás ou elétrico, ou até mesmo um fogão a antracito, é uma coisa triste em comparação. Os objetos mais sinistros de todos são aquelas lareiras elétricas falsas construídas para parecer que são a carvão. O simples fato de ser uma imitação não é um reconhecimento de que a coisa verdadeira é superior?

Se, como eu sustento, uma lareira propicia a sociabilidade e tem um atrativo estético particularmente importante para crianças pequenas, então ela vale o trabalho que acarreta.

Não há como negar que ela é causa de desperdício, bagunça e trabalho evitável: tudo isso poderia ser dito de um bebê. A questão é que os aparelhos domésticos não devem ser julgados apenas por sua eficiência, mas pelo prazer e conforto que se obtém deles.

Um aspirador de pó é bom porque economiza muito trabalho fatigante com vassoura e pano. Mobília tubular é ruim porque destrói a aparência amistosa de uma sala, sem um acréscimo apreciável de conforto.

Nossa civilização é perseguida pela ideia de que a maneira mais rápida de fazer alguma coisa é invariavelmente a melhor. Uma *warming-pan*,[1] que deixa a cama toda quente como uma torrada antes de você se enfiar nela, saiu de moda em favor da insatisfatória e úmida garrafa de água quente simplesmente porque a *warming-pan* é uma coisa incômoda de levar escada acima e precisa ser polida todos os dias.

Algumas pessoas, obcecadas pelo "funcionalismo", deixariam todos os cômodos da casa tão nus, limpos e economizadores de trabalho quanto uma cela de presídio. Elas não ponderam que as casas são feitas pare se viver dentro delas e que, portanto, diferentes cômodos precisam de atributos diferentes. Na cozinha, eficiência; nos quartos, calor; na sala de estar, uma atmosfera amistosa — que neste país exige uma boa e pródiga lareira acesa durante cerca de sete meses por ano.

Não nego que as lareiras tenham seus inconvenientes, especialmente nestes dias de jornais cada vez menores. Muitos comunistas devotos têm sido forçados, contra todos os seus princípios, a comprar um jornal capitalista somente porque o *Daily Worker* não é grande o suficiente para acender o fogo.

Há também a demora do fogo para acender de manhã. Quando construírem as novas casas, seria uma boa ideia se as lareiras fossem providas do que se costumava chamar um "assoprador": uma folha de metal removível que pode ser usada para criar uma corrente de ar. Isso funciona muito melhor do que um par de foles.

Mas mesmo o pior fogo, até mesmo um fogo que joga fumaça em sua cara e tem de ser constantemente atiçado, é melhor do que nenhum.

Para provar isso, imagine a desolação de uma noite de Natal sentado — como a família do supereficiente herói de Arnold Bennett em seu romance *The card* — em volta de um radiador dourado!

*

Fora com esse uniforme
Evening Standard, 22 de dezembro de 1945

Há poucas semanas, recebi um convite para jantar (era para algum tipo de função pública) marcado com as palavras "Traje Informal".

Numa época como a nossa, em que "informal" seria um termo muito polido para as roupas que sobraram para a maioria da população, essas palavras poderiam parecer supérfluas; mas o que elas, na verdade, queriam dizer era evidentemente "você não precisa vestir um smoking".

Portanto, já existem pessoas para as quais é preciso dizer isso — até mesmo, quem sabe, pessoas que veriam com bons olhos a chance de se enfiar em camisas de peitilho engomado. É fácil prever que receberei em breve outro convite marcado "Traje a Rigor Opcional", e depois não demorará para que o sombrio uniforme preto e branco se torne tão compulsório em teatros, danças e restaurantes caros quanto o era há sete anos.

Neste momento, ninguém — melhor dizendo, nenhum homem — compraria um traje a rigor completo. Sem cupons de roupa do mercado negro, seria impossível fazê-lo. Mas nem todos os smokings do pré-guerra foram devorados pelas traças ou cortados a fim de fazer tailleurs para as senhoras, e alguns começam a emergir de sua obscuridade de novo.

Portanto, este é o momento para decidir de uma vez por todas se devemos ressuscitar o traje a rigor para homens e, em caso afirmativo, em que forma.

Em princípio, trajes noturnos são uma instituição civilizada. Trocar de roupa e vestir trajes especiais antes de ir à casa de um amigo ou a algum tipo de recreação é algo que nos anima e separa a noite do dia de trabalho.

Mas as roupas formais, tais como existiam antes da guerra, só eram satisfatórias do ponto de vista feminino. A mulher escolhe um vestido com o objetivo de se embelezar e, se possível, ser diferente das outras mulheres. Ela pode fazer isso de uma forma comparativamente barata, de tal modo que há muitos anos a roupa feminina de festa se estendeu para quase todos os níveis sociais.

Por outro lado, para os homens, esse tipo de roupa sempre foi um incômodo e até seus devotos o valorizavam sobretudo por motivos esnobes.

Para começo de conversa, as roupas de gala masculinas são incrivelmente caras. Um conjunto completo — fraque, smoking, sobretudo preto, sapatos de verniz e tudo — custaria no mínimo cinquenta libras, mesmo a preços do pré-guerra.

E uma vez que essas roupas eram caras e também supostamente uniformes, eram cercadas com todos os tipos de convenções insignificantes, que você só podia desconsiderar ao preço de se sentir constrangido. Usar um colete branco com um smoking ou uma camisa não engomada com fraque, ter dois botões de peitilho quando os outros estão usando apenas um, ou até mesmo usar galões largos ou estreitos demais nas pernas da calça eram o bastante para transformá-lo num pária.

O nó correto de uma gravata apropriada exigia anos de prática até se poder dominá-lo. A coisa toda era um ritual esnobe que aterrorizava o inexperiente e causava repulsa a quem tivesse uma perspectiva democrática.

Em segundo lugar, o traje a rigor masculino está longe de ser confortável. Uma camisa de peitilho engomado é um tormento, e para dançar, dificilmente se encontraria uma coisa menos adequada do que um colarinho alto e duro que se transforma num trapo ensopado na metade da noite.

E por fim, essas roupas são desnecessariamente feias. São todas em preto e branco, um esquema de cores que só serve para alguém muito loiro ou negro muito escuro. Mas devo admitir que os smokings verdes ou púrpura com que alguns espíritos ousados apareciam de vez em quando não eram muito melhores. A mudança de cor não era capaz de eliminar as feias linhas comuns à maioria das roupas usadas por homens de hoje.

Nossas roupas são feias, e têm sido assim há quase cem anos, porque são um mero arranjo de cilindros e não seguem as linhas do corpo ou fazem uso do fluxo de drapejamentos. As roupas menos feias são geralmente as desenhadas de forma funcional, como um macacão ou uma roupa militar bem ajustada.

Não poderíamos, então, criar um tipo de roupa formal que fosse um prazer vestir, e que ao mesmo tempo não tivesse implicações esnobes?

Não serve dizer "que cada um vista o que quiser". Os homens, para se sentirem à vontade, precisam achar que não são demasiado diferentes dos outros homens. Nosso traje de noite imaginário teria de ser verdadeiramente nacional, como a roupa militar, que é praticamente a mesma para todos, do general ao soldado. Em segundo lugar, teria de ser barato, ou seja, sem dúvida mais confortável, mais adequado à descontração do que as roupas usadas durante o dia.

E por fim, teria de ser decorativo, o que não é de forma alguma incompatível com barateza, como podemos ver em qualquer país oriental, onde o mais pobre dos camponeses é, no que diz respeito às roupas, um objeto mais aprazível de olhar do que o europeu vestido com as roupas mais caras.

Se quisermos fugir mediante um esforço consciente da feiura do traje masculino moderno, agora, quando os estoques existentes estão quase no fim, é certamente o momento para fazer isso. Mas, se não conseguirmos desenhar uma forma nova e agradável de traje formal, ao menos cuidemos para que o antigo, com sua vulgaridade, seus preços altos e seu tormento consequente de procurar botões perdidos do colarinho sob a cômoda, não volte.

*

Livros e cigarros
Tribune, 8 de fevereiro de 1946

Há uns dois anos, um amigo meu, editor de jornal, estava pesquisando possíveis incêndios provocados por bombas junto com alguns operários fabris. Eles acharam de falar sobre o jornal dele, que a maioria lia e aprovava, mas, quando ele lhes perguntou o que achavam da seção literária, a resposta que obteve foi: "Você não acha que lemos aquele negócio, não é? Ora, a metade do tempo vocês falam sobre livros que custam doze xelins e seis pence! Caras como nós não podem gastar doze xelins e seis pence num livro". Meu amigo me disse que eram homens que não viam problema em gastar várias libras numa excursão de um dia a Blackpool.

Essa ideia de que comprar ou mesmo ler livros é um hobby caro e fora do alcance da pessoa média é tão disseminada que merece um exame detalhado. É difícil estimar com exatidão quanto custa ler, calculado em termos de pence por hora, mas dei um primeiro passo ao fazer um inventário de meus livros e somar o preço total. Após levar em conta várias outras despesas, posso fazer uma estimativa bem razoável sobre meus gastos nos últimos quinze anos.

Os livros que contei e de que calculei o preço são os que tenho aqui, em meu apartamento. Possuo uma quantidade mais ou menos igual guardada em outro lugar, de tal modo que devo dobrar o número final para chegar à quantia total. Não contei curiosidades como provas de livros, volumes estragados, edições com capa barata, panfletos ou revistas, exceto se encadernadas em forma de livro. Tampouco contei velhos livros escolares e coisas do tipo que se acumulam no fundo de armários. Levei em conta somente os livros que adquiri ou teria adquirido voluntariamente e que pretendo conservar. Nessa categoria, descobri que tenho 442 livros, obtidos da seguinte forma:

Comprados (a maioria de segunda mão)............ 251
Ganhos ou comprados com cupons................ 33
Exemplares para resenhas ou de cortesia........... 143
Tomados emprestados e não devolvidos............ 10
Sob empréstimo temporário...................... 5

TOTAL... 442

Agora, vejamos o método de atribuir preços. Os livros que comprei, listei com o preço total, o mais próximo que pude determinar. Listei também com preço total os livros que ganhei, os que tomei emprestado temporariamente, ou que tomei emprestado e não devolvi. Isso porque os livros de presente, emprestados e roubados mais ou menos se equivalem. Possuo livros que, a rigor, não me pertencem, mas muitas outras pessoas também têm livros meus: assim, os livros pelos quais não paguei podem ser tomados como compensação pelos livros que paguei, mas que não possuo mais. Por outro lado, atribuí a metade do preço para os livros de resenha ou cortesia. É mais ou menos o que eu pagaria por eles em segunda mão e, em sua maioria, são livros que eu só compraria de segunda mão, se comprasse. Em relação aos preços, tive às vezes que apelar para a adivinhação, mas meus números não são despropositados. Os custos foram os seguintes:

	£ (libras)	s. (xelins)	d. (pence)
comprados	36	9	0
presentes	10	10	0
exemplares de resenha etc.	25	11	9
	£	s.	d.
emprestados e não devolvidos	4	16	9
sob empréstimo	3	10	0
prateleiras	2	0	0
TOTAL	82	17	6

Somando com o outro lote de livros que tenho em outro lugar, parece que possuo um total de quase novecentos livros, ao custo de £165 15s. Trata-se de um acúmulo de cerca de quinze anos — na verdade, mais, pois alguns desses livros datam de minha infância, mas deixemos por quinze anos. Isso equivale a £11 1s. por ano, mas há outras despesas que devem ser acrescentadas para estimar meus gastos totais com leitura. A maior delas é com jornais e revistas, e, para isso, penso que £8 por ano seria um número razoável. Oito libras por ano cobrem os custos de dois jornais matutinos, um vespertino, dois dominicais, uma revista semanal e uma ou duas mensais. Isso eleva os gastos para £19 1s., mas, para chegar ao grande total, é preciso dar um palpite. Obviamente, gastamos muitas vezes dinheiro em livros sem ter nada para mostrar depois. Há as assinaturas de bibliotecas e também aqueles livros, sobretudo edições da Penguin e outras igualmente baratas, que compramos e depois perdemos ou jogamos fora. Porém, com base em meus outros cálculos, parece que £6 por ano seria um número razoável para acrescentar com gastos desse tipo. Assim, minha despesa total com leitura nos últimos quinze anos andou pela casa das £25 por ano.

Vinte e cinco libras parecem muito até começarmos a comparar com outros tipos de gastos. São quase 9s. 9d. por semana e, no momento, essa quantia equivale a mais ou menos 83 cigarros (Players); mesmo antes da guerra, ela compraria menos de duzentos cigarros. Com os preços de hoje, gasto muito mais em fumo do que em livros. Eu fumo seis onças por semana, a meia coroa a onça,[1] o que dá quase £40 por ano. Antes da guerra, quando a onça do mesmo fumo custava 8d., eu gastava mais de £10 por ano nisso; e se eu incluísse uma média de meio litro de cerveja por dia, a 6d., esses dois itens juntos terão me custado perto de £20 por ano. Isso não estava provavelmente acima da média nacional. Em 1938, os habitantes deste país gastaram quase £10 per capita por ano em bebidas alcoólicas e tabaco; porém, como 20% da população era composta por crianças abaixo de quinze anos e outros 40% eram mulheres, o fumante e bebedor médio deve ter gastado muito mais do que £10. Em 1944, o gasto anual per capita nesses itens não era menor que £23. Levando-se em conta mulheres e crianças, £40 é uma quantia individual razoável. Quarenta libras por ano pagariam exatamente por um maço de Woodbines todos os dias e uns 300 ml de cerveja preta suave seis dias por semana — uma cota não exatamente magnífica. Por certo, todos os preços estão agora inflacionados, inclusive o dos livros. Ainda assim, parece-me que o custo de ler, mesmo que você compre os livros em vez de tomá-los emprestado e adquira uma boa quantidade de periódicos, não equivale a mais do que o custo somado de fumar e beber.

É difícil estabelecer alguma relação entre o preço dos livros e o valor que se obtém deles. "Livros" inclui romances, poesia, livros escolares, obras de referência, tratados de sociologia e muito mais e tamanho e preço não correspondem um ao outro, sobretudo se comprarmos habitualmente livros usados. Podemos gastar dez xelins num poema de quinhentos versos e seis pence num dicionário que consultamos de vez em quando por um período de vinte anos. Há livros que lemos várias vezes, livros que passam a fazer parte dos acessórios de nossa mente e alteram nossa atitude em relação à vida, livros que folheamos, mas nunca lemos até o fim, livros que lemos de uma sentada e esquecemos uma semana depois, e o custo em termos de dinheiro pode ser o mesmo em cada caso. Mas se olharmos a leitura como simples recreação, como ir ao cinema, então é possível fazer uma estimativa aproximada do que ela custa. Se você ler somente romances e literatura "leve", e comprar todos os livros que lê, vai gastar — considerando o preço do livro oito xelins e quatro horas o tempo gasto para lê-lo — dois xelins por hora. Isso é mais ou menos o que custa um dos assentos mais caros no cinema. Se você se concentrar em livros mais sérios e também comprar tudo o que lê, seus gastos serão da mesma ordem. Os livros custarão mais caro, porém levarão mais tempo para ser lidos. Em ambos os casos, você ainda possui o livro depois de lê-lo e seria possível vendê-lo por um terço de seu valor de compra. Se você comprar apenas livros usados, suas despesas com leitura serão obviamente muito menores: talvez seis pence por hora seja uma estimativa justa. E, por outro lado, se você não comprar livros, mas somente tomá-los emprestado de uma biblioteca particular, os custos da leitura ficarão em torno de meio penny por hora; se tomar emprestado de uma biblioteca pública, isso não vai lhe custar praticamente nada.

Eu disse o suficiente para mostrar que a leitura é uma das recreações mais baratas: depois de ouvir rádio, provavelmente *a* mais barata. Enquanto isso, qual é verdadeira quantia que o público britânico gasta em livros? Não consigo descobrir qualquer número, embora eles certamente existam. Mas sei que, antes da guerra, este país publicava cerca de 15 mil livros por ano, incluindo reimpressões e livros escolares. Se cada livro vendesse 10 mil exemplares — e mesmo levando-se em conta os livros escolares, essa é uma estimativa provavelmente alta —, a pessoa média comprava, direta ou indiretamente, em torno de três livros por ano. Esses três livros juntos poderiam custar uma libra, ou talvez menos.

Esses números são conjecturas e eu ficaria interessado se alguém os corrigisse para mim. Mas se minha estimativa está mais ou menos certa, não é uma estatística de se orgulhar para um país que é quase 100% alfabetizado e onde o homem comum gasta mais em cigarros do que um camponês indiano tem para se sustentar. E se seu consumo de livros permanece baixo como era, ao menos admitamos que é porque a leitura é um passatempo menos excitante do que ir à corrida de cães, ao cinema ou ao pub, e não porque os livros, comprados ou tomados emprestados, sejam caros demais.

*

Algumas reflexões sobre o sapo comum

Antes da andorinha, antes do narciso e não muito depois do galanto, o sapo comum saúda a chegada da primavera à sua maneira, que é emergir de um buraco no solo, onde permaneceu enterrado desde o outono anterior, e rasteja até a mais próxima porção de água apropriada. Alguma coisa — algum tipo de tremor na terra, ou talvez uma pequena elevação da temperatura — lhe contou que está na hora de acordar, embora alguns sapos, ao que parece, durmam sem parar e de vez em quando percam um ano; seja como for, mais de uma vez eu os desenterrei, vivos e aparentemente saudáveis, no meio do verão.

Nesse período, depois de seu longo jejum, o sapo tem um aspecto muito espiritual, como um anglo-católico rígido perto do final da Quaresma. Seus movimentos são lânguidos, mas resolutos, seu corpo está encolhido e, por contraste, seus olhos parecem anormalmente grandes. Isso nos permite notar — o que talvez não víssemos em outra época — que o sapo talvez tenha o olho mais bonito do que qualquer criatura viva. É como ouro, ou mais exatamente, é como a pedra semipreciosa dourada que às vezes vemos em anéis com sinete e que acho que se chama crisoberilo.

Depois de entrar na água, o sapo se concentra durante alguns dias em aumentar sua força comendo pequenos insetos. Dentro em pouco, ele já inchou até seu tamanho normal de novo, e então passa por uma fase de intensa sexualidade. Tudo o que ele sabe, ao menos se é um sapo macho, é que quer pôr seus braços ao redor de alguma coisa, e se lhe oferecemos um graveto, ou até mesmo um dedo, ele se agarra nele com força surpreendente e demora um bom tempo para descobrir que não se trata de uma sapa. Com frequência, topamos com uma massa de dez ou vinte sapos rolando na água, ou agarrados uns aos outros sem distinção de sexo. Aos poucos, no entanto, eles se separam em casais, com o macho devidamente sentado nas costas da fêmea. Agora, é possível distinguir entre os dois, porque o macho é menor, mais escuro, e se instala nas costas, com os braços firmemente presos ao redor do pescoço da fêmea. Depois de um ou dois dias ocorre a desova em longas fieiras que serpenteiam entre os juncos e logo se tornam invisíveis. Poucas semanas depois, a água pulula de minúsculos girinos que crescem rapidamente, desenvolvem patas traseiras, depois dianteiras, e perdem as caudas. Por fim, por volta de meados do verão, a nova geração de sapos, menores do que a unha de um polegar, mas perfeitos em todos os detalhes, salta para fora da água e começa o jogo de novo.

Menciono a desova dos sapos porque é um dos fenômenos da primavera que mais profundamente me atraem, e porque o sapo, ao contrário da cotovia e da prímula, jamais ganhou muita força dos poetas. Mas estou consciente de que muita gente não gosta de répteis ou anfíbios e não estou sugerindo que para desfrutar da primavera seja preciso se interessar por sapos. Temos também o açafrão, o tordo, o cuco, o abrunheiro e outros. O importante é que os prazeres da primavera estão disponíveis a todos e não custam nada. Até mesmo na rua mais sórdida, a chegada da primavera se faz notar por um ou outro sinal, seja apenas por um azul mais claro entre as chaminés ou o verde vívido de um sabugueiro que brota num lugar devastado pela guerra. Com efeito, é notável como a Natureza continua a existir não oficialmente, por assim dizer, no centro de Londres. Vi um francelho voando sobre o gasômetro de Deptford e ouvi uma performance de primeira de um melro na Euston Road. Deve haver algumas centenas de milhares, se não milhões, de pássaros vivendo dentro de um raio de seis quilômetros, e é bastante agradável saber que nenhum deles paga nem meio vintém de aluguel.

No que diz respeito à primavera, nem mesmo as ruas estreitas e sombrias em torno do Banco da Inglaterra conseguem excluí-la. Ela se infiltra por toda parte, como um desses novos gases venenosos que passam por todos os filtros. Costuma-se chamar a primavera de "milagre", e nos últimos cinco ou seis anos essa figura de linguagem cediça ganhou vida nova. Depois do tipo de inverno que tivemos de suportar recentemente, a primavera parece de fato milagrosa, porque se tornou cada vez mais difícil acreditar que vai acontecer de fato. Desde 1940, a cada fevereiro, me vi pensando que dessa vez o inverno será permanente. Mas Perséfone, como os sapos, sempre se ergue dos mortos mais ou menos na mesma ocasião. De repente, perto do final de março, o milagre acontece e o bairro miserável e decadente em que vivo se transfigura. Lá na praça, os alfeneiros enfarruscados ficaram verdes e reluzentes, as folhas estão engrossando nas castanheiras, os narcisos nasceram, os goivos estão brotando, a túnica do policial tem positivamente um matiz agradável de azul, o peixeiro saúda seus fregueses com um sorriso e até os pardais apresentam uma cor bem diferente, tendo sentido a fragrância do ar e criado coragem para tomar um banho, o primeiro desde setembro passado.

É um pecado sentir prazer na primavera e em outras mudanças sazonais? Para dizer com mais exatidão, é politicamente repreensível, enquanto estamos todos gemendo — ou ao menos deveríamos estar gemendo — sob os grilhões do sistema capitalista, salientar que, com frequência, vale mais a pena viver por causa do canto de um melro, de um olmo amarelo em outubro, ou de algum outro fenômeno natural que não custa dinheiro e não tem aquilo que os editores de jornais de esquerda chamam de ângulo de classe? Não há dúvida de que muita gente pensa assim. Sei por experiência própria que uma referência favorável à "Natureza" em um de meus artigos está sujeita a me render cartas agressivas, e embora a palavra-chave dessas cartas em geral seja "sentimental", duas ideias parecem se misturar nelas. Uma é que qualquer prazer no processo concreto da vida estimula uma espécie de quietismo político. Dizem que as pessoas devem estar descontentes e é nossa função multiplicar nossas carências e não apenas aumentar nosso desfrute das coisas que já temos. A outra ideia é que estamos numa época de máquinas e que não gostar delas, ou até querer limitar sua soberania, é ser retrógrado, reacionário e levemente ridículo. Com frequência, essa ideia vem apoiada por uma declaração de que o amor à natureza é uma fraqueza de gente urbana que não tem noção de como a natureza é de fato. Aqueles que têm de lidar efetivamente com o solo, diz o argumento, não amam o solo e não têm o menor interesse em pássaros ou flores, a não ser de um ponto de vista estritamente utilitário. Para amar o campo, é preciso morar na cidade e dar apenas uma perambulada ocasional de fim de semana, na época mais quente do ano.

É possível demonstrar que essa última ideia é falsa. A literatura medieval, por exemplo, incluindo as baladas populares, está cheia de um entusiasmo quase georgiano pela Natureza, e a arte dos povos agrícolas, como os chineses e japoneses, está sempre centrada em torno de árvores, pássaros, flores, rios, montanhas. A outra ideia me parece errada de uma forma mais sutil. Com certeza, devemos estar descontentes, não devemos simplesmente encontrar maneiras de fazer o melhor de um emprego ruim, mas, se matarmos todo o prazer no processo concreto da vida, que espécie de futuro estamos preparando para nós mesmos? Se um homem não pode apreciar o retorno da primavera, por que deveria ficar feliz numa utopia que economizasse trabalho? O que ele fará com o lazer que a máquina lhe dará? Sempre suspeitei que se nossos problemas políticos e econômicos forem alguma vez efetivamente resolvidos, a vida se tornará mais simples, em vez de mais complexa, e que o tipo de prazer que obtemos ao descobrir a primeira prímula parecerá maior do que o tipo de prazer que obtemos tomando um sorvete ao som de um *jukebox*. Penso que ao reter o amor de nossa infância por coisas como árvores, peixes, borboletas e — para voltar ao meu primeiro exemplo — sapos, tornamos mais provável um futuro pacífico e decente, e que ao pregar a doutrina de que nada deve ser admirado, exceto aço e concreto, apenas tornamos mais certo que os seres humanos não terão escape para sua energia excedente, exceto no ódio e no culto ao líder.

De qualquer modo, a primavera chegou, até no centro de Londres, e eles não podem impedir você de desfrutá-la. Eis uma reflexão gratificante. Quantas vezes fiquei vendo os sapos se acasalarem, ou um par de lebres disputando uma luta de boxe no campo de trigo, e pensem em todas as pessoas importantes que me impediriam de apreciar isso se pudessem. Mas felizmente não podem. Enquanto você não estiver de fato doente, faminto, assustado ou enclausurado numa prisão ou num campo de férias, a primavera ainda será a primavera. As bombas atômicas estão se empilhando nas fábricas, a polícia está rondando pelas cidades, as mentiras jorram dos alto-falantes, mas a Terra ainda gira em torno do Sol, e nem os ditadores ou burocratas, por mais que desaprovem o processo, são capazes de impedi-lo.

*

Notas

(N. A.): nota do autor
(N. T.): nota do tradutor
(N. E.): nota do editor brasileiro
(N. E. I.): nota do editor inglês

PREFÁCIO [PP. 13-33]

1. Escrito pouco depois da morte do autor para ser uma apresentação do livro *Homage to Catalonia*, este ensaio de Lionel Trilling permanece como uma das mais importantes avaliações do legado de George Orwell. (N. E.)

2. Publicado no Brasil na coletânea *Lutando na Espanha*, São Paulo, Globo, 2006. (N. E.)

3. No original, "*Gods of the Copybook Maxims*", expressão extraída de um poema de Rudyard Kipling. Refere-se aos aforismos ou provérbios que ocupavam o cabeçalho das páginas dos cadernos de caligrafia ingleses do século XIX. (N. T.)

4. Ao examinar os arquivos de *The Nation* e de *The New Repub-*

lic para o período da luta em Barcelona, encontrei apenas uma contraposição séria à interpretação dos eventos que constituía a posição editorial de ambos os periódicos. Trata-se de uma longa carta enviada por Bertram Wolfe às colunas de correspondência de The Nation. Quando este ensaio foi publicado pela primeira vez, alguns de meus amigos me censuraram por parecer implicar que não houve intelectuais liberais ou radicais que não aceitaram as interpretações de The Nation e The New Republic. Existiram, de fato, esses intelectuais liberais ou radicais. Mas eram relativamente poucos e foram tratados com grande suspeição e até hostilidade pelos intelectuais liberais e radicais enquanto classe. Orwell fala dos intelectuais da esquerda na década de 1930 como uma classe, e eu o sigo nisso. (N. A.)

1 | Os dias são sempre iguais

UM DIA NA VIDA DE UM VAGABUNDO [PP. 37-45]

1. Ironicamente, alguns antigos albergues estão sendo convertidos agora em apartamentos luxuosos, por exemplo, em Marlborough. (N. E. I.)
2. O pseudônimo literário "George Orwell" foi usado pela primeira vez em janeiro de 1933 em *Na pior em Paris e Londres*. Não foi usado habitualmente para resenhas e artigos até dezembro de 1936. Durante grande parte do tempo que trabalhou na BBC (1941-3), Orwell era conhecido como Eric Blair. Na correspondência, ele tendia a assinar e ser chamado de Eric ou George, conforme fosse conhecido pelo correspondente por um ou outro nome. Às vezes, se uma secretária datilografava a carta, ele assinava Eric Blair acima do "George Orwell" datilografado. (N. E. I.)

O ALBERGUE [PP. 46-56]

1. No original, "*The spike*", termo de gíria para a parte das *workhouses* — asilos para pobres, onde eles trabalhavam por casa e comida — que recebia hóspedes apenas por uma noite. Daí a opção de traduzir por "albergue de passagem", ou simplesmente "albergue". (N. T.)

2. No original, "*tramp major*": funcionário encarregado da organização e disciplina nos albergues de passagem. (N. T.)

3. *Pew-renter*: aqueles que pagam para reservar seu assento nos bancos da igreja e, portanto, pertencem a uma classe social mais abastada do que o proletariado. (N. T.)

4. "E não resta nada de notável/ Sob a lua visitante"; reação de Cleópatra à morte de Antônio, *Antônio e Cleópatra*, 4.15.67-68. (N. E. I.)

DIÁRIO DA COLHEITA DE LÚPULO [PP. 57-84]

[Todas as notas são da edição inglesa, exceto quando marcadas com (N. A.) ou (N. T.).]

1. *Kip*: originalmente, um bordel; depois uma hospedaria comum (como aqui) e, por extensão, uma cama; hoje, uma soneca.

2. Por exemplo, o café Dick's em Billingsgate. O Dick's era um dos poucos lugares em que se podia conseguir uma xícara de chá por um penny, e havia lareiras lá, assim, qualquer um que tivesse um penny poderia se aquecer durante horas de manhã cedo. Acontece que na semana passada o LCC o fechou por motivos de higiene (N. A.). LCC era o London County Council [Conselho do Condado de Londres].

3. Covent Garden: na época de Orwell (e durante cerca de trezentos anos antes), o mercado central de frutas e legumes de Londres. O mercado foi transferido para Nine Elms, Battersea, em 1974.

4. St. Martin-in-the-Fields Church: fica de frente para o canto norte-leste da Trafalgar Square. Sua cripta proporcionava abrigo para os miseráveis. Ainda propicia abrigo hoje.

5. *Eugénie Grandet*: romance de Honoré de Balzac (1834) da série "Cenas da vida provinciana" de sua *Comédia humana*.

6. Albergue de passagem: no original, *spike*; ver primeira nota do texto de mesmo nome. (N. T.)

7. "A *voice so thrilling ... furthest 'Ebrides*": versão corrompida de uma estrofe do poema "O ceifador solitário", de Wordsworth: "*A voice so thrilling ne'er was heard/ In spring-time from the Cuckoo-bird,/ Breaking the silence of the seas/ Amongst the farthest Hebrides*" (1805). [Literalmente: "Uma voz tão emocionante nunca se ouviu/ Do cuco na primavera,/ Rompendo o silêncio dos mares/ Em meio às mais distantes Hébridas". (N. T.)]

8. Borstal: cidade de Kent que desenvolveu um sistema destinado a reformar jovens delinquentes por meio de punição, educação e formação profissional. Aplicado de forma mais ampla a uma série de instituições, foi abolido pela Lei de Justiça Criminal de 1982 e substituído por centros de custódia da juventude.

9. "Little Grey Home in the West": canção sentimental, composta em 1911, com letra de D. Eardley-Wilmot e música de Hermann Lohr, muito popular na Primeira Guerra Mundial na voz do barítono australiano Peter Dawson, cuja qualidade da voz facilmente superou as desvantagens da gravações acústicas e dos discos de goma-laca.

10. Um xelim e seis pence equivale a dezoito pence. Na moeda pré-métrica inglesa, uma libra esterlina (£1) se dividia em vinte xelins, e cada xelim em doze pence; assim, £1 = 240 pence. É difícil dar equivalentes exatos aos preços de hoje porque cada item varia consideravelmente. Porém, pode-se ter uma aproximação se os preços da década de 1930 forem multiplicados por quarenta para sugerir os valores atuais. Assim, seis xelins equivalem mais ou menos a doze libras de hoje. (N. T.)

11. Ver nota 2 do capítulo "O albergue".
12. Nomeados pelo governo do Partido Trabalhista. (N. A.)
13. Não: um pouco pior, na verdade. (N. A.)
14. Até hoje, não sei qual dos dois era. (N. A.)
15. O trecho entre X (ao menos, sua essência) foi usado em artigo publicado em The Nation. (N. A.) O segundo X está seis parágrafos adiante.
16. Ou suco de lúpulo, por mais engraçado que pareça. (N. A.)
17. Bushel: medida de capacidade equivalente a 36.367 litros. (N. T.)
18. Um quintal inglês (hundredweight) equivale a 50,80 quilos. (N. T.)
19. Andar: Orwell escreveu originalmente trabalhar [em inglês, work].
20. Nove xelins por semana cada um: dezoito libras em valores de hoje — muito menos do que os ganhos teóricos de trinta xelins (umas sessenta libras hoje) referidos anteriormente.
21. Refere-se a J. Lyons & Co., grande conglomerado de restaurantes, casas de chá, hotéis e indústrias alimentícias fundado em 1887. (N. T.)
22. Os nomes foram omitidos quando impressos pela primeira vez, em 1968.
23. Tia do sr. F.: a tia do falecido marido de Flora Finching em Pequena Dorrit, de Charles Dickens. Deixada aos cuidados de Flora, era conhecida simplesmente como "Tia do sr. F.". Caracteriza-se por sua "severidade extrema e taciturnidade sombria; às vezes interrompida por uma propensão a fazer observações com uma voz profunda de advertência que, sendo totalmente não solicitada por qualquer coisa dita por alguém e não atribuível a alguma associação de ideias, confundia e aterrorizava a mente".
24. George Belcher (1875-1947), membro da Academia Real, autor dos livros de desenhos Characters (1922), Taken from life (1929) e Potted char (1933).

25. Os lavadores de pratos de Paris: Orwell trabalhou como lavador de pratos (*plongeur*) em 1929; ver *Na pior em Paris e Londres*, publicado em 1933 [ed. brasileira, São Paulo, Companhia das Letras, 2006], dois anos depois de sua experiência na colheita de lúpulo.

26. *The golden bough: A study in magic and religion*, 2 volumes, 1890; 12 volumes, 1906-15, de sir James George Frazer (1854-1941) [ed. brasileira *O ramo de ouro*, Rio de Janeiro, Guanabara, 1982].

27. Domingo Sangrento: ocorreu em Londres, em 13 de novembro de 1887 (não 1888). Cerca de 10 mil manifestantes marcharam até a Trafalgar Square, onde alguns oradores (entre eles George Bernard Shaw) deveriam falar. Eles protestavam contra as condições na Irlanda e exigiam a libertação da prisão de William O'Brien, membro do Parlamento. Foram reprimidos por cerca de 2 mil policiais e quatrocentos soldados (embora estes últimos não tenham apelado para o uso de suas baionetas ou rifles).

28. Billingsgate: O Mercado de Peixe Billingsgate (Trafalgar Way, Londres, E14) tem mais de cinquenta comerciantes que vendem principalmente peixe, mas vendem-se também frangos e outros produtos (por exemplo, batatas).

29. A *get*: presumivelmente o desdenhoso "*git*", como em "*you git*", "seu idiota ignorante". Comparar com o "*gyte*" dos escoceses (pronunciado "*git*"), antigamente usado para uma criança. (N. E. I.)

30. Esqueci de mencionar que esses maçaricos são alugados aos arrombadores. Ginger disse que havia pagado três libras e dez xelins por uma noite de uso de um deles. O mesmo acontece com outras ferramentas de arrombadores de tipo mais complexo. Para abrir uma fechadura com segredo, os arrombadores de cofres mais espertos usam um estetoscópio. (N. A.)

EM CANA [PP. 85-96]

1. No original, *clink*, termo de gíria para prisão, derivado do

nome de uma antiga prisão de Southwark, subúrbio de Londres, que datava do século xvi. (N. T.)

2. *Yank Mags*: revistas de histórias de aventuras importadas dos Estados Unidos. (N. T.)

3. Literalmente: "O detetive Smith sabe como provocar;/ Digam-lhe que ele é minha cadela". (N. T.)

4. Canção natalina de autoria muito controvertida; alguns a atribuem ao rei português João iv. (N. T.)

5. Mercado de carnes no centro de Londres. (N. T.)

6. Literalmente: "Filar, filar, fila filar,/ sou um demônio perfeito nisso;/ filo eles aqui, filo eles lá,/ filo eles em qualquer lugar...". (N. T.)

7. Lorde Kylsant (1863-1937), deputado conservador, presidente da Royal Mail Steam Package Company, e com grandes interesses na construção naval, foi condenado a doze meses de prisão em 1931 por distribuir um folheto falso. Sua culpa pessoal nunca ficou perfeitamente clara para o público. (N. E. I.)

8. Seu quarto na Windsor Street, 2, Paddington, perto de St. Mary's Hospital. A casa foi demolida. (N. E. I.)

como morrem os pobres [pp. 97-110]

1. Os registros de entrada do Hôpital Cochin mostram que Orwell foi internado na Salle Lancereaux "*pour une grippe*" em 7 de março de 1929 e recebeu alta em 22 de março. Este ensaio, portanto, embora baseado na experiência, não é rigorosamente autobiográfico. (Informação fornecida a Sonia Orwell pelo *directeur-adjoint*, Hôpital Cochin, 25 de novembro de 1971.) (N. E. I.)

2. Orwell estava evidentemente muito doente, com uma forte gripe, em vez de pneumonia, e o mês era março, não fevereiro. Se Orwell estivesse com pneumonia, dificilmente teria se recuperado em duas semanas com o tratamento que descreve — se é que de

fato se recuperou. O ensaio, tal como indicado na nota anterior, é um relato mais literário que documental. (N. E. I.)

3. Sarah Gamp, personagem do romance *The life and adventures of Martin Chuzzlewit* [A vida e as aventuras de Martin Chuzzlewit], de Charles Dickens, é uma enfermeira alcoólatra. (N. T.)

4. Médicos personagens de *As aventuras do sr. Pickwick*, de Charles Dickens, que falam friamente dos eventos de sua profissão. (N. T.)

5. Literalmente: Retalhador, Trinchador, Serrador, Enchecova. (N. T.)

6. "In the Children's Hospital: Emmie", de Tennyson, foi publicado em 1880. (N. E. I.)

2 | A insinceridade é inimiga da linguagem clara

EM DEFESA DO ROMANCE [PP. 113-21]

1. Hilaire Belloc (1870-1953), ensaísta, crítico e poeta naturalizado inglês. (N. T.)

2. Pseudônimo de alguns autores que escreviam a coluna "By the Way", do *Daily Express*. (N. T.)

3. Best-seller de Margaret Kennedy publicado em 1924. (N. T.)

4. Ethel M. Dell (1881-1939) foi autora de romances populares de grande sucesso; *The man of property* é o primeiro volume da *Saga dos Forsyte* de John Galsworthy (1867-1933), prêmio Nobel de Literatura de 1932. (N. T.)

5. Paródia de *Sic itur ad astra*, "Assim se vai às estrelas", verso de Virgílio (*Eneida*, livro IX, verso 64). Gould é provavelmente uma referência a Gerald Gould (1885-1936), poeta e resenhista de jornais importantes e que, como leitor da editora de Victor Gollancz, esteve envolvido na publicação dos primeiros livros de Orwell. (N. T.)

6. Nomes de duas revistas literárias inglesas de grande prestígio (*Criterion* foi fundada por T.S. Eliot). (N. T.)

7. O romancista, biógrafo e jornalista Ralph Straus (1882-1950) escrevia resenhas para revistas fúteis. (N. T.)

8. *Peg's Paper* (1919-40), revista feminina para adolescentes da classe trabalhadora. (N. T.)

9. Espetáculo popular tradicional de fantoches, com raízes na *commedia dell'arte* do século XVI. (N. T.)

A POESIA E O MICROFONE [PP. 122-32]

1. Forma fixa de poema humorístico de cinco versos. (N. T.)

2. Sir Alan Patrick Herbert (1890-1971) e Ian Hay, pseudônimo do major John Hay Baith (1876-1952), foram escritores populares na Inglaterra na primeira metade do século XX. (N. T.)

3. O filósofo Cyril Edwin Mitchinson Joad (1891-1953) ficou famoso por popularizar a filosofia pelo rádio; caiu em desgraça ao ser preso por viajar de trem sem pagar a passagem. (N. T.)

PROPAGANDA E DISCURSO POPULAR [PP. 133-41]

1. Wallington, perto de Beldock, Hertfordshire. (N. E. I.)

2. Army Bureau of Current Affairs e (Women's) Auxiliary Territorial Service, 1938-48. (N. E. I.)

3. Apesar disso, o Common Wealth Party adotou um slogan espantosamente fraco: "O que é moralmente errado não pode ser politicamente certo". (N. A.)

4. Do poema "Sweeney agonistes: Fragment of an agon". Orwell deve ter citado de memória, e a citação não está totalmente correta. O texto de Eliot diz [em tradução literal]: "Isto durou um par de

meses/ Ninguém veio/ E ninguém foi/ Mas ele pegou o leite e ele pagou o aluguel". (N. E. I.)

A POLÍTICA E A LÍNGUA INGLESA [PP. 142-58]

1. Uma ilustração interessante disso é o modo como os nomes de flor ingleses em uso até recentemente estão sendo expulsos pelos nomes gregos — *snapdragon* [boca-de-leão] passou a ser *antirrhinum* [antirrino], *forget-me-not* [não-me-esqueças] virou *myosotis* [miosótis] etc. É difícil ver alguma razão prática para essa mudança de moda: ela talvez se deva a um afastamento instintivo da palavra mais familiar e um vago sentimento de que a palavra grega é científica. (N. A.)
2. Exemplo: "A catolicidade de percepção e imagem de Comfort, estranhamente whitmaniana em alcance, quase o exato oposto em compulsão estética, continua a evocar aquela insinuação acumulativa atmosférica trêmula de uma intemporalidade inexoravelmente serena [...] Wrey Gardiner acerta ao mirar simples centros de alvo com precisão. Mas só que eles não são tão simples, e através dessa tristeza contente corre mais do que a superfície doce-amarga da resignação" (*Poetry Quarterly*). (N. A.)
3. É possível curar-se desse mal memorizando a seguinte frase: "*A not unblack dog was chasing a not unsmall rabbit across a not ungreen Field*" [um cão não não preto estava caçando um coelho não não pequeno num campo não não-verde]. (N. A.)

3 | A covardia intelectual é o pior inimigo

SEMANÁRIOS PARA MENINOS [PP. 165-97]

1. No original, as palavras estão grafadas de modo a sugerir o

lenço no nariz: *fluttah* em vez de *flutter*, *wufians* em vez de *rufians*, *feahfull*, em vez de *fearful* etc. etc. (N. T.)

2. Respectivamente, "vá se catar!", "que diabos!" e "seu asno *frabjous!*"; esta última palavra foi inventada por Lewis Carroll no poema "Jabberwocky" e seria uma mistura de fabuloso e jubiloso; foi traduzida por "fremular" por Augusto de Campos. (N. T.)

3. Referência a *Tom Brown schooldays*, famoso romance de Thomas Hughes (1822-96) publicado em 1857 que tem por cenário a escola de elite Rugby. (N. T.)

4. OTC: Officers Training Corps, treinamento para oficiais do Exército introduzido nas escolas públicas inglesas em 1907. (N. T.)

5. Coletânea de contos sobre a vida num internato inglês publicada por Rudyard Kipling em 1899. (N. T.)

6. Existem vários jornais para meninas. O *Schoolgirl* é o correspondente feminino do *Magnet* e tem histórias de "Hilda Richards". As personagens são até certo ponto intercambiáveis. Bessie Bunter, irmã de Billy Bunter, figura no *Schoolgirl*. (N. A.)

7. Chineses do distrito colonial britânico do estreito de Malaca, entre a Malásia e a Indonésia. (N. T.)

8. Lorde Peter Wimsey: detetive cavalheiresco e *bon vivant*, criado pela escritora Dorothy L. Sayers. (N. T.)

9. Air Raid Precautions: organização de defesa civil contra ataques aéreos criada em 1924. (N. T.)

10. Sapper e Ian Hay: escritores populares na Inglaterra na primeira metade do século XX. (N. T.)

11. William Berry, primeiro visconde de Camrose (1879-1954), barão da imprensa britânica e dono da Amalgamated Press. (N. T.)

A LIBERDADE DO PARQUE [PP. 198-202]

1. Sir Oswald Mosley (1896-1980) foi o fundador da União Britâ-

nica de Fascistas e promoveu manifestações racistas na década de 1930 que resultaram em violência nas ruas. (N. T.)
2. Partido Socialista da Grã-Bretanha, uma organização marxista sem relação com o Partido Trabalhista. (N. E. I.)

A PREVENÇÃO CONTRA A LITERATURA [PP. 203-20]

1. É justo dizer que as comemorações do PEN Club, que duraram uma semana ou mais, nem sempre se mantiveram nesse nível. Acontece que compareci num dia ruim. Mas um exame dos discursos (impressos sob o título de *Liberdade de expressão*) mostra que hoje quase ninguém é capaz de falar em favor da liberdade intelectual de forma tão inequívoca quanto Milton há trezentos anos — e isso apesar de ele escrever num período de guerra civil. (N. A.)

A LIBERDADE DE IMPRENSA [PP. 221-32]

1. *Tchetniks*: organização paramilitar nacionalista e monarquista sérvia de atuação controvertida durante a Segunda Guerra Mundial. (N. T.)
2. Harold Davidson (1875-1937), pároco de Stiffkey, foi acusado de se envolver sexualmente com prostitutas e expulso da Igreja Anglicana, apesar de protestar inocência. Foi morto por um leão de circo quando fazia o papel de Daniel pregando às feras. (N. T.)

5 | É melhor cozinhar batatas do que fritá-las

"TAMANHAS ERAM AS ALEGRIAS" [PP. 251-303]

[Todas as notas são da edição inglesa, exceto quando marcadas com (N. A.) ou (N. T.).]

1. No original, "*Such, such were the joys*", verso do poema "The echoing Green", de William Blake, que a mãe de Orwell lia para ele quando criança. (N. T.)

2. Parece que Orwell nunca foi surrado por urinar na cama; a pessoa que o foi, Bobby Foote, se tornou um soldado muito ilustre que ganhou a Victoria Cross, a mais alta condecoração militar britânica.

3. São Cipriano era uma escola preparatória (equivalente ao ensino fundamental) para a *public school* [escola de elite] que, na Inglaterra, são escolas de ensino médio particulares mantidas por doações. (N. T.)

4. John Raphael Wentworth Savile, visconde Pollington (1906-80) sucedeu a seu pai como sétimo conde de Mexborough, 1945. Sua educação continuou em Downside e Cambridge. Serviu no Corpo de Inteligência e esteve na Índia em 1941-5. Cyril Connolly fez anotações em seus exemplares de *The Orwell reader* (introdução de R. H. Rovere; Nova York, 1956) e de *Colected essays, journalism and letters of George Orwell* (org. Sonia Orwell e Ian Angus, 4. vols. 1968; Penguin, 1970, doravante CEJL), em que "Tamanhas eram as alegrias" foi publicado em 1956 e 1968. Esse nome (com grafia errada) é uma dessas anotações.

5. Os *parlour boarders* de um internato eram alunos que moravam com a família que dirigia a escola e tinham privilégios não compartilhados com os menos favorecidos. O termo data de 1777 e era comum no século XIX.

6. Connolly anotou isto em *The Orwell reader*: "Isso era um 'extra' pelo qual eles pagavam, inclusive eu. Leite e biscoitos eram 'medicinais'".

7. No manuscrito datilografado do ensaio está Clive [da Índia], e Clive aparece em algumas edições. Porém Orwell riscou esse nome e escreveu Hastings. Connolly anotou contra Clive em *The Orwell reader*: "Warren Hastings".

8. Literalmente: "Uma negra preta era minha tia: lá está a casa dela atrás do celeiro". (N. T.)

9. Em março de 1943, Orwell pediu a T. S. Eliot que falasse no rádio para a Índia sobre uma peça de Dryden que chamou erroneamente de *The Indian empress*. Depois, deu-se conta de que queria dizer *The Indian emperor*, que era uma continuação de *The Indian queen* (representada em 1664 e 1665). Porém, o erro de Orwell era mais grave. Ele achava que *The Indian emperor* se passava na Índia, mas depois se deu conta de que era no México. Perguntou então a Eliot se ele poderia ligar sua palestra à Índia "simplesmente mencionando, ainda que numa única frase, que Dryden escreveu uma peça sobre Aurungzib, ou seja lá como se escreve". *Aureng-Zebe*, a última peça de Dryden em verso, foi representada em 1675. Baseava-se muito frouxamente em eventos da época na Índia. Aurangzeb herdou o império mogol de seu pai, o xá Jahan, depois de matar os irmãos.

10. "1773... Boston!" foi acrescentado por Orwell posteriormente: é uma inserção entre as linhas feita à mão.

11. Connolly anotou em *The Orwell reader*: "ver dr. J". O dr. Samuel Johnson, quando Boswell lhe perguntou "como adquirira um conhecimento tão preciso de latim [...], disse, 'meu professor me açoitava muito bem. Sem isso, eu não teria feito nada'" (*The life of Samuel Johnson*, "His school days"); Orwell tinha um exemplar desse livro.

12. O texto datilografado de Orwell traz Knowles, mas, em *The Orwell reader* e CEJL, consta Batchelor. Connolly anotou em ambos os textos "Knowles".

13. Birling Gap fica perto da praia, numa estrada secundária a oeste de Eastbourne.

14. Ian Hay é mencionado em "A poesia e o microfone". Orwell escreveu sobre ou foi influenciado por Thackeray, Kipling e Wells. Quando menino, ele leu *Uma utopia moderna* (1905), de Wells, e ficou tão ligado no romance que o pai de sua amiga de infância Ja-

cintha Buddicom lhe deu um exemplar. Ela relembrou que quando Orwell tinha entre onze e treze anos disse-lhe que escreveria um livro como aquele, um momento precoce da gênese de 1984.

15. Orwell escreveu uma resenha de *Cricket country*, de Edmund Blunden.

16. Em *The Orwell reader* e CEJL, o nome de Sillar aparece como Brown. Connolly anotou em CEJL "Siller" (com "e"). Trata-se de Robert L. Sillar. Ele ensinava geografia e desenho e levava os meninos em excursões escolares de estudo da natureza, das quais Orwell gostava muito.

17. Dotheboys Hall: terrível internato fictício do romance *Nicholas Nickleby*, de Charles Dickens. (N. T.)

18. "*Draughty*" (ventoso) foi datilografado como "*dreadful*" [horrível]. Foi corrigido por Orwell com traço um pouco vacilante, talvez quando fez a revisão final no hospital Hairmyres, em Glasgow.

19. Ao lado de "*prongs*" [dentes] Orwell escreveu com mão indecisa "*tines?*" [pontas].

20. Erewhonianos são os habitantes de Erewhon, lugar imaginário criado pelo romancista Samuel Butler (1835-1902) onde a doença é crime e o crime é considerado uma doença. (N. T.)

21. Embora Stansky e Abrahams tenham repetido a afirmação de Connolly de que ele e Orwell ganharam ambos o Prêmio de História Harrow (*Unknown Orwell*, 72), Robert Pearce mostrou que nenhum dos dois ganhou. Ver seu artigo "Orwell and the Harrow History Prize", *Notes and Queries*, vol. 235 (dezembro 1990), 442.

22. "*Servile*" foi datilografado "*senile*", mas corrigido à mão por Orwell.

23. Connolly anotou ao lado disso "Pacheco".

24. *The Orwell reader* e CEJL trazem Horne. Connolly anotou em CEJL "Hardcastle".

25. Connolly anotou em ambos os volumes "Loseby". Trata-se do capitão Charles Edgar Loseby (1881-1970), membro do Parla-

mento, diretor de escola e depois advogado. Foi ferido em Cambrai e condecorado com a Cruz Militar em 1917. Tornou-se membro do Parlamento pela Coalizão Nacional Democrática e Trabalhista (1918-22) e foi advogado em Hong Kong a partir de 1945, até se aposentar.

26. "Acreditei" é uma inserção feita no manuscrito datilografado com caligrafia diferente da de Orwell.

27. Mateus, 18:6.

28. Orwell inseriu "física" depois de "própria" e mais tarde riscou muito essa palavra.

29. "Interno" [home] é uma inserção com a caligrafia de Orwell.

30. "*Knut*" é uma variante de "*nut*" (talvez uma gíria para cabeça) e com um "K", data de 1911. Refere-se a um homem elegante e cosmopolita.

31. *Chocs* e *cigs*: chocolates e cigarros; *ripping*, *topping*: excelente; *heavenly*: muito bonito ou agradável; *divvy*: partilhado; *scrumptious*: supimpa; Troc: Trocadero. (N. T.)

32. Connolly anotou em CEJL, ao lado desta linha, "Kirkpatricks".

33. "*Twelfth*": 12 de agosto, primeiro dia da temporada de caça ao galo silvestre.

34. Caim: primeiro filho de Adão e Eva e o primeiro assassino (de seu irmão Abel; Gênese 4:1 e 8, e I João 3:12); Jezebel, esposa de Acab, rei de Israel, que o levou a cultuar deuses pagãos (I Reis 16:31), que matou os profetas (I Reis 18:4 e 21:7-13) e foi morta ao ser jogada por uma janela (II Reis 9:33); Aman, o Agagita: "o opressor dos judeus" (Ester 8:1), de início preferido, mas depois enforcado pelo rei Assuero, que reinou da Índia à Etiópia (Ester 8:7); o Agag, rei de Amalec: poupado pelo rei Saul, mas, quando depois se apresentou a Samuel "cheio de alegria", foi cortado em pedaços por Samuel porque "tua espada privou as mulheres de seus filhos; agora, é tua mãe que será uma mulher sem filho" (I Samuel 15:32-

33); Sisara: capitão do exército de Canaã, morto enquanto dormia com um prego enfiado em sua cabeça por Jael, esposa de Heber, (Juízes 4:2-21). Ananias: quando acusado por Pedro de mentir aos homens e a Deus, caiu morto (Atos 5:1-5); Caifás: alto sacerdote que condenou Cristo por blasfêmia (Mateus 26:57-66); Judas Iscariotes: o apóstolo que traiu Cristo com um beijo por trinta moedas de prata e depois se enforcou (Mateus 26:47-49 e 273-75); Pôncio Pilatos: governador romano da Judeia que condenou Cristo à crucificação, mas lavou suas mãos declarando "sou inocente do sangue dessa pessoa justa" (Mateus 27:14). Em 1946, Orwell sugeriu que prepararia um script para a BBC defendendo Pilatos, mas não chegou a escrevê-lo.

35. Do poema de George Meredith "The woods of Westermain", publicado em *Poems and lyrics of the joy of Earth*, 1883.

36. Em *The Orwell reader* e CEJL está impresso Johnny Hale; Connolly anotou em CEJL: "Clifford Burton".

37. Orwell frequentou o Wellington College durante nove semanas do primeiro trimestre de 1917. Entrou para o Eton College em maio de 1917 como King Scholar (bolsista do rei). Bernard Crick, em *George Orwell: A life* (3ª ed., 1992, p. 96), observa: "Ele não gostou nada de Wellington. Achou abominável o espírito militarista dessa famosa escola do Exército".

38. Henley-on-Thames, onde a família morou em 1904-12 e 1915-7. Os pais de Orwell estavam então em casa, mas em 13 de setembro de 1917 seu pai recebeu a patente de segundo-tenente e foi designado para a 51ª Companhia Pioneira Indiana, em Marselha. Ele tinha fama de ser o segundo-tenente mais velho do Exército. Sua mãe mudou-se então para Londres para trabalhar no Ministério das Pensões.

39. O incêndio da escola foi em maio de 1939. Houve uma vítima, a criada de dezesseis anos Winifred Higgs. A escola não foi reconstruída, mas a casa do diretor ainda existe e uma placa contém

os nomes de cinco de seus alunos que depois ficaram famosos: sir Cecil Beaton, fotógrafo e designer; Cyril Connolly, escritor e jornalista; Henry C. Longhurst, jornalista e membro do Parlamento; Gavin Maxwell, naturalista e escritor; e George Orwell.

INGLATERRA, NOSSA INGLATERRA [PP. 304-34]

[Todas as notas são da edição inglesa, exceto quando marcadas com (N. A.) ou (N. T.).]

1. O Expurgo de Junho, ou Noite dos Longos Punhais, levou à execução, sem julgamento, de Ernst Röhm, amigo íntimo de Hitler e chefe da SA (Sturmabteilung, os Camisas Pardas), e de 73 nazistas importantes, além de muitos outros, instigada inicialmente por Göring e Himmler e depois por Hitler, em junho de 1934. A intenção era cortar o poder da SA e conquistar o apoio do Exército.

2. O título de Orwell especifica a Inglaterra. Aqui, ele parece confundir a população da Inglaterra com a do Reino Unido. O censo de 1931 mostrou que a população da Inglaterra e do País de Gales era de 39.950.000; a da Escócia, 4.843.000; e a da Irlanda do Norte foi estimada em 1.243.000: um total de 46.038.000. A população da Inglaterra e do País de Gales juntos só chegou a 46 milhões no censo de 1961. Mas veja a seção III do texto de Orwell, parágrafos 1 e 2.

3. Hitler disse dele mesmo: "Eu sigo o caminho que a Providência dita com a segurança de um sonâmbulo" (discurso em Munique, 15 de março de 1936, depois que a Alemanha reocupou a Renânia; Alan Bullock, *Hitler: A study in tiranny* (Penguin, 1962), cap. 7, seção I, 375).

4. Por exemplo: "Não quero entrar para a droga do Exército,/ Não quero ir para a guerra;/ Não quero mais vagar,/ Prefiro ficar no lar/ Vivendo dos ganhos de uma puta". Mas não foi com esse espírito que eles lutaram. (N. A.)

5. Orwell não está inteiramente correto. Ele não leva em conta, por exemplo, "A ballad of Waterloo", de Thomas Hood (1799-1845), um poema sarcástico em palavras e ilustração. Byron escreveu um poema notável, "The Eve of Waterloo", incluído em antologias.

6. Orwell refere-se indiretamente ao poema de Charles Wolfe (1791-1823) "The burial of sir John Moore after Corunna", presente em muitas antologias e frequentemente indicado para leitura de colegiais nas primeiras décadas do século xx.

7. "The charge of the Light Brigade" (1855), de Alfred Tennyson (1809-92). Na batalha de Balaclava (26 de setembro de 1854), na Guerra da Crimeia, essa carga mal direcionada levou à morte de 247 dos 673 soldados que dela participaram.

8. Após a queda da França para a Alemanha, em 1940, estabeleceu-se um governo francês sob o comando do marechal Pétain, em Vichy. Esse regime obedecia ao princípio (como diz Orwell mais adiante) de ter "o dever de lealdade com nossos conquistadores".

9. Orwell escreveu resenhas sobre ambos os livros.

10. Tema familiar, especialmente depois da publicação do romance *Sybil, or the two nations* (1845), de Benjamin Disraeli.

11. Orwell refere-se à reação à intervenção britânica (e aliada) na Rússia após a Revolução de Outubro de 1917. Fizeram-se tentativas de apoiar forças antibolcheviques (os "Brancos"), mas foram mal dirigidas. Uma força britânica enviada a Vladivostock, comandada pelo coronel Ward, representante trabalhista de Stoke no Parlamento, era tão inadequada para a tarefa que foi ridicularizada com o epíteto de "Batalhão da Hérnia" (Orlando Figes, A *people's tragedy* (1996), 573-75, 651). Uma indicação da impopularidade dessa intervenção foram os diversos conflitos e até motins na Marinha Real que afetaram as operações no mar Negro, no Báltico e no norte da Rússia. Por exemplo, o Sexto Batalhão de Fuzileiros Reais se recusou a avançar e abandonou suas armas; 87 homens foram submetidos à corte marcial; treze foram condenados à morte (co-

mutada para cinco anos de trabalhos forçados) e 71 a trabalhos forçados de dois a cinco anos (comutados para seis meses). Em Sheerness e Devonport, marinheiros se recusaram a navegar, em parte por não receberem abono de guerra (assim como os soldados), apesar da morte de 127 homens, e em parte devido à impopularidade da guerra contra os bolcheviques. Tropas britânicas em Reval, marinheiros franceses em Odessa e soldados e marinheiros americanos em Archangel também se recusaram a cumprir o dever. Para mais detalhes e fontes, ver Anthony Carew, *The lower deck of the Royal Navy, 1900-39* (1981), 110-13 e 238.

12. É verdade que ela os ajudou até certo ponto com dinheiro. Mesmo assim, a quantia levantada para vários fundos de ajuda à Espanha não equivale a cinco por cento da quantidade de dinheiro movimentada nas loterias esportivas no mesmo período. (N. A.)

13. William Richard Morris (1877-1953, visconde de Nuffield) foi o responsável, em grande medida, pela criação de uma indústria automobilística em Cowley, Oxford, após o sucesso de seu carro Morris-Oxford, em 1913. Ele dedicou grande parte de sua riqueza à filantropia.

14. O barão Montagu Norman (1871-1950) foi presidente do Banco da Inglaterra (1920-44). Foi condecorado por serviços na Guerra dos Bôeres. No ensaio "Looking back on the Spanish war", Orwell explica por que o situa entre os que apoiaram o fascismo.

15. Anthony Eden (1897-1977, conde de Avon em 1961), político conservador, secretário do Exterior (1935-8), renunciou em protesto contra a política de contemporização de Chamberlain. Em 1940, tornou-se secretário de Estado para a Guerra e depois secretário do Exterior até 1945, além de primeiro-ministro (1955-7), mas renunciou após o envolvimento desastroso da Grã-Bretanha na zona do canal de Suez, em 1956. Os Voluntários da Defesa Local foram depois rebatizados de Guarda Interna.

16. Pierre Laval (1883-1945) foi ministro francês de Obras Públi-

cas, da Justiça, do Trabalho, das Colônias e Relações Exteriores e primeiro-ministro (1931-2, 1935-6). Deixou o Partido Socialista em 1920 e passou para a extrema direita. Em 7 de janeiro de 1935, no posto de ministro do Exterior, assinou um acordo com Mussolini em que apoiava as reivindicações italianas à Abissínia (Etiópia). Após a queda da França, tornou-se membro proeminente do governo de Vichy e forneceu mão de obra francesa para a produção de guerra alemã. Seu nome passou a ser sinônimo de colaboração traidora. Depois da guerra, tentou suicidar-se, mas foi julgado e executado. Vidkun Quisling (1887-1945), o fascista norueguês que chefiou o governo títere da Noruega, foi executado por traição. Seu nome tornou-se sinônimo de colaboracionista.

17. Juízes, 16:9.

18. Em 6 de outubro de 1931, após a desvalorização da libra e o motim da Frota do Atlântico em Invergordon em setembro, o governo trabalhista convocou eleições gerais para 27 de outubro. O Partido Trabalhista sofreu uma derrota decisiva e o número de seus representantes na Câmara dos Comuns caiu de 288 para 52. Um Governo Nacional assumiu o poder, com o líder trabalhista Ramsay MacDonald (1866-1937) no posto de primeiro-ministro, mas com a maior parte de seu partido na oposição.

19. A história dos porcos de Gérasa é contada em três Evangelhos: Mateus, Marcos e Lucas. Jesus expulsa um espírito imundo, que disse que seu nome é Legião, "porque somos muitos", de um homem possuído que encontrou saindo do cemitério. Os espíritos "entraram nos porcos" e a manada "precipitou-se no mar" (da Galileia), onde se afogaram todos (Marcos 5:2).

20. Neville Chamberlain (1869-1940) foi várias vezes ministro conservador, inclusive das Finanças. Tornou-se primeiro-ministro em 1937; esteve associado à contemporização com Hitler e foi muito criticado por isso. Iniciou o rearmamento britânico depois do Acordo de Munique. Renunciou após o fracasso da campanha

na Noruega, em abril de 1940, mas depois participou do gabinete do novo primeiro-ministro, Winston Churchill.

21. Em setembro de 1938, os Sudetos germânicos, na região fronteiriça da Tchecoslováquia com a Alemanha, exigiram reunificação com a Alemanha. Os tchecos resistiram, mas os governos francês e britânico os instaram a ceder. Hitler convocou uma conferência em Munique à qual compareceram representantes tchecos, franceses e britânicos, Chamberlain sendo um deles. Em consequência do Acordo de Munique, os tchecos foram forçados a ceder e a guerra foi temporariamente evitada.

22. Metade dos trechos resumidos por Orwell para seu Diário dos eventos que levaram à guerra foi extraída do *Daily Telegraph*.

23. Orwell refere-se ao discurso de John Gaunt em *Ricardo* II, em que ele faz o elogio da Inglaterra, a qual descreve como uma "pedra preciosa incrustada no mar prateado" (II.i.46).

24. A Lei de Reforma de 1832 aboliu distritos "podres" e possibilitou uma representação maior e mais bem distribuída. No principal, ela beneficiou a classe média, mas foi o início de reformas mais completas. Mas o voto secreto só viria quarenta anos depois.

25. Lorde Halifax (1881-1959), Edward Frederick Londley Wood (lorde Irwin, 1925; terceiro visconde de Halifax, 1934; conde de Halifax, 1944) foi um político conservador; vice-rei da Índia (1926-31); secretário do Exterior (1938-40). Os representantes do Partido Trabalhista disseram a R. A. Butler que prefeririam Halifax para suceder a Chamberlain no cargo de primeiro-ministro, mas que o partido aceitaria Churchill. Por designação deste último, foi embaixador nos Estados Unidos, 1941-6.

26. Stanley Baldwin (1867-1947, conde Baldwin, 1937) foi primeiro-ministro conservador três vezes (1923-4, 1924-9 e 1935-7). Negociou com sucesso a crise causada pela abdicação do rei Eduardo VIII, mas costuma ser acusado pelo fato de a Grã-Bretanha não ter se preparado adequadamente para a Segunda Guerra Mundial.

27. Revistas da alta sociedade; *Tatler* foi fundada em 1901 e fundida com a *Bystander* (fundada em 1903) em novembro de 1940.

28. Sir John Simon (1873-1954; visconde Simon, 1940) entrou no Parlamento como liberal em 1906 e foi importante para a formação do Partido Liberal Nacional em 1931; secretário do Exterior (1931-5); secretário do Interior (1935-7); ministro das Finanças (1937-40); presidente da Câmara dos Pares (1940-5). Procurou evitar envolvimentos no continente europeu. Sir Samuel Hoare (1880-1959; visconde Templewood, 1944). Conservador; secretário do Exterior de junho a dezembro de 1935, renunciou devido à oposição aos seus planos para resolver a crise da Abissínia. Em junho de 1936, tornou-se ministro da Marinha e depois secretário do Interior. Apoiou o Acordo de Munique e caiu junto com Chamberlain em maio de 1940. Tornou-se então embaixador na Espanha e negociou a libertação de cerca de 30 mil prisioneiros e refugiados aliados dos cárceres espanhóis.

29. O nome vem do coronel Blimp, personagem pomposo e reacionário de uma série de cartuns críticos desenhados por David Low na década de 1930. (N. T.)

30. John Nicholson (1821-57), soldado e administrador, desempenhou um papel importante no motim indiano de 1857; conseguiu a libertação de Delhi, mas foi ferido mortalmente depois de liderar um ataque ao Portão de Kashmir. Robert Clive (1725-74) foi funcionário civil da Companhia das Índias Orientais em Madras, mas depois serviu em seu Exército. Aniquilou o poder francês na Índia. Sua vitória culminante foi em Plassey (1757), que tomou como título do baronato que lhe foi conferido. Foi duas vezes governador de Bengala e impôs o controle britânico sobre Calcutá, Behar e Orissa. Embora combatesse a corrupção, foi acusado de corrupto quando voltou para a Inglaterra em 1767. Foi inocentado, mas suicidou-se. Charles George Gordon (1833-85) lutou com distinção na Guerra da Crimeia (1854-6) e nas guerras chinesas de

1859-60 e 1863-4, tornando-se conhecido como "Gordon Chinês". Foi governador do Sudão egípcio em 1874-6 e 1877-80, onde tentou abolir o tráfico de escravos. Foi morto em Cartum, quando a cidade foi assediada pelo Mádi. Embora uma coluna de ajuda tivesse sido enviada, ela chegou tarde demais, devido à demora do governo, o que provocou violentos protestos na Inglaterra.

31. Conhecido como "Lawrence da Arábia" (1888-1935), liderou a revolta árabe contra os turcos, 1916-8.

32. Do original *suet pudding*: espécie de torta ou empada feita com o sebo encontrado ao redor dos rins de bovinos e ovinos. (N. T.)

33. *Blackwood's Magazine* (1817-1980) era uma revista mensal fundada em Edimburgo, conhecida carinhosamente como "Maga".

34. *Council houses*: casas fornecidas por governantes locais a um aluguel muito barato. (N. T.)

35. Fundada por Edward Hulton em 1º de outubro de 1938, *Picture Post* foi publicada até junho de 1957. Sua conjunção de ilustrações, legendas e textos, associada a preocupações sociais e políticas, especialmente em seus primeiros tempos, mostrou como era possível despertar o interesse popular por questões sérias.

36. Presumivelmente cidades novas, como Welwyn Garden City, fundada em 1919.

37. Jogo anual de críquete realizado no Lord's Cricket Ground — um evento da "sociedade".

O ESPÍRITO ESPORTIVO [PP. 335-9]

1. Tática do jogo de críquete que consiste em fazer a bola quicar perto do corpo do rebatedor, dificultando a rebatida, considerada por muitos intimidativa e fisicamente ameaçadora. (N. T.)

EM DEFESA DA CULINÁRIA INGLESA [PP. 340-3]

1. *Yorkshire pudding*: espécie de bolinho salgado meio frito e meio assado, servido como acompanhamento de pratos. *Muffins*: bolinhos doces. *Crumpets*: pães doces, parecidos com panqueca, com textura esponjosa. *Dumplings*: bolinhos de massa cozidos usando o vapor de um líquido, como uma sopa. (N. T.)
2. *Haggis*: bucho de carneiro recheado com vísceras. Mais adiante, *cottage loaf*: pão composto de um pequeno pão redondo colocado sobre outro pão maior. (N. T.)

MOON UNDER WATER [PP. 348-51]

1. *Bottle-and-jug entrance*: porta por onde os pubs vendiam cerveja a granel para quem trouxesse de casa garrafas ou jarras. (N. T.)
2. *Boiled jam roll*: espécie de rocambole recheado com geleia e cozido em água fervente. (N. T.)

O DECLÍNIO DO ASSASSINATO INGLÊS [PP. 352-6]

1. *News of the World*: tabloide sensacionalista inglês fundado em 1843 e publicado somente aos domingos; hoje é o segundo jornal de língua inglesa mais vendido do mundo, depois do tabloide *The Sun*, ambos de propriedade de Rupert Murdoch. (N. T.)
2. *The cleft chin murder*, de R. Alwyn Raymond. (N. E. I.)
3. *The trial of Jones and Hulten*, editado com um prefácio de C. E. Bechhofer Roberts (1945), resenhado por Orwell em 1º de novembro de 1945. (N. E. I.)
4. Os mísseis V-1 e V-2 eram supostamente dois tipos de "armas de represália" (*Vergeltungswaffe*) alemãs. O V-1 não era pilotado, e

tanto ele como o V-2 carregavam cerca de novecentos quilos de explosivos. O primeiro V-1 foi disparado na noite de 13-14 de junho, sete dias depois do Dia D. Foi apelidado de bomba-zumbido ou bomba voadora em virtude do som que emitia antes de o motor ser desligado e cair sobre a terra, onde explodia. O V-2 era um foguete de longo alcance e chegava sem emitir ruído prévio. O primeiro disparado contra a Inglaterra foi em 8 de setembro de 1944. É o "vapor" de 1984. Longe de ser "armas de represália", sua pesquisa começou secretamente em 1936, bem antes da guerra. Foram projetadas para aterrorizar civis, sem um alvo preciso. (N. E. I.)

6 | O sapo tem o olho mais bonito

EM DEFESA DA LAREIRA [PP. 367-70]

1. *Warming pan*: caçarola coberta de cabo comprido em que se punha carvão para esquentar a cama. (N. T.)

LIVROS E CIGARROS [PP. 375-80]

1. Uma coroa equivalia a um quarto de libra esterlina; uma onça equivale a 28,349 gramas. (N. T.)

Sobre o autor

Eric Arthur Blair (George Orwell) nasceu em 1903, na Índia, onde seu pai era funcionário público do Império Britânico. A família mudou-se para a Inglaterra em 1907, e em 1917 Orwell ingressou em Eton, escola de elite, onde era bolsista. Lá, contribuiu regularmente para várias publicações. De 1922 a 1927, serviu na Força Policial Imperial Indiana, na Birmânia (atual Mianmar), experiência que inspirou seu primeiro romance, *Dias na Birmânia*, de 1934. Seguiram-se vários anos de pobreza. Viveu em Paris dois anos até voltar à Inglaterra, onde trabalhou sucessivamente como professor particular, mestre-escola e vendedor em livraria, contribuindo também com resenhas e artigos para diversos periódicos. *Na pior em Paris e Londres* foi publicado em 1933. Em 1936 recebeu do editor Victor Gollancz a incumbência de visitar áreas que sofriam de desemprego em massa, nos condados de Lancashire e Yorkshire. *O caminho para Wigan Pier* (1937) é uma impressionante descrição da penúria que Orwell testemunhou nessas regiões da Inglaterra. No fim de 1936, decidiu ir à Espanha lutar ao lado dos republicanos, e ali foi ferido. *Homenagem à Catalunha* é o seu relato da Guerra Civil Espanhola. Em 1938 foi hospitalizado em um sanatório para tuberculosos e nunca mais recuperou plenamente a saúde. Passou seis meses no Marrocos, onde escreveu *Um pouco de ar, por favor*. Durante a Segunda Guerra Mundial serviu na Guarda Nacional Britânica, e de 1941 a 1943 trabalhou na BBC, no serviço de transmissões para o Oriente. Como editor literário do *Tribune*, colaborava regularmente com comentários políticos e literários; também escreveu para o *Observer* e depois para o *Manchester Evening News*. Sua alegoria política *A revolução dos bichos* foi publicada em 1945. Foi esse livro, juntamente com *1984* (de 1949), que lhe trouxe fama mundial. Orwell morreu em Londres, em janeiro de 1950. Alguns dias antes, Desmond MacCarthy lhe enviara uma mensagem de saudações, na qual dizia: "Você deixou uma marca indelével na literatura inglesa [...] Você é dos poucos escritores memoráveis da sua geração".

1ª EDIÇÃO [2011] 8 reimpressões

ESTA OBRA FOI COMPOSTA POR 2 ESTÚDIO GRÁFICO
EM CAECILIA E IMPRESSA PELA GRÁFICA BARTIRA
EM OFSETE SOBRE PAPEL PÓLEN SOFT DA SUZANO S.A.
PARA A EDITORA SCHWARCZ EM DEZEMBRO DE 2020

A marca FSC® é a garantia de que a madeira utilizada na fabricação do papel deste livro provém de florestas que foram gerenciadas de maneira ambientalmente correta, socialmente justa e economicamente viável, além de outras fontes de origem controlada.